20,—

FRIEDRICH OBERKOGLER
Parsifal

FRIEDRICH OBERKOGLER

PARSIFAL

Der Zukunftsweg des Menschen
in Richard Wagners Musikdrama

VERLAG FREIES GEISTESLEBEN

Einband: Walther Roggenkamp

© 1983 Verlag Freies Geistesleben GmbH, Stuttgart
Gesamtherstellung: Greiserdruck, Rastatt

Sonderdruck aus Friedrich Oberkogler:
Richard Wagner · Vom Ring zum Gral
© 1978 Verlag Freies Geistesleben GmbH, Stuttgart
ISBN 3 7725 0686 0

INHALT

VORWORT

Das kommende Wagner-Gedenkjahr – 1983 jährt sich zum hundertsten
Male der Todestag des Bayreuther Meisters – läßt es uns immer eindringli-
cher erkennen, daß heute mehr denn je die Gegensätze und Meinungskon-
troversen sichtbar werden, die sich von Anbeginn an dem Werk Richard
Wagners entzündet haben. Die zeitgenössischen Bühnengestaltungen und
Regiekonzepte machen es nur zu deutlich, daß wir in einer Phase der
Realisierung Wagnerscher Bühnenwerke stehen, in der sich krasser denn
je eine Scheidung der Geister vollzieht.

Während Bühnen, die sich von aller Experimentier- und Aktualisie-
rungslust bewußt fernhalten und bestrebt sind, den Intentionen Wagners
gerecht zu werden, von der «öffentlichen Meinung» bzw. der «offiziellen»
Theaterkritik als veraltet, phantasielos und reaktionär verleumdet und
rücksichtslos herabgesetzt werden – so man sie überhaupt einer Erwähnung für wert hält –, werden alle jene Opernhäuser hochgejubelt, die
Wagners Werk für «vogelfrei» erklärt haben und es der bewußten Diffa-
mierung gewisser Regisseure, Bühnenbildner, Kritiker oder Philosophen
preisgeben. Die Demontage kennt hier keine Grenzen; Blasphemie, Irrtum, Lüge und Absurdität feiern Triumphe. Schon der hundertste
Geburtstag des «Parsifal» – 1982 – ließ die Tendenz immer spürbarer
werden, daß man nunmehr auch das letzte, tief vom christlichen Geist
durchdrungene Werk Wagners in die ideologische Pervertierung mitein-
zubeziehen gewillt ist. Hatte man den «Parsifal» bislang als einen eigen-
willigen «Privat-Vatikan» verhöhnt, den sich Wagner selbst geschaffen
hatte, so lag in dieser Ironie doch immerhin noch das Zugeständnis, daß
diese Privat-Kirche auf christlichem Boden basiere. Neuerdings wird
jedoch auch diese Basis untergraben.

So stehen sich die Gegensätze unvereinbar gegenüber. Zwischen einer
alle spirituellen Werte negierenden Deutung und einer höchste Esoterik
erschließenden Inszenierung gibt es keine Verbindung. Die entscheidende
Frage, ob trotz aller Gegensätzlichkeiten beide Deutungen möglich und
daher erlaubt sind, kann nicht auf der Basis von Sympathie und Antipa-
thie beantwortet werden, sondern einzig und allein auf der Grundlage der

Intentionen Wagners selbst. Denn daß der Schöpfer des Werkes ein vorzüglichstes Recht auf dessen Originalität und Unveränderbarkeit hat, müßte eigentlich als selbstverständlich angesehen werden. Dies gilt für *jede* eigene Schöpfung und für jeden Bereich der Kunst. In den bildenden Künsten wie Architektur, Plastik und Malerei scheint dies auch völlig selbstverständlich zu sein. Bei den dramatischen Werken der Dichtung und Musik jedoch haben sich offenbar Usancen eingeschlichen, die – übertragen auf die Werke der bildenden Kunst – zumindest als boshafte Sachbeschädigungen geahndet würden. Was würde die Welt sagen, wenn man die «Sixtinische Madonna» zu einer «Emanzipierten» umfunktionieren und sie mit entsprechender Kostümierung überpinseln würde? Nichts anderes geschieht, wenn man Wotan im «Ring» zu einem «Kapitalisten» im Gehrock pervertiert, oder die Gralsritter «zur UNO-Polizei, die keiner mehr will» (Götz Friedrich).

Die originären Intentionen Wagners lassen sich überblicksweise in drei Punkte zusammenfassen. Sie setzen erstens ein verstehendes Wissen vom Wesen des Mythos voraus; sie machen zweitens die Musik zur Grundlage alles dramatischen Geschehens auf der Bühne; und drittens schwebte Wagner das Zusammenwirken aller Künste vor, die sich als Dienerinnen des Dramas erweisen sollten.

Blickt man von diesen Perspektiven auf viele der heutigen sogenannten «fortschrittlichen» Inszenierungen, findet man alle drei Forderungen unerfüllt. Das Wesen des Mythos fällt einer sensationslüsternen Alltags-Aktualisierung zum Opfer; die dramatischen Geschehnisse auf der Bühne stehen häufig im diametralen Gegensatz zur musikalischen Aussage; und die Beschneidung der Künste durch ein düster und fahl anmutendes, normiertes Einheitsbild der Szene beraubt das «Gesamtkunstwerk» seines Atems. Ein wesentliches Kriterium ist jedoch daraus zu ersehen: Die von Wagner geforderten drei Faktoren würden einer Auslegung der geistigen Zusammenhänge durch die Regie keineswegs im Wege stehen. Im Gegenteil! Welch einzigartiges Mittel gibt uns doch die moderne Bühnentechnik heute an die Hand, dem Zuschauer den imaginativen Charakter des Mythos neu zu erschließen, ihm den Geistgehalt der Musik aufzuschlüsseln und dem Gesamtkunstwerk neues Leben zu verleihen.

So kann ich dem Verlag Freies Geistesleben nur aufrichtigen Dank sagen, daß er sich bereit erklärt hat, das Kapitel «Parsifal» aus meinem Wagner-Buch «Vom Ring zum Gral» gesondert anläßlich des Wagner-Gedenkjahres herauszubringen. Geht es hier doch um den Strom jenes *esoterischen* Christentums, der die tiefsten und letzten Fragen der Menschheit und ihrer Zukunft ergreift und beantworten will. Möge es mir in meiner Darstellung gelungen sein, diese Fragen und Wertungen so eindringlich und anschaulich aufzuzeigen, daß jedem Leser die Haltlosigkeit mancher bejubelter, zeitgenössischer Deutungsversuche bewußt wird und eine zweifelsfreie Widerlegung findet.

Eben angesichts dieser «modernen» Versuche unserer Opernbühnen mag es angebracht sein, jene drei Faktoren ausführlicher ins Auge zu fassen, die wir als Grundelemente des Werkes Richard Wagners anzusehen haben: den Mythos, das Zusammenwirken aller Künste und die Musik als die hervorragendste Trägerin seines Dramas. Eine Zusammenfassung jener Darstellung, wie ich sie in meinem Buche «Vom Ring zum Gral» in breitem Umfange über jene Kriterien gegeben habe, sei daher der Besprechung des Bühnenweihfestspieles «Parsifal» vorangestellt.

Wien, im Dezember 1982   Friedrich Oberkogler

EINLEITUNG

Vom Wesen des Mythos

Jeder Mythos birgt Urbildlichkeit in sich. Mythologien sind Wahrheiten, die auf eine frühere «hellsichtige» Bewußtseinshaltung der Menschheit zurückgehen, «die in jenen Zeiten hinter das physische Dasein sah und das also Geschaute in den Bildern der Mythe und auch der Märchen und Legenden zum Ausdruck gebracht hat»[1]. Von dieser Fähigkeit eines archaischen Bilderbewußtseins wußte noch Schelling, wenn er in seiner «Philosophie der Mythologie» der Auffassung ist, daß der Mythos heute immer noch «unbegriffen und mit dem gegenwärtigen Bewußtsein auch nicht zu begreifen sei»: «Diese Tatsache wird uns aber ganz erklärlich, wenn wir annehmen, daß die Mythologie unter Verhältnissen entstanden ist, die mit denen des gegenwärtigen Bewußtseins keine Vergleichung zulassen und die man nur begreift, inwiefern man es wagt über diese hinauszugehen.»[2] Gerade deshalb scheint uns die Geisteswissenschaft Rudolf Steiners besonders geeignet, die hintergründigen «Zusammenhänge der Phänomene der Welt», wie Wagner es formuliert, einsichtig zu machen. Denn durch die Initiationswissenschaft Rudolf Steiners werden ja dieselben Wahrheiten in gedanklicher Form ergriffen, die sich einst als Imaginationen dem «archaischen Bilderbewußtsein» (A. Köstler) und der «Alltagstranszendenz» (Alfred Weber) einer noch instinktiv-hellsichtigen Menschheit geoffenbart hatten.

Als diese Hellsichtigkeit verblaßte und schließlich zur Gänze schwand, wurde durch die Eingeweihten der Mysterien das bislang Geschaute in Form von Mythen und Sagen festgehalten, wobei sie die Bilder dieser Mythologien auch aus der dem erwachenden Verstandesbewußtsein vertrauten Sinneswelt wählten, ohne daß sie damit jedoch Geschehnisse dieser Sinneswelt ansprechen wollten. Vielmehr sollten die einst geschauten übersinnlichen Wahrheiten an diesen Bildern und Geschehnissen aufleuchten und dem neuen, fester an die Leiblichkeit gebundenen Bewußtsein dadurch erhalten bleiben und einsichtig gemacht werden. Man kann daher sagen: Die *Mythologie* eines Volkes ist die exoterische Darstellung dessen, was in den Mysterienstätten an esoterischer Weltendramatik erlebt wurde. Die exoterische Bilderwelt des Mythos gibt in

11

sinnenfälliger Form esoterische Erkenntnisse, Imaginationen wieder. In ihren Geschehnissen liegt daher nichts Subjektiv-Menschliches, sondern stets Objektiv-Menschheitliches. Und ebenso, wie sich durch die Bilderwelt des imaginativen Bewußtseins geistige Realitäten zur Anschauung bringen, weist auch die mythologische Darstellung auf Geschehnisse in einer über der Leibes- und Sinnesgebundenheit stehenden Erlebenssphäre. Mythologische Ereignisse einfach wörtlich in die Sinneswelt zu projizieren und als irdische Handlungsabläufe erkennen zu wollen ist einer der schwerwiegenden Irrtümer unseres heutigen Intellekts. So daß wir in diesen alten und echten Mythologien, Märchen und Sagen tatsächlich «mehr Erkenntnis, mehr Weisheit und Wahrheit finden können als in unserer heutigen abstrakten Gelehrsamkeit und Wissenschaft»[1].

Auf diesen Umstand hat auch bereits Bachofen in seinem «Mutterrecht» verwiesen: «Das wahrhaft wissenschaftliche Erkennen besteht nun nicht nur in der Beantwortung der Frage nach dem Was? Seine Vollendung erhält es erst dann, wenn es das Woher? zu entdecken vermag und damit das Wohin? zu verbinden weiß. Zum Verstehen wird das Wissen nur dann erhoben, wenn es Ursprung, Fortgang und Ende zu umfassen vermag. Der Anfang aber aller Entwicklung liegt im Mythus.»[3]

Gleichermaßen erkennt auch Richard Wagner das Wesen des Mythos. In der «Mitteilung an meine Freunde» schreibt er: «Bewundert, ihr hochgescheiten Kritiker, das Allvermögen der menschlichen Dichtungskraft, wie es sich im Mythos des Volkes offenbart. Dinge, die ihr mit eurem Verstande nie begreifen könnt, sind in ihm, mit *einzig so zu ermöglichender,* für das Gefühl deutlich greifbarer, sinnlich vollendeter Gewißheit dargetan.»[4] Und in dem Aufsatz über «Zukunftsmusik» heißt es: «Im Mythos wird der Geist sofort in denjenigen träumerischen Zustand versetzt, in welchem er bald bis zu dem völligen Hellsehen gelangen soll, wo er dann einen neuen Zusammenhang der Phänomene der Welt gewahrt, und zwar einen solchen, den er mit dem Auge des gewöhnlichen Wachens nicht gewahren konnte . . .»[5]

Aus diesen Darstellungen kann uns die Einsicht erfließen, warum Wagner in seinem Werk immer wieder nach dem Mythos greift. Urständen in ihm doch alle Zusammenhänge der Phänomene der Welt. Die Urbildlichkeit des Mythos ist vergleichbar mit dem Begriff der Goetheschen «Urpflanze» und führt uns zurück zur platonischen Ideenwelt. Für Platon ist Begriff und Idee kein bloßes «Nomen», ein durch Abstraktion von zahllosen Erscheinungsformen als gemeinsames Element Gewonnenes. Dem Begriff, der Idee eignet vielmehr eine formbildende, geistigwesenhafte Dynamik. Die Idee etwa einer Ellipse ist etwas «Objektives», das von dem Weltschöpfer lange vorher «gedacht» wurde, ehe der erste Mensch am Reißbrett die Ellipse konstruierte. Die Sternenbahnen unserer

Planetenwelt legen dafür ein gültiges Zeugnis ab. Es ist eine Täuschung zu glauben, wir würden den Begriff ausdenken; in Wahrheit ist unser Bewußtsein lediglich das Feld, auf dem das Wesen der Idee – der Inhalt unserer Gedanken – in Erscheinung treten kann.

In diesem Sinne hat auch Goethe den Begriff der «Urpflanze» verstanden; nämlich als den geistigen Inhalt einer schöpferischen Bildkraft, die sich in den unterschiedlichsten Erscheinungsformen in der Stoffeswelt zu manifestieren und konkretisieren vermag. Das Urbild als eine ideelle Realität wurzelt im Unoffenbaren, bleibt dem Sinnesauge unsichtbar. Nur als Abbild tritt es in die Offenbarung und nimmt darin die mannigfaltigsten Gestaltungen an. Ist es aber einmal in eine bestimmte Form als Abbild übergegangen, muß es darin Endgültigkeit seines Erscheinungsbildes beanspruchen. Ein Veilchen – um mit Goethes Begriff von der Urpflanze zu sprechen – kann zu keiner Orchidee werden; um eine solche zu schaffen, bedürfte es eines neuen, aus dem Urbild herausgeholten Schöpfungsaktes.

In gleicher Weise ist auch das *mythologische Urbild* zu verstehen. Es kann in zahlreichen Varianten gedeutet werden und im Kunstwerk als ein bestimmtes Abbild seine Objektivierung finden. Hat es diese aber einmal durch den künstlerischen Schöpfungsprozeß gefunden, ist auch hier Endgültigkeit gegeben. Um eine neue Deutung des Urbildes ersichtlich zu machen, bedürfte es einer erneuten Schöpfung, die das Urbild in einer neuen Erscheinungsform offenbart. So haben auch Dichter unseres Jahrhunderts bewiesen, wie man antike Mythen neu und zeitgemäß deuten kann. Wir denken etwa an O'Neills Trilogie «Trauer muß Elektra tragen», die in großartiger Weise den Tantaliden-Mythos neu erzählt, an Anouilhs Auslegungen antiker Mythenstoffe wie «Antigone» oder «Eurydike», und nicht zuletzt an Thornton Wilders einzigartige Neudichtung der «Alkestiade». Hier handelt es sich durchwegs um neue Auslegungen des Urbildes, bauend auf einen echten dichterischen Schöpfungsakt.

Unzulässig, ja, verwerflich jedoch ist die Umfunktionierung eines Kunstwerkes, das selbst bereits eine bestimmte Auslegung und Interpretation des Urbildes darstellt. Denn jede Veränderung am geistigen Gehalt des Dramas ist objektiv falsch und führt zu Mißdeutungen. Nur im Stadium des Unoffenbaren, wo noch nichts in Erscheinung getreten ist, hat jeder Künstler die Möglichkeit, aus dem Urbild heraus frei zu schaffen. Eine Umfunktionierung des bereits geschaffenen Abbildes aber hieße – im Sinne des obigen Gleichnisses gesprochen – die Absurdität erstreben, aus einem Veilchen eine Orchidee machen zu wollen. Wer das Drama Wagners mit seiner Götterwelt und seinen Heldengestalten nicht mehr für zeitgemäß, nicht mehr für gültig erachtet, der möge ein neues Werk schreiben, in dem die mythologische Urbildlichkeit etwa im Sinne

13

der modernen Archetypologie, der Psychoanalyse oder Sozialkritik ausgelegt wird. Das Hineininterpretieren von Ideologien in das bereits Gestaltete, das jeweils einen ganz bestimmten Zeitpunkt der Menschheitsevolution zur Aussage bringt, wie z. B. den Uranfang des Schöpfungsprozesses zu Beginn des «Rheingold» in der Ring-Tetralogie, kann jedoch nur als Willkür und Verfälschung angesehen werden und hat die Zerstörung des Kunstwerkes zur Folge.

Nun ist freilich nicht zu übersehen, daß zwischen dem Naturalismus des 19. Jahrhunderts und unserer heutigen Kunstauffassung eine gewaltige Kluft aufgebrochen ist. Und die brennende Frage erhebt sich, wie man die Dramen Wagners auf der Bühne realisieren kann, um einerseits den heutigen zeitgeistlichen Perspektiven gerecht zu werden, andererseits ihren Geist- und Sinngehalt nicht zu trüben oder gar zu verfälschen. Wer im Bühnenmuseum in Bayreuth etwa die ersten Szenenbilder zum Ring-Drama gesehen hat oder sich der Szenerien entsinnt, die unsere Opernhäuser in den Zwanziger- und Dreißigerjahren unseres Jahrhunderts aufzuweisen hatten, der wird nicht leugnen, daß ein derartiger Naturalismus aus Pappe und Papier uns heute dringend erneuerungsbedürftig erscheinen muß. Hat sich doch auf allen Gebieten der Kunst die feste Form in ein Dynamisch-Funktionelles verwandelt! Allem Streben nach Ent-Materialisierung in der «abstrakten Kunst» liegt letztlich der Drang zugrunde, das Naturalistisch-Veristische zu überwinden und es funktionell, durch die Dynamik der Gestaltung, der Farben, des Lichtes oder der Töne zum Ausdruck zu bringen. Aber erst wenn man sich über das «Was» – die Intentionen Wagners und seines Werkes – volle Klarheit verschafft hat, wird man das «Wie» der Darstellung, insbesondere die zweifellos notwendige Formveränderung des Erscheinungsbildes heute in der richtigen Weise zu lösen vermögen. Denn durch das Erscheinungsbild soll sich ja der geistige Gehalt des Werkes aussprechen. Und so sehr es richtig ist, daß dieses «Wie» stets zeitgeistlichen Veränderungen unterworfen ist, bleibt es mit dem «Was» doch stets aufs innigste verbunden. Hier öffnen sich die Möglichkeiten für eine geniale Phantasie-Entfaltung unserer Regisseure und Bühnenbildner. Wir haben uns daher zunächst die Frage nach Anliegen und Wesen von Wagners Bühnenfestspiel zu stellen, ehe wir auf die Möglichkeit eines zeitgerechten Erscheinungsbildes eine gültige Antwort zu geben in der Lage sind.

Vom Wesenscharakter
des Wagnerschen «Bühnenfestspieles»

Daß Wagner in seinen theoretischen Ausführungen über Oper und Drama, ähnlich wie früher die Florentiner Renaissance, beim griechischen Drama anknüpft, hat ihm von Anbeginn den Ruf eines «Opernkomponisten» eingebracht, der bis zum heutigen Tag unauslöschbar seinem Werk anhängt. Sein tastendes Suchen nach seiner ureigenen Mission, wie es sich etwa in dem Wunsche erkennen läßt, Shakespeares Drama mit Beethovens Symphonik zu vereinen, oder im «Rienzi», dem ersten großen Wurf einer historischen Oper im Kielwasser Meyerbeers, seinen Niederschlag findet, scheinen diesem Urteil sogar eine gewisse Berechtigung zu verleihen. Doch liegen Wagners wahre Intentionen ganz woanders. Der antike Ausgangspunkt ergibt sich einfach aus der Erkenntnis, daß die gesamte abendländische Kunst ihre Hauptwurzel in Griechenland zu sehen hat: «Wir können bei einigem Nachdenken in unserer Kunst keinen Schritt tun, ohne auf den Zusammenhang derselben mit der *Kunst der Griechen* zu treffen. In Wahrheit ist unsere moderne Kunst nur ein Glied in der Kette der Kunstentwicklung des gesamten Europa, und diese nimmt ihren Ausgang von den Griechen.»[6]

Was Wagner jedoch mit dieser Blickrichtung zum antiken Drama erstrebte, war keineswegs eine Re-naissance, eine *Wieder*-Geburt, der attischen Tragödie. Ihm ging es vielmehr um eine echte Geburt, um eine *Neu*-Geburt dessen, was das antike Drama in seinem innersten Wesen noch war: «Die öffentliche Kunst der Griechen, wie sie in der Tragödie ihren Höhepunkt erreichte, war der Ausdruck des Tiefsten und Edelsten des Volksbewußtseins . . . Dem Griechen war die Aufführung einer Tragödie eine religiöse Feier, auf ihrer Bühne bewegten sich Götter und spendeten den Menschen ihre Weisheit . . .»[6]

Was also sah Wagner in diesem antiken Drama? Die Einheit jener drei großen Gebiete menschlichen Geisteslebens, die heute völlig getrennte, voneinander unabhängige, ja oft widersprechende Wege gehen: die Einheit von Wissenschaft (Weisheit), Kunst (Schönheit) und Religion (Güte), wie sie einst in den Mysterien von Eleusis – der Geburtsstätte der attischen Tragödie – waltete und deren Nachklang noch in der Tragödie des Aischylos und Sophokles weiterlebte. Nicht die griechische Tragödie an sich zu erwecken war Wagners Anliegen, sondern das zur Neugeburt zu bringen, was in ihr noch Mysteriengehalt war. Für dieses Bestreben zeugen die Benennungen «Bühnenfestspiel» oder «Bühnenweihfestspiel».

Wagner hat sich gegen die Bezeichnung seiner Werke als «Musikdramen» ebenso gewehrt wie gegen ihre Kategorisierung als «Opern». Er mußte sich «verdrießlicher Weise» entschließen, seine «armen Arbeiten den Theatern ohne alle Benennung ihres Genres zu übergeben»: «Und bei diesem Auskunftsmittel gedenke ich zu verbleiben, solange ich eben mit unseren Theatern zu tun habe, welche mit Recht nichts anderes als ‹Opern› kennen und, man gebe ihnen ein noch so korrektes ‹Musikdrama›, doch wieder eine ‹Oper› daraus machen. Um aus der hieraus entstehenden Verwirrung für einmal kräftig herauszukommen, geriet ich, wie bekannt, auf den Gedanken des Bühnenfestspieles . . .»[7] Doch auch der Begriff «Musikdrama» erfährt durch ihn eine Ablehnung, weil er seines Dafürhaltens lediglich ein «Drama zum Zwecke der Musik»[7] bezeichnen würde, und gerade das sollte sein Drama nicht sein.

«Die ungeheuren Werke ihres Aischylos nannten die Athener nicht Dramen, sondern sie ließen ihnen den heiligen Namen ihrer Herkunft: ‹Tragödien›, Opfergesänge zur Feier des begeisternden Gottes. Wie glücklich waren sie, keinen Namen hierfür zu ersinnen zu haben! Sie hatten das unerhörteste Kunstwerk, und – ließen es namenlos.»[7] In dieser Namenlosigkeit hätte Wagner gerne sich auch sein Werk aussprechen lassen. Indem diese «Opfergesänge» der Tragödie zur künstlerischen *Tat* auf der Bühne wurden, formte sich die Tragödie als Nachklang alten Mysteriengutes jedoch immer mehr zum *Drama* in der Urbedeutung des Begriffes: «Nun heißt ‹Drama› ursprünglich Tat oder Handlung: als solche, auf der Bühne dargestellt, bildete sie anfänglich einen Teil der Tragödie, d. h. des Opferchor-Gesanges, dessen ganze Breite das Drama endlich einnahm und so zur Hauptsache ward. Mit seinem Namen bezeichnete man nun für alle Zeiten eine auf der Schaubühne dargestellte Handlung, wobei das Wichtigste war, daß dieser Darstellung zugeschaut werden konnte, weshalb der Raum, in welchem man sich hierzu versammelte, das ‹Theatron›, der Schauraum hieß. Unser ‹Schauspiel› ist daher eine sehr verständige Benennung dessen, was die Griechen noch naiver mit ‹Drama› bezeichneten . . .»[7]

Das griechische Drama war somit dichterische *Tat*, künstlerische Verwirklichung einstiger Mysterienweisheit. Wagner hat sein Drama als Tat der *Musik* verstanden: «Fast wäre ich geneigt gewesen, mich auf die Sichtbarkeit desselben einzig zu berufen und somit an das ‹Schauspiel› mich zu halten, da ich meine Dramen gern als ersichtlich gewordene Taten der Musik bezeichnet hätte.»[7] Allein dieser Titel schien ihm letztlich zu «kunstphilosophisch», und so sollten seine Werke als «namenlose künstlerische Tat» der Nachwelt übergeben werden. Doch ist es bei dieser «Namenlosigkeit» nicht geblieben. Denn «es kamen die großen Kritiker, die gewaltigen Rezensenten; nun wurden Begriffe gefunden, und wo diese endlich ausgingen, kamen die absoluten Worte daran.»[7] Solch ein «absolutes Wort», das sich bis in unsere Gegenwart erhalten hat, ist z. B. die

Bezeichnung «deutsche Form der Oper», womit man Wagners «ersichtlich gewordene Taten der Musik» kategorisierte. Damit ging man freilich an dem Kern seines Werkes vorbei. Nicht Oper, sondern Mysteriendrama will das Bühnenfestspiel sein, das zwar aus dem Geist, aber nicht zum Zwecke der Musik geschaffen wurde. Der Kern des Werkes zielt vielmehr auf einen Welt, Menschheit und Kosmos umgreifenden Geistgehalt, wie er in den alten Mysterienstätten geschaut wurde und dem die Musik, aber nicht nur sie allein, dienen sollte. Das Ursprüngliche und Bestimmende ist für Wagner immer das Drama, das seine reinste und seinem Ursprung nächste Darstellung durch die Kunst findet. – Wenn sich der Verfasser im Buchtitel doch zur Bezeichnung *Musikdrama* entschlossen hat, da auch ihm keine der möglichen Benennungen passend erschienen, so geschah dies in der Hoffnung, der Leser würde seinen Ausführungen folgen, durch welche dem ungewünschten Begriff der wahre Sachverhalt zugrunde gelegt wird: Musikdrama – verstanden nicht als Drama zum Zwecke der Musik, sondern als Mysteriendrama, geboren aus dem Geiste der Musik.

Diese ganz aus goetheanistischer Denkungsart erwachsene Wesensauffassung der Kunst, wie sie Wagner erkennen läßt, faßt Rudolf Steiner in die Worte: «Kunst ist die Herbeiführung der Organe, auf daß durch sie zu den Menschen die Götter sprechen können.» Dies freilich mag unserer heutigen Auffassung zuwiderstehen, denn es hieße ein striktes Verbot, geistige Zusammenhänge in ein triviales Alltagsgeschehen umzufunktionieren. Kunst, aufgefaßt als «Organ-Bereitung» für ein Göttliches, wäre dann nicht Abklatsch der Sinneswirklichkeit, sondern Mitteilung eines den höheren Welten verbundenen Geistgehaltes.

Mit dieser Erkenntnis sieht auch Wagner die Kunst einer sinndurchdrungenen Ganzheit verwoben. So bleibt ihm auch die Zerstückelung dieser Ganzheit nicht verborgen, die, nachdem sie das Geistesleben der Menschheit in eine Dreiheit aufspaltete, auch die Kunst selbst heimsuchte: «Mit dem späteren Verfall der Tragödie hörte die Kunst immer mehr auf, der Ausdruck des öffentlichen Bewußtseins zu sein: das Drama löste sich in seine Bestandteile auf: Rhetorik, Bildhauerei, Malerei, Musik usw. verließen den Reigen, in dem sie vereint sich bewegt hatten, um nun jede ihren Weg für sich zu gehen, sich selbständig, aber einsam, egoistisch fortzubilden.»[6]

In dieser Vereinzelung der Künste sieht Wagner den «wahren Egoismus», in welchem «jede einzelne Kunstart sich als allgemeine Kunst gebärden möchte, während sie in Wahrheit dadurch ihre wirkliche Eigentümlichkeit nur noch verliert». Sein Streben ist es daher, dem Drama die frühere Gemeinsamkeit der Künste wiederzugeben. Wie einst die Musen um Apollon, als ihren göttlichen Mittelpunkt, so sollen sich die Künste wieder um ihren «göttlichen Kern» – eben das Drama – scharen. Denn nur in der Universalität der Künste kann dieser «göttliche Kern» in seiner ganzen Fülle zur Darstellung kommen. Diese Überlegung führte Wagner zur Forderung nach dem «Gesamtkunstwerk». Damit ist der Wesenscharakter des Wagnerschen Werkes deutlich umrissen: Es will seinem inneren Gehalt nach *Mysteriendrama* sein, Einklang von Weisheit, Kunst und Religion, und in seiner formalen Gestaltung ein *Gesamtkunstwerk*, da sich dieser innere Gehalt nur in der Gesamtheit aller Künste in vollem Umfang realisieren läßt.

Die Vereinigung der Künste im Drama Richard Wagners

Der Begriff des «Gesamtkunstwerkes» – auch er stammt nicht von Wagner und wurde wegen seiner «Unschönheit» von ihm verworfen –, bedarf ebenfalls einer Klärung, da er häufig zu Mißverständnissen und Verspottung Anlaß gegeben hat.

Musikalisches Theater wird und muß in einer gewissen Weise immer ein Zusammenwirken verschiedener Kunstgattungen fordern, denn das Ineinanderfließen von Wort, Ton, Raum und Bewegung bildet für es eine essentielle Voraussetzung. Die Problematik kann somit einzig in der Art der Verwirklichung dieses Zusammenwirkens diverser künstlerischer Faktoren liegen. Für Wagner handelte es sich dabei nicht um eine Addition einzelner Kunstgattungen zu einem Nebeneinander mit mehr oder minder ausgeprägtem Eigenleben, sondern um ein *Miteinander,* das sich der zentralen Idee unterzuordnen weiß.

Dieser Integrationsprozeß der Künste basiert auf der Tatsache, daß ein künstlerisches Gefühl gleichzeitig in mehreren Künsten seinen Niederschlag finden kann, wobei allerdings zu unterscheiden ist, «aus welcher Kunst eine Wirkung hervorgeholt wird und wie diese Wirkung angeordnet ist»[9]. Denn es ist durchaus möglich, daß eine bestimmte Kunst den Ausdruck hervorbringt, eine andere sich jedoch als Formbildnerin dieses Ausdrucks erweist. A. Lorenz führt hinsichtlich dieser Überschneidungen einige Beispiele an, aus deren Zahl wir eines herausgreifen: «Zeige ich eine Figur, welche mit verkrampften Fingern ihre Hände gegen das Herz drückt, so ist dies ein plastischer Ausdruck für Schmerz; wenn aber diese Gebärde nicht ewig stillsteht, was die Bedingung der plastischen Form ist, sondern vielleicht in gewissen zeitlichen Abständen wiederkehrt, so gehört zwar die Wirkung der Pose ins Gebiet der Plastik, die Form aber ist keine plastische, sondern eine zeitliche, der Tanzkunst – Musik –

angehörige.»[9] Auf das Szenenbild Wagners übertragen, würde etwa die winkende Gebärde Isoldes zu Beginn des zweiten Aktes ihrer Wirkung nach einem *plastischen* Kunstelement erfließen, durch ihre sich wiederholende Form aber erscheint sie aus dem Statisch-Räumlichen herausgehoben und in ein Zeitlich-Fließendes, daher Musikalisches hineingestellt. Das mit leidenschaftlicher Ungeduld andrängende Accelerando mit seiner auf- und abwogenden, bis zur Quart sich dehnenden Sekund-Motivik, durchdringt das visuell-plastische Bild so intensiv mit musikalischer Ausdruckskraft, daß beide Kunstbereiche zu einer tönend-sichtbaren Gebärde verschmelzen und man nicht sagen kann, die eine wäre nur das illustrative Element der anderen. Vereint dienen sie beide dem dramatischen Geschehen.

Ebenso von einem musikalischen Bewegungselement umgriffen muß uns die *malerische* Wirkung des Szenenübergangs im «Parsifal» erscheinen, wenn sich das Bild des die Gralsburg umgebenden Waldes in die Säulenarchitektur des Tempels wandelt. Musik und Malerei vereinen sich zu einer tönenden Imagination, durch die wir den Schritt über die Schwelle zur geistigen Welt erleben.

So gibt das musikalische Drama Wagners jeder Kunst gleichmäßigen Anteil an der Objektivierung des dramatischen Willens, wobei jedoch diese Objektivierung sich in einer «allgemeinen, einigen, musikalischen Form, die alle Einzelkünste durchdringt», vollzieht und «gerade der Beweis für das Vorhandensein der Gesamtkunst ist, in der jede ‹Zusammensetzung› der Kunstgattungen aufhört»[9].

Mag diese Integrierung der Künste, wie sie das Bühnenfestspiel vollzogen hat, auch nicht die letzte und endgültige Lösung des Problems «Gesamtkunstwerk» sein, so stellt sie – mit Worten Richard Strauß' gesprochen – doch «von allen Lösungen bei weitem die beste dar, die die Welt bisher kennengelernt hat». Im übrigen wird es eine «endgültige» Lösung nie geben können, da alles Werden dem Wandel unterworfen ist.

Der Sinn des Festspielhauses

Für Wagner erscheint jedoch das Problem des Gesamtkunstwerkes insofern noch umfangreicher, als er auch den architektonischen Bau des Theaters mit in dieses Zusammenwirken der Künste einbezog. Denn das Drama – wie er es verstand – kann sein Wesen nur dort ganz offenbaren, wo ihm ein diesem Wesen gemäßer *Raum* geboten wird. Ihn zu schaffen ist die Aufgabe der Architektur, der Bildhauerkunst und Malerei. «Die *Architektur* kann keine höhere Absicht haben, als eine Genossenschaft künstlerisch sich durch sich selbst darstellender Menschen die räumliche Umgebung zu schaffen, die dem menschlichen Kunstwerke zu seiner Kundgebung notwendig ist. Nur dasjenige Bauwerk ist nach Notwendigkeit errichtet, das einem Zwecke des Menschen am dienlichsten entspricht: der höchste Zweck des Menschen ist der künstlerische, der höchste künstlerische das Drama.»[8] In diesem Bestreben hat der Baumeister «einzig als *Künstler* und nach den Rücksichtnahmen auf das *Kunstwerk* zu verfahren».

Bis in alle Einzelheiten wird dieser «Tempel der Kunst» von Wagner durchdacht. So lesen wir etwa: «In der Anordnung des *Raumes der Zuschauer* gibt das Bedürfnis nach Verständnis des Kunstwerkes optisch und akustisch das notwendige Gesetz, dem, neben der Zweckmäßigkeit, zugleich nur durch die Schönheit der Anordnung entsprochen werden kann; denn das Verlangen des gemeinsamen Zuschauers ist eben das Verlangen nach dem *Kunstwerk*, zu dessen Erfassen er durch alles, was sein Auge berührt, bestimmt werden muß.»[8]

Wagner sieht dies in den modernen Theatergebäuden noch keineswegs durchgeführt, da in ihnen «herkömmliche Annahmen und Gesetze maßgebend seien, die mit den Erfordernissen der reinen Kunst nichts gemein haben». Zu diesen herkömmlichen Annahmen zählt er «luxuriöse Prunksucht» gleichermaßen wie «Erwerbsspekulation» und Platzkategorien, die das Publikum in die «unterschiedlichsten Stände und Staatsbürgerkategorien zersplittern». Durch all das aber wird «das absolute Interesse der Kunst auf das Empfindlichste beeinträchtigt»[8].

Diese wenigen hier angeführten Intentionen Wagners bezeugen hinlänglich, daß sein Wunsch nach einem eigenen Festspielhaus nicht einer großmannssüchtigen Präpotenz erflossen ist, daß ihm vielmehr rein künstlerische und soziale Erwägungen zugrunde lagen. Auch der Name «Festspielhaus» bedeutet keinen ehrgeizigen Superlativ des üblichen Theaterbetriebes, sondern will auf eine «Weihestätte» für hohe künstlerische Feste verweisen, eben auf einen Ort für «Bühnenfestspiele», der sich durchaus nicht auf Wagners Werke allein hätte beschränken müssen, wenn die Kunst, wie Wagner es erhoffte, sich im Drama das alte Mysteriengut wieder erobert hätte. Keinesfalls aber war an ein «Opernhaus» gedacht. Man mag heute dieses «Theatron» am Bayreuther Hügel schmähen, wie immer man will – allein die einzigartige Akustik, die bislang, wie nirgends in der Welt, erlebbar war, sprach für seinen Erbauer und gab seinen Intentionen recht.

Dieses akustische Phänomen, nicht zuletzt durch das verdeckte Orchester, den «mystischen Abgrund» bewirkt, erwies sich aber auch für die Sänger als ein einzigartiges Geschenk, wie den Bayreuther Erinnerungen Leopold Reichweins zu entnehmen ist: «Der störende Anblick der spielenden Musiker ist verschwunden, der Klang des Orchesters ist so weit abgedämpft, daß er die Sänger niemals verdeckt und daß, wenn diese deutlich aussprechen, jedes Textwort verständlich wird. Dabei ist die Wirkung des Orchesters aber keineswegs schwächlich, sondern kraftvoll, ‹klingend›, klar und deutlich, in zarten Stellen zauberhaft . . . Nicht nur die *Gestalten* der Sänger erscheinen ‹in vergrößerter, übermenschlicher Gestalt›, sondern auch deren *Stimmen*. Wer etwa während einer Probe in Bayreuth von der Bühne (wo er den Sänger von der Seite hört) in den Zuschauerraum sich begibt, kann glauben, die Person des Sängers hätte gewechselt – soviel ‹größer› klingt die Stimme des Sängers im Zuschauerraum!»[10]

Alle diese Kriterien aber dienen dem Bühnenfestspiel in unvergleichlicher Weise, indem sie den Zuschauer selbst auf die Ebene des Mysteriendramas emporzuheben scheinen. Denn die sonst unwillkürlich, aber notwendig zu vollziehende Unterscheidung der Standorte – hier Bühne, hier Orchester – wird illusorisch, da Gesang und Instrumentalklang ineinander verschmelzen und sich zu einer Einheit verbinden, die aus dem Raum, nicht von einem lokalen Punkt seiner Dreidimensionalität an unser Ohr heranzuschweben scheint. Die irdische Dimensionierung scheint überwunden; der «mystische Abgrund» wird zu einer Schwelle, an der sich ein sphärischer, einheitlicher Raum entfaltet, in dem Bilder, Imaginationen zu tönen beginnen.

Damit aber ist das letzte und eigentliche Anliegen des «schönen Scheines» der Kunst sichtbar gemacht: durch die «Täuschung» der Sinne uns herauszuheben aus dem Leibesgefüge und durch die Kraft dieses *wahren* Scheines uns einem unbewußten Hellsehen, einer unbewußten *Initiation* zuzuführen. Es ist gerade der gegenteilige Weg dessen, den man heute, unter dem Postulat der «Desillusionierung des Theaters» glaubt gehen zu müssen.

Mit dem «Festspielhaus» sollte der Kunst ein Tempel errichtet werden, bei dessen Ausführung allein künstlerische Perspektiven bestimmend waren. Verständnislos bzw. bewußt bösartig müssen daher alle Behauptungen erscheinen, die Wagners Festspielhaus-Intention aus rein egoistischer, sich selbst beweihräuchernder Gefallsucht erklären wollen. Gewiß war Wagners Selbstbewußtsein kein geringes und der Glaube an seine Kunst war unerschütterlich. Wie könnte dies bei einer so ausgeprägten Künstler-Individualität auch anders sein! Wer nennt die Namen all derer, die mit ähnlicher Unbeirrtheit und Selbstüberzeugung ihr Werk und ihre künstlerische Mission vollzogen oder vollendet haben, zu der sie sich aufgerufen fühlten? Deshalb aber war Wagner kein «Selbstanbeter» mit einem «triebhaften Geltungsbedürfnis», wie Robert Gutman in seiner entwürdigenden Biographie glaubt feststellen zu müssen.

21

Musik – die Grundlage des Wagnerschen Dramas

Wenn wir das Bühnenfestspiel als das Ergebnis des Zusammenwirkens aller Künste erkannt haben, so dürfen wir doch nicht übersehen, daß das Primat dabei zweifellos der Musik zufällt. Aus dem Geist der Musik ist dieses Drama geschaffen, in der musikalischen Form verobjektiviert es sich, und das musikalische Element durchdringt dabei alle Einzelkünste.

Im Hinblick auf ihr tragendes Moment im Ganzen des Dramas kommt *zwei* Künsten besonderes Gewicht zu: der Musik und der Dichtung, wobei innerhalb dieser Zweiheit wiederum der Musik das Schwergewicht zufällt. Trotz dieser Vorrangstellung hat auch sie dem *Drama* zu dienen. Wenn der Schöpfer dieses Dramas nun den auf der Musik ruhenden Akzent modifiziert und ihr dort volle Entfaltung zubilligt, wo sie die «Vermögenste» ist, mitunter aber auch der dramatischen Sprache den Vorrang einräumt, weil *sie* als das «Notwendigste» erscheint, so macht er damit keineswegs die Musik zur Dienerin des Wortes, sondern fordert Beschränkung ihres Eigenseins um des *Dramas* willen. Zweifach haben wir die Stellung der Musik in diesem Drama daher zu verstehen, und vielleicht dient es diesem Verständnis, wenn wir sie gleichnishaft durch jene Dominanz uns veranschaulichen, welche die Sonne im Reigen der Planeten einnimmt. Als Fixstern ist sie Quell- und Mittelpunkt unseres Kosmos, als Planet dagegen den anderen Wandelsternen verschwistert. So ist auch im Bühnenfestspiel Wagners die *Musik* in ihrem vollen transzendenten Wesensgehalt der gebärende *Quell- und Mittelpunkt des Dramas.* Als Kunstgattung aber ist sie ebenfalls den anderen Künsten verschwistert und tritt zurück, wenn es das aus ihren Willenstiefen geborene Drama fordert, um sich durch andere Sphären eindringlicher offenbaren zu können. «So, im wechselvollen Reigen sich ergänzend, werden die vereinigten Schwesterkünste bald gemeinsam, bald zu zweien, bald einzeln, je nach Bedürfnis der einzig Maß und Absicht gebenden dramatischen Handlung sich zeigen und geltend machen. Bald wird die plastische Mimik dem leidenschaftslosen Erwägen des Gedankens lauschen; bald der Wille des entschlossenen Gedankens sich in den unmittelbaren Ausdruck der Gebärde ergießen; bald die Tonkunst die Strömung des Gefühles, die Schauer der Ergriffenheit allein auszusprechen haben; bald aber werden in gemeinsamer Umschlingung alle drei den Willen des Dramas zur unmittelbaren, könnenden Tat erheben. Denn *eines* gibt es für sie alle, die hier vereinigten Kunstarten, was sie wollen müssen, um im Können frei zu werden, und das ist eben das *Drama:* auf die Erreichung der Absicht des Dramas muß es ihnen daher allen ankommen.»[8]

Das Verhältnis von Musik und Wort in Wagners Drama läßt sich auch kurz in folgender Weise charakterisieren: Wagner ist immer *Musiker,* auch wenn er dichtet. Seine Dichtungen sind daher nicht von der Sprache geprägt, wie es jene Shakespeares, Goethes oder Schillers sind; sie sind vielmehr ganz aus dem Wesen der Musik heraus gesprochen, weil die Musik selbst in ihrer Wesensstruktur vom Wort durchdrungen ist, wie umgekehrt einst das griechische Wort-Drama zur Gänze erfüllt war vom Wesen der Musik.

Hier wird die Metamorphose deutlich offenbar, die sich während des historischen Verlaufes der abendländischen Musikentwicklung herausgebildet hat. In der griechischen Musiké lag der Akzent ohne Zweifel am Wort. Es trug die Musik noch in sich. Wort und Vers waren eine sprachliche und gleichzeitig musikalische Wirklichkeit, die der Sprechende, der Alltagsmensch wie der Schauspieler, mit seiner subjektiven Empfindungswelt noch gar nicht ganz umfassen konnte. Das Wort besaß vielmehr seinen eigenen, festen Klangleib, dessen Glieder – Silben – aus einem festbestimmten Maß von Längen und Kürzen bestanden, die nicht durch Emotionen des Sprechenden gedehnt oder verkürzt werden konnten. Ob in Aufregung, Schreck, Drohung oder Freude gesprochen, das Wort hatte seine unverrückbare «Quantitätsrhythmik». «Diese Silbendauer ist unabhängig von der Bedeutung und vom Ausdruck. Sie ist unabhängig vom Willen des Sprechenden, des Subjekts. Sie ist objektiv. So ist dieses Wort starr, undehnbar, unzusammenziehbar wie ein fester Körper.»[11]

Bemerkenswert in diesem Zusammenhang ist, daß auch die wortlose Musik des dem Dionysos geweihten Blasinstrumentes – die «Auletik» – ihre festgelegten Melodien hatte. Man nannte sie «nomoi» und verstand darunter Weisen, die von den Göttern erfunden und den Menschen übergeben wurden. «Nomos bedeutet später ‹Gesetz›. Aber in der Musik hatte dieser Begriff eine besondere Bedeutung: soviel wie Vorbild oder auch Quintessenz der Weise . . . Dieser Nomos ist das Vorbild, wonach jeweils durch die Kunst der Aulosspieler die ‹menschliche› Weise neu entsteht . . . Die Kunst des Musikers besteht demnach nicht im freien Erfinden neuer Stücke, neuer Melodien, sondern in der guten, überzeugenden und insofern neuen, d. h. schöpferischen Ausführung des Nomos. Der Nomos ist wie eine Idealmelodie, die für sich nicht greifbar ist, denn sie ist göttlich, die aber die Grundlage für jede Verwirklichung bildet. Es ist wie das ‹unsichtbare› Thema zu den Variationen, die jeweils anstehen. Die Tat des Musikers ist also wie ein Variieren über eine gegebene musikalische Idee.»[11] Zweifellos stehen wir auch hier vor einer göttlichen «Urbildlichkeit», wie beim Mythos. Auch in der Auletik entzieht sich die originäre Themenerfindung noch der Bewußtseinskraft des Menschen.

Doch zurück zum apollinischen «Sprechgesang». Seine Objektivität macht einen Vergleich des griechischen Chorliedes mit unserem modernen Lied unmöglich. Denn dadurch, daß jedes Wort seine eigene Melodie hatte, mußte auch jede Verszeile einem eigenen Melos folgen, da sie ja von der Inhärenz der Wortmelodie abhängig war. Eine Wiederholung derselben Melodie in der Gegenstrophe, also ein Strophenlied im heutigen Sinne, war daher völlig ausgeschlossen, weil in ihr die wortgebundenen Akzente ganz andere waren. Wiederholt wurde in der Gegenstrophe lediglich die rhythmische Struktur, d. h. eine bestimmte Anzahl von Längen und Kürzen, und die Tonart, in der das Chorlied stand, nie aber die Melodie. Der Rhythmus mußte deshalb derselbe sein, weil die Verse dieses «Sprechgesangs» gleichzeitig ausgeschritten wurden. Die Schreitfiguren des Chores erforderten eine Symmetrie von Strophe und Gegenstrophe. Nicht die Melodie, sondern das Schreiten schuf die rhythmische Grundlage für das griechische Lied.

So war also die griechische Choreia eine Totalität von Tanz und Gesang, wobei dieser Gesang ein *Sprech*-Gesang war. Die griechische Tragödie ist somit als ein musikerfülltes *Wort*-Drama zu begreifen, – eine untrennbare Einheit, die sich später erst in Dichtung, Musik und Tanzkunst aufspaltete, wobei die Tanzkunst als erste selbständig wurde. Später aber löste sich auch der musikerfüllte Sprechgesang, die Musiké allmählich in Prosa auf, d. h. in eine Sprechweise mit mehr oder minder zufällig verteilten betonten und unbetonten Silben. Auf dieser Amorphität des einst so musikalisch bedingten altgriechischen Verses baut dann in der Folgezeit der vom germanischen Volkstum getragene, *sprachlich* bedingte Vers auf und führt zur *Dichtung* im eigentlichen Sinne des Wortes.

Was aber ist aus der musikalischen Komponente der Musiké geworden? Fast scheint es, als hätte der erwähnte Schrumpfungsprozeß des antiken Wortleibes auch diese musikalische Inhärenz ausgestoßen, um, selbständig geworden, sich zu dem zu bilden, was wir heute *Musik* nennen. Aus der ursprünglichen Einheit erstand eine Zweiheit, in der Dichtung und Musik zu einer Gegensätzlichkeit auseinandertraten. Was bedeutet diese Gegensätzlichkeit in ihrer tiefsten Schicht? Die Frage wird sich von selbst beantworten, wenn wir das zweite Faktum ins Auge fassen, das diesen Auflösungsprozeß begleitet hat: den Durchbruch der *Auletik*. Die alte Musiké gründete sich fest auf die Kithara, das apollinische Saiteninstrument, das dem musikerfüllten *Wort* freie Entfaltungsmöglichkeit ließ. Der *Aulos* dagegen war niemals Instrument der Musiké, weil er das Zusammenwirken von Wort und Melos unterband. Deshalb galt die Auletik lange Zeit als unedel und eines «Freien» nicht würdig, weil sie «den Mund verstopfe» und «der Stimme das Wort nähme», wie Alkibiades sagte. Aber dieses Negativum trug im Keim doch ein Zukünftiges in sich: die Möglichkeit einer wortfreien, wortlosen und damit *reinen* Musik. Der Aulos ist reiner Ton. Zunächst ist er – als Instrument des Dionysos-Gefolges –

Laut der Kreatur; Empfindungserlebnis, welches des «höheren Sinnes», des «*Wort*-Sinnes», entbehren kann. «Die Musik auf dem Aulos kann eine dem Affektausdruck verwandte Haltung verwirklichen . . .: Wehklage des sich äußernden Lebens.»[11]

In dem Wesen von Kithara und Aulos liegt die Antwort auf die vorhin aufgeworfene Frage nach dem Kern jener Gegensätzlichkeit. Indem diese Instrumente Ausdruck einerseits einer *wort-erfüllten* und andererseits einer *wort-freien Musik* sind, werden sie zum Gleichnis des Apollinischen und Dionysischen und damit zum Ausdruck der menschlichen Wesenspolarität selbst. Denn der *reine Ton*, der *Laut*, gehört dem Willenselement an, ist aus Empfindung und Begehrung herausgeholt und geformt. Das *Wort* dagegen ist erfüllt von dem Gedankenelement und fließt aus der Bewußtseinssphäre. Der Ton müßte, wenn er sich selbst treu bleiben will, frei von der Wortgebundenheit bleiben. In dem Augenblick, da er sich mit dem Sprachelement vermischt wie im gesungenen Wort, fälscht er eigentlich seine Natur. Denn durch das Wort dringt Bewußtsein in dieses tönende Willensmeer; das gesungene Wort ist immer die Offenbarung eines Gedankeninhaltes, verbunden mit allen Leidenschaftserlebnissen der menschlichen Seele. Der Ton ist wortloser Wille; das Wort dagegen ein vom Gedanken organisiertes Tönen. Diese Tatsache umfaßt die einstige Einheit ebenso wie den seit ihrem Zerbrechen entstandenen, kaum überbrückbaren Gegensatz.

Wenn nun Wagner die Musik als die «unmittelbare Offenbarung der Einheit des Willens» erkennt, das Wort dagegen als den Träger des Wissens, das diesem wogenden Willensmeer seine «Bestimmung» und sein «Bewußtsein» verleiht, so zeigt sich, daß er genau um diese Wesenspolarität von Ton und Wort wußte, daß diese Sinngebung durch das Wort nicht als billige Programm-Verleihung für den Ton aufgefaßt werden darf. Das Suchen Wagners nach einer Synthese, trotz dieses scheinbar unüberbrückbaren Gegensatzes, kann daher nur aus den Wesenstiefen von Wort und Ton selbst, also unmittelbar aus der Bewußtseins- und der Willenssphäre heraus erfließen. Es geht Wagner darum, Musik davon zu befreien, lediglich ein willkürliches Spiel mit Tönen oder bloßer Ausdruck von seelischen Affekten sein zu müssen. Dafür ist ihm das Wort der befruchtende Same, der seinen Geistgehalt hineinversenkt in das Willensmeer der Töne. Ein einzigartiges Beispiel für diese *innere*, nicht programmatische Sinngebung ist Isoldes Schlußgesang im Tristan-Drama, der «Liebestod», dessen tönendes Wogenmeer die menschliche Stimme mit ihrem Wortgehalt durchdringt und der aufschäumenden «Willens»-Flut der Töne Halt und sinnvolle Gestaltung verleiht.

Diese Identifizierung von Wort und Ton mit Bewußtsein und Wille könnte aber nun leicht zu dem Schluß verführen, daß alle wortgebundene

Musik eo ipso apollinischer Natur, dagegen alle wortfreie zwangsläufig dionysischen Charakters sei. Die Gefahr einer allzu voreiligen Schematisierung wird offenkundig. Denn dies bedeutete, daß wir z. B. auch die Instrumentalpolyphonie Bachs oder ein Violinkonzert Mozarts dem dionysischen Wesensbereich zuzählen müßten – ein Urteil, gegen das sich jeglicher unmittelbarer Erlebnisinhalt zur Wehr setzt. Ist uns doch gerade Mozarts Musik zum «Urbild» des Apollinischen geworden.

Der Widerspruch löst sich, wenn wir einen kurzen Blick auf die abendländische Musikentwicklung werfen. Denn sie zeigt uns eine *dramatische Auseinandersetzung der Musik mit dem Wort*, eine Auseinandersetzung, die von der sklavischen Gebundenheit an das Wort, bis zur völligen Emanzipation von diesem, führte. In den ersten nachchristlichen Jahrhunderten bis in die Anfänge der Mehrstimmigkeit noch ganz an das liturgische Wort gefesselt, befreite sich das musikalische Element immer stärker von dieser Wortgebundenheit, bis es in der Instrumentalpolyphonie des Barock sein ureigenstes Wesen gefunden, den «Logos-Gehalt» so sehr in sich aufgenommen hatte, daß es nunmehr mit eigenen, rein instrumentalen Mitteln zum Ausdrucksorgan der menschlichen Seele werden konnte. Bachs polyphoner Instrumentalsatz hat die Emanzipation vom gesprochenen Wort restlos vollzogen; Musik war zur selbständigen, den anderen Künsten ebenbürtigen Kunst erwacht. Die Sprache hat mit Bach ihre Instrumentalisierung erfahren, bei gleichzeitiger Versprachlichung des Instrumentalsatzes. In Bachs Musik ist der apollinische Wortgehalt restlos aufgegangen und Musik geworden. Damit wird die reine Tonwelt Wesensoffenbarung des *ganzen* Menschen, d. h. seiner apollinischen wie dionysischen Wesensnatur.

Daß wir mit Recht von einer Inkarnation der «Logos-Sphäre» in der Instrumentalmusik des Leipziger Thomas-Kantors sprechen und nicht von dem in der Renaissance durch Monteverdi entdeckten «Leidensschrei» des Wortes, kann uns an einem Phänomen deutlich werden, von dem aus wichtige Verbindungslinien zur Thematik Wagners zu ziehen sind. Wir meinen die zu Bachs Zeiten noch lebendig im Bewußtsein getragene *Topik*. In ihr haben wir eine Reminiszenz der sieben «artes liberales» zu sehen, zu denen sowohl Musik wie Rhetorik, «Tonkunst» und «Sprachkunst» gehörten. Man verstand unter dem Begriff der «Topoi» verschiedene «Fundörter», Quellen der Erfindung also, deren geistiger Gehalt dann durch den Künstler jeweils zur «Satzkunst» oder «Redekunst» verarbeitet wurde. Rein formal gesehen, stellten die musikalischen Topoi – Bachs Zeit kannte davon noch über hundert – bestimmte melodische Figurationen oder harmonische Wendungen dar, die einen ganz bestimmten Sinn- oder Empfindungsgehalt zum Ausdruck brachten. Die Topoi bedeuten einen allerletzten Nachklang der antiken, urbildlichen Nomoi. Auch bei den Topoi offenbarte sich nicht in der Erfindung das persönliche Künstlertum, sondern in der Verarbeitung. Die Urbildlichkeit der Topoi ließe sich mit Worten Ernst Kurths anschaulich charakterisieren: «Die Metaphysik der Tonkunst kann nun die Frage aufwerfen, ob nicht jene dynamischen Strebungen, welche die Plastizität der Motive erzeugen, selbst Ausdruck einer unbekannten, *prä-existenten* Form sind.»[12]

Der Schritt von Bach zur Wiener Klassik bringt als neues Element ein Eindringen des Logos-Gehaltes in das klangliche Geschehen, das man als «Verseelichungsprozeß» bezeichnen könnte; und mit Beethoven, dem ersten wahrhaften «Tondichter», ist der Wortgehalt im tönenden Geschehen so übermächtig geworden, daß er uns aus dem symphonischen Instrumentalklang als «inneres Wort» wieder entgegentönt. Beethoven hat dies ganz tief empfunden und daher dem letzten Satz seiner Neunten Symphonie jenes «Instrument» hinzugefügt, das am geeignetsten erscheinen muß, Träger und Verkünder dieses inneren, musikalischen Wortes zu sein: die «vox humana». Es ist tragisch, daß in diesem Punkt Wagner auch von vielen seiner treuesten Anhänger mißverstanden wird. Ihr Einwand, Wagner sei in der Auslegung der Neunten Symphonie Beethovens einem «heiligen Irrtum» erlegen, denn Brahms und Bruckner böten Zeugnis genug für das Fortbestehen der reinen Instrumental-Symphonie, zeigt schmerzlich dieses Mißverstehen auf. Denn Wagner meint ja nicht das Wort der Dichtung, er meint das unsägliche, nie ausgesprochene Wort, das *innere Wort der Musik*, das in den Symphonien Brahms' und Bruckners nicht minder lebendig hörbar ist als bei Beethoven, auch wenn es nicht durch das Instrument der menschlichen Stimme voll ins Bewußtsein gehoben wird. Im Sinne dieser Metamorphose dürfen wir daher sagen: Nicht um ein von Musik erfülltes Wortdrama handelt es sich bei Wagner, auch nicht um ein Drama «zum Zwecke der Musik» (Oper), sondern um die Manifestation *der vom Wort erfüllten Musik* selbst. Wagners Bühnenfestspiel knüpft nicht an die Oper, sondern an Beethoven an, der dichtete, wenn er komponierte, und sich nach seinen eigenen Worten auch immer als «Tondichter» gefühlt hat.

Damit vollendet sich der Inkarnationsprozeß, den die Musik im Laufe der Jahrhunderte vollzogen hat und durch den sie von einer einstigen, nur in der Initiation zu erlebenden «musica mundana» zu einer durch den Menschen geschaffenen «musica instrumentalis» wurde. Mit Wagner hat sich das Geistig-*Tönende* restlos im Irdisch-*Klingenden* zur Geburt gebracht. Die *«Verleiblichung»* der Musik ist vollzogen: «Die Musik tönet, und was sie tönet, mögt ihr auf der Bühne schauen» (Wagner). Dies besagt, daß mit Sinnen anschaubar wird, was an sich unanschaubarer geistiger Gehalt ist. Solches aber bedeutet: Geburt, Verleiblichung,

Menschwerdung. Wie der geistige Teil des Menschen, sein Ich, sich dem Stoff einprägt und sich als Körper-Gestalt individualisiert, so prägt sich das Tönend-Musikalische der Klangmaterie ein und individualisiert sich zu jener spezifischen Thematik, die man gewöhnlich als «Leitmotivik» bezeichnet.

Das Wesen des Wagnerschen Leitmotives

Das Wagnersche Leitmotiv ist weder «Erinnerungskrücke» (Adorno), noch außermusikalische Programmatik, es ist vielmehr die letzte Ausprägung des der Tonwelt innewohnenden Wortgehaltes in der Materie des Klanges, wie sie sich im Zuge abendländischer Musikentwicklung einmal ergeben mußte. Nicht der Name, den wir dem Motiv geben, ist daher wesentlich, sondern das *innere Wort der musikalischen Gebärde*, das ins Bewußtsein gehoben werden soll. Und dies ist kein subjektives Spekulieren einer bestimmten Künstlerpersönlichkeit, sondern die Realisierung eines Evolutions-Anliegens *durch* eine Künstlerpersönlichkeit.

Wagners Leitmotive sind «Themen oder Thementeile eines symphonischen Satzes» (Lorenz), welchen dieselbe «musikalische Funktion» zugrunde liegt wie den Themen einer Symphonie. Statt neue Namen und Inhaltsangaben zu erfinden und in Wagners Thematik nach immer neuen Motiven zu suchen, hätte man besser getan, die einheitliche musikalische Substanz seiner Motive zu erforschen, aus der sie sich durch Gestaltung und Umgestaltung ähnlich entfalten wie die Themen eines symphonischen Instrumentalsatzes. Meistens ist es ja sogar das *Kopfthema* des Werkes, das als Hauptquellpunkt zahlreicher Motive zu erkennen ist, wie etwa im «Tristan» oder «Parsifal». Den Leitmotiv-Charakter erhalten diese Themen durch die absolute Wort-Durchdringung ihres Melos. Dadurch «werden sie zum Spiegelbild der inneren Handlung oder, besser gesagt, zur inneren Handlung selbst, welche ihren Schein auf die Bühne wirft, sich in dem sichtbaren Spiele der handelnden Personen objektiviert»[13].

Da diese Wort-Durchdringung aber kein ausgedachtes Programm ist, das Wort hier nicht intellektuelles Verständigungsmittel, sondern den Logosgehalt der Welt bedeutet, dürfen wir in diesen Leitmotiven ebenfalls Figurationen urbildlichen Charakters erblicken, wie sie uns noch zu Bachs Zeiten in den tönenden Topoi entgegentraten –, nur daß diese Topoi nunmehr eine höchst individuelle Ausdrucksform einer bestimmten Künstlerpersönlichkeit erhalten haben. Wagner selbst hat dieses «Empfangen» des Motives durch den Inspirationsprozeß in einzigartiger Klarheit beschrieben. In dem Aufsatz «Über das Opern-Dichten und

Komponieren im besonderen» lesen wir: Der dramatische Komponist «sehe sich nun z. B. die eine Person, die ihn gerade heute am nächsten angeht, recht genau an . . . Er stelle sie sich in ein Dämmerlicht, da er nur den Blick ihres Auges gewahrt; spricht dieser zu ihm, so gerät die Gestalt selbst jetzt wohl auch in eine Bewegung, die ihn vielleicht sogar erschreckt – was er sich aber gefallen lassen muß; endlich erbeben ihre Lippen, sie öffnet den Mund, und eine Geisterstimme sagt ihm etwas ganz Wirkliches, durchaus Faßliches, aber auch so Unerhörtes (wie der steinerne Gast, wohl auch der Page Cherubin es Mozart sagte), so daß – er darüber aus dem Traume erwacht. Alles ist verschwunden; aber im geistigen Gehöre tönt es ihm fort: er hat einen ‹Einfall› gehabt und dieser ist ein sogenanntes musikalisches ‹Motiv›; Gott weiß, ob es andere auch schon einmal so oder ähnlich gehört haben? Gefällt es dem, oder mißfällt es jenem? Was kümmert ihn das! Es ist *sein* Motiv, völlig legal von jener merkwürdigen Gestalt in jenem wunderlichen Augenblicke der Entrücktheit ihm überliefert und zu eigen gegeben.»[14] Ein derartig empfangenes Thema gleicht einem «Wahrtraumgesicht» und unterscheidet sich dadurch von allen «konstruierten, nüchtern ausgedachten Motiven»[14]. Allein dieser im Übersinnlichen wurzelnde Ursprung des Motives und seine Identität mit der Dramengestalt macht ersichtlich, daß es kein bloßes Erinnerungsschild für handelnde Personen, keine «Erinnerungskrücke» sein kann, sondern einen Ausdrucksfaktor im Drama darstellt, der in dieser oder jener Person oder in einer bedeutungsvollen Seite ihres Wesens, ihres Schicksals, oder auch in einem unpersönlichen natürlichen oder übernatürlichen Zustand oder Vorgang liegt.

Aus diesem individualisierten Topos-Charakter der Wagnerschen Leitmotive, der selbst wieder an das göttliche Urbild des antiken «Nomos» erinnert, erklärt sich auch ihre oft mantrische Ausdruckskraft. Sie ist es ja, die der Seele ein gerade *nicht* intellektuelles Bewußtsein vermitteln will. Mit dem theoretischen Erfassen der Leitmotiv-Namen und dem bloßen Registrieren der aufklingenden Motive ist nichts getan. Zwar geht es heute im Zeitraum der Bewußtseinsseele auch um Bewußtwerdung dessen, was uns im Musikalischen entgegentönt, aber dabei eben um die Erkenntnis jener Geistgehalte, die durch die Seele erfaßt werden. Dieses vom Herzen Begriffene ins *Haupt* zu heben – die Parsifal-Prophezeiung: «durch Mitleid», durch Liebe «wissend werden», gilt auch hier – ist das zu Erstrebende. Und dies vollzieht sich durch einen meditativen Weg, der die Seele auf eine höhere Seinsebene ihres Erlebens emporführt und ihr die Gewißheit verleiht, sich von kosmischen Sphären umtönt zu fühlen. Diese mantrische Wirkung liegt vielen Wagner-Themen durchaus zugrunde; wir verweisen etwa auf das Walhall-Motiv, die Glaubens-Melodie im «Parsifal», oder das Blumenaue-Thema. Auch diese Wirkenskräfte gehören zu den «ersichtlich gewordenen Taten der Musik», die einmal Ereignis werden mußten, unabhängig von Name und Person ihres Schöpfers; denn sie sind nicht mehr oder weniger gekonnte Schöpfungen eines deutschen Opernkomponisten, sondern notwendiges Ziel und Wendepunkt abendländischer Musikentwicklung. Diese selbst hat in innerer Konsequenz zum Bühnenfestspiel geführt, und Wagner versetzte die ganze Schöpferkraft seiner Individualität in Einklang mit diesem *geistesgeschichtlichen* Werden.

Rückblick und Zusammenfassung

Damit stehen wir wieder auf der Mensch, Erde und Kosmos umgreifenden Ebene des Mysteriendramas, das Wagner mit dem vollerwachten Individualitäts-Bewußtsein seiner Kulturepoche zu ergreifen und zur Wiedergeburt zu bringen suchte: den drei-einigen Akkord von Weisheit, Kunst und Religion; die neu-gewonnene Erkenntnis vom Geistgehalt des Mythos; und die Absicht, dem Zuschauer die Einsicht in das Wesen der Imagination durch das Zusammenwirken aller Künste neu zu vermitteln. Für all dies aber bildet die Musik das entscheidende Fundament – jene Kunst also, die so intensiv und unmittelbar mit der menschlichen Ich-Wesenheit verbunden ist, daß sie ihre Gipfel auch erst erreichen konnte, als dieses Ich-Bewußtsein in der menschlichen Seele voll zum Erwachen kam. Erst jetzt, im Zeitalter der Bewußtseinsseele, war diese Ich-Ergreifung und Ich-Durchdringung alten Mysteriengutes, wie Wagner es in seinem Bühnenweihfestspiel «Parsifal» einzigartig vollzogen hat, möglich geworden. In seinem innersten Kern liegt dieser *Ich-Funktion der Musik* ein tief christliches Mysterium zugrunde.

Es kündigte sich bereits zur Zeit des Generalbasses an. Wir erleben in der Bachschen Polyphonie den Kreuzungspunkt der beiden Komponenten: Instrumentalisierung der Sprache, Versprachlichung des Instrumentalen. In vollem Umfang erkannt, sagt dies, daß die bis zu diesem Zeitpunkt immer noch klar erkennbare Trennung zwischen geistlicher und weltlicher Musik fällt. Denn durch diese gegenseitige Durchdringung beider Komponenten, wird der bislang dem christlich-liturgischem Wort vorbehaltene Geistgehalt verweltlicht, eben instrumentalisiert, gleichzeitig aber wird die aus der weltlichen Sphäre herausgewachsene Instrumentalmusik durch das in ihr webende innere Wort verchristlicht. Seit Bach ist nicht mehr eine gewisse musikalische Gattung, die sogenannte Kirchenmusik, Träger des Christlichen, sondern die Musik schlechthin hat in sich das «Christliche» aufgenommen. So wie aus der vokalen und instrumentalen Musik in der Polyphonie Bachs im gewissen Sinne eine Einheit erwächst, so ist auch aus den früheren Gattungen von kirchlicher und weltlicher Musik eine einzige, im Geiste des Christentums *neu* geborene Musik entstanden. Das *Wort* hat sich in den Klang *inkarniert*. Von da an ist Musik die christliche Kunst. Wer wollte auch bei Bachs «H-moll-Messe», Mozarts «Requiem», Beethovens «Missa solemnis» kategorisieren und rechten, ob dies weltliche oder kirchliche Musik sei, ob sie in der Kathedrale oder im Konzertsaal erklingen soll?

Von dieser Einswerdung der Musik mit dem christlichen Geiste war Wagner tief erfüllt: «Neben dieser Welt der Mode ist uns eben gleichzeitig eine andere Welt erstanden. Wie unter der römischen Universal-Zivilisation das Christentum hervortrat, so bricht jetzt aus dem Chaos der modernen Zivilisation die *Musik* hervor. Beide sagen aus: ‹unser Reich ist nicht von dieser Welt›. Das heißt eben: wir kommen von innen, ihr von außen; wir entstammen dem Wesen, ihr dem Scheine der Dinge . . . Der Geist des Christentums war es, der die Seele der Musik neu wieder belebte . . .»[15] Und 1880 lesen wir in dem Aufsatz «Religion und Kunst«: «Streng genommen ist die Musik die einzig dem christlichen Glauben ganz entsprechende Kunst, wie die einzige Musik, welche wir, zum mindest jetzt – als jeder andern ebenbürtige Kunst kennen, lediglich ein Produkt des Christentums ist.»[16]

So wurde Wagners Drama zum Mysteriendrama der erwachenden Bewußtseinsseele, in dem die apollinische Wort- und die dionysische Ton-Sphäre durch christliches Welt-Erleben zur Einheit verschmelzen. Durch diese Einswerdung konnte sich diese Bewußtseinsseele in der Musik eine neue Ebene künstlerischer Offenbarung schaffen.

Wieso konnte Wagner in einer Zeit des Materialismus und Atheismus dies alles mit solch unbeirrbarer Sicherheit gestalten? – Doch nur, weil ihm der tiefste Sinn von Musik und Christentum aufgegangen war: «Ich kann den Geist der Musik nicht anders fassen als in der *Liebe*.»[4]

Heute, in der Faszination für elektronische Klangmittel, die H. Stukkenschmidt als «dehumanisierte Musik» preist, scheint uns der christliche Geist und damit der Wesenskern unserer abendländischen Musik wieder verlorenzugehen. Doch kein Zweifel kann bestehen, daß Wagners «Parsifal» eines der tiefgründigsten Zeugnisse für diese Wesenseinheit von Musik und Christentum ist.

Da es sich gezeigt hat, welche Forderungen erfüllt werden müssen, um den Absichten, Erkenntnissen und Intentionen Wagners gerecht zu werden – das Wissen um den esoterischen Gehalt des Mythos, das Drama als «ersichtlich gewordene Tat der Musik», das Zusammenwirken der Künste als eine Einheit in der Vielheit – kann es auf die Frage nach einer zeitgemäßen Bühnendarstellung des Wagnerschen Musikdramas nur *eine*

Antwort geben: Allein die *spirituelle* Sicht vermag das Bühnenfestspiel Wagners in seinem eigenen, wahren Wesen zu verwirklichen! Jede andere muß Trübung, Verfälschung und Zerstörung seines Wesensgehaltes bedeuten. Und der beste Regisseur wird zweifellos jener sein, der mit dem größten künstlerischen Einfühlungsvermögen in Musik und Dichtung diese hier ausgeführten Kriterien so ungetrübt und exakt als möglich herauszuarbeiten versteht. Regisseur, Bühnen-, Masken- und Kostümbildner, alle müssen sie auf das innigste zusammenarbeiten, um dem Mysteriengehalt des Dramas gerecht zu werden. Das Bühnengeschehen muß hinaufgehoben werden auf die Ebene der Imagination. Die für das 19. Jahrhundert noch gültigen festen, naturalistischen Formen gilt es durch Licht und Farbe zu entstofflichen und in Bewegung aufzulösen, so daß der Zuschauer den Schleier emporgezogen erlebt, der ihm die imaginativen «Zusammenhänge der Phänomene der Welt» in der Sinneswirklichkeit verhüllt. Und was ihn die Bühne erschauen läßt, ist nicht alltäglicher Stoff, sondern der Logos-Gehalt der Welt, das innere Wort, das ihm in der Musik als Quell- und Mittelpunkt des Dramas aus dem «mystischen Abgrund» des Orchesters entgegentönt. – Wahrlich Raum genug für unsere Regisseure, «Poeten einzuweihen»!

PARSIFAL

Sein ganzes Leben hatte Richard Wagner als ein Streben und Wähnen empfunden. «Den Frieden seines Wähnens fand er in seinem Bühnenweihespiel ‹Parsifal›»[1]. Er ist Ziel und Krönung seines Lebens und Schaffens. Alle seine vorangehenden Werke weisen unausgesprochen auf dieses Ziel, und als Ganzes genommen sind sie ein einziger kontinuierlicher Weg zum *Bühnenweihfestspiel;* ein Weg der *Gralsuche* im Zeitalter der Bewußtseinsseele.

Es gibt nichts in Wagners Leben, keinen Brief, keine Notiz, keine Skizze oder Äußerung, was über den «Parsifal» hinauswiese. Mit ihm hat dieses stürmische, oft zwiespältige, aber unsagbar reiche und große Leben seine Erfüllung gefunden. Wie bei den «Meistersingern» wurden auch die ersten Skizzen zum «Parsifal» rund zwanzig Jahre vor der tatsächlichen Entstehung des Werkes konzipiert. Die Geburtsstunde des «Parsifal» datiert Wagner in seiner Autobiographie mit dem Karfreitag des Jahres 1857, als er eben erst sein «Asyl» am Züricher See im Hause Wesendonk bezogen hatte: «Nun brach auch schönes Frühlingswetter herein; am Karfreitag erwachte ich zum ersten Male in diesem Hause bei vollem Sonnenschein: das Gärtchen war ergrünt, die Vögel sangen, und endlich konnte ich mich auf die Zinne des Häuschens setzen, um der langersehnten verheißungsvollen Stille mich zu erfreuen. Hiervon erfüllt, sagte ich mir plötzlich, daß heute ja ‹Karfreitag› sei, und entsann mich, wie bedeutungsvoll diese Mahnung mir schon einmal in Wolframs ‹Parzival› aufgefallen war. Seit jenem Aufenthalte in *Marienbad,* wo ich die ‹Meistersinger› und ‹Lohengrin› konzipierte, hatte ich mich nie wieder mit jenem Gedichte beschäftigt; jetzt trat sein idealer Gehalt in überwältigender Form an mich heran, und von dem Karfreitags-Gedanken aus konzipierte ich schnell ein ganzes Drama, welches ich, in drei Akte geteilt, sofort mit wenigen Zügen flüchtig skizzierte.»[2]

Wenn die Richtigkeit dieses Datums durch den zu erwartenden zweiten Band von Cosimas Tagebuch auch in Frage gestellt werden soll, so bleibt doch das Wesentliche dieses Erlebnisses erhalten: die Tatsache, daß das Drama vom «Karfreitags-Gedanken» aus konzipiert wurde. In diesem

Karfreitagsgedanken sah Wagner den «zu qualvollem Leiden am Kreuze ausgespannten Leib, den höchsten Inbegriff aller mitleidvollen Liebe selbst.»[3] Da mag ihn der tiefe Zusammenhang zwischen diesem Tode und dem neuerstandenen Sprießen und Blühen der Natur durchzuckt haben. Denn die «ungeheure Schuld alles Daseins nahm dieses sündenlose Wesen selbst auf sich. Durch diesen Sühnungstod durfte sich alles was atmet und lebt, erlöst wissen, sobald er als Beispiel und Vorbild zur Nachahmung begriffen wurde.»[3]

Mit diesen Worten spricht Wagner eigentlich bereits das Grals-Mysterium aus. Im neu aufsprießenden Leben der Natur kommt ihm ein Ahnen von den Lebens- und Triebkräften alles Kreatürlichen, die jedoch einer Wandlung bedürfen, wenn sie zu höheren Stufen emporsteigen und *erlöst* werden sollen. Die Kraft zu dieser Wandlung aber erfließt aus diesem Kreuzestod.

Rudolf Steiner schildert dieses Karfreitagserlebnis Wagners in seinem Vortrag über «Richard Wagner und die Mystik»: «Die tiefe Verwandtschaft der Karfreitagsidee, der Erlösungsidee, mit der sprießenden, sprossenden Natur, das lebte in Richard Wagner, und diese Idee ist identisch mit dem, was wir als die Gralsidee schildern konnten, wo die keusche Pflanze mit ihrer Blüte der Sonne entgegenstrebt im Gegensatz zum begierdevollen Menschen. Er sah den Menschen, wie er von der Begierde durchzogen ist, und betrachtete das Ideal der Zukunft, wo der Mensch durch Überwindung der Begierde das höhere Bewußtsein, jene höhere befruchtende Kraft erlangt haben wird, die der Geist erzeugen wird. Und er schaute hin auf das Kreuz, wie das Blut des Erlösers geflossen ist, das aufgefangen wurde in der Gralsschale, und die das Symbolum gebildet hat für diese Idee von der Erlösung, und sie verband sich ihm mit dem Werden der Natur.»[4]

Alle Motive, die Wagner in seinen Dramen immer wieder aufklingen läßt – Sehnsucht, Läuterung, Opfer, Resignation, Erlösung –, finden im «Parsifal» ihre letzte Lösung und Erhöhung. Alle münden sie ein in die Erlösungs-Botschaft des Heiligen Grales. «Reinigt sich dieses sündige Blut, so daß es so rein ist wie der Pflanzenblütenkelch auf einer höheren Stufe, ohne Begierde, keusch wie der Pflanzenkelch dem Sonnenstrahl gegenüber, so erscheint das wie der Weg zum heiligen Gral.»[4]

Diese Zusammenhänge mögen als künstlerische Inspiration vor Wagners Seele gestanden haben, als er die ersten Skizzen des Dramas entwarf, in dem die erlöste «Blumenaue» und der «Karfreitagszauber» das Herzstück bildeten. Und doch sollten noch zwanzig Jahre vergehen, ehe Wagner die schöpferische Kraft gefunden hatte, auszuarbeiten, was ihn in diesem Inspirationsaugenblick überwältigte. Es waren nicht nur andere künstlerische Ideen, die den Parsifal-Stoff in den Hintergrund drängten.

Wagner schob ihn ganz bewußt beiseite; ja er wehrte sich sogar mit Vehemenz gegen den Gedanken, das Drama tatsächlich zu schreiben. In einem Brief an Mathilde Wesendonk vom 30. Mai 1859 heißt es: «Ich muß alles in *drei* Hauptsituationen von drastischem Gehalt so zusammendrängen, daß doch der tiefe und verzweigte Inhalt klar und deutlich hervortritt; denn *so* zu wirken und darzustellen, das ist nun einmal *meine* Kunst. Und – solch eine Arbeit sollte ich mir noch vornehmen? Gott soll mich bewahren! Heute nehme ich Abschied von diesem unsinnigen Vorhaben; das mag Geibel machen und Liszt mag's komponieren! – Wenn meine alte Freundin Brünnhilde in den Scheiterhaufen springt, stürz' ich mich mit hinein, und hoffe auf ein seliges Ende! Dabei bleib' es! Amen!»[5]

Aber jener «Karfreitagsgedanke» keimte weiter in seiner Seele und gab ihn nicht mehr frei. Und ergreifend sind die Tagebuchnotizen Cosimas, die uns die tiefe Rührung miterleben lassen, die Wagner bewegte, als es «an der Zeit war» und er nur mehr den einen Wunsch hegte, in Ruhe den «Parsifal» schreiben zu können:

Donnerstag 8. Juli 1869: «Nach Tisch wollte R. aus seinen Skizzen etwas vorspielen, kam jedoch nicht in die Stimmung. Ich schlug vor, seinen Entwurf zum Parzival zu lesen, und tat es unter Tränen-Unterbrechungen. Ich empfand es innig, wie läuternd und veredelnd das Erhabene auf uns wirkt!»

Samstag, 29. April 1871: «R. liest . . . Parzival vor; unbeschreibliche Ergriffenheit; wenn auch nicht ein Ton, nicht ein Vers davon geschrieben wird, so ist dieser Entwurf ewig und vielleicht das Höchste, was R. erschaut.»[6]

Und in einem Brief König Ludwigs (1865) heißt es:

«Mein Einziger! mein göttlicher Freund!

Endlich finde ich einen freien Augenblick, endlich komme ich dazu, dem Geliebten für den übersandten Entwurf zum ‹Parzival› aus tiefster Seele zu danken, die Flammen der Begeisterung erfassen mich; mit jedem Tage wird sie glühender, meine Liebe zu dem, den ich einzig liebe auf dieser Welt, der meine höchste Freude, mein Trost, meine Zuversicht, mein Alles ist! O Parzival, wann wirst Du geboren werden!?»[7]

Immer wieder wird Wagner durch andere Mißlichkeiten abgehalten, immer wieder zwingt ihn der Unverstand seiner Umwelt, Arbeiten verrichten zu müssen, die andere tun sollten.

Sonntag, 14. Februar 1874: «An seine Partitur kommt R. nicht, was ihn sehr betrübt. ‹Meine Sache wäre, immer zu produzieren, nun an den ‹Parzival› zu gehen, nun werde ich durch Dinge aufgehalten, die andere vorzunehmen hätten. Ohne Schule, ohne Bühne, ohne einen Menschen, der mir beisteht, bin ich da und muß an dem Geschaffenen Jahre lang noch nagen, um es ordentlich herzustellen.›»

Dienstag, 22. Juni 1875: «Konferenz wegen Wohnungen. R. darauf sehr verstimmt und unwohl, bedenke ich, daß Parzival geschaffen werden könnte und Zeit und Kraft solchen Dingen zum Opfer wird, so möchte ich verzweifeln. Welche Kraft hält uns aufrecht??—»

Mittwoch, 16. Februar 1876: «Viel denkt er an Parzival und ist betrübt, daß so vieles dazwischen kommt.»

Am 25. Januar 1877 aber ist der unerschütterliche Entschluß gefaßt: «‹Ich beginne den Parzival und laß nicht eher von ihm, als er fertig ist› – worauf ich vor Freude laut lachen muß.»[6]

Der 13. Januar 1882 setzt schließlich in Palermo die letzte Note in die Parsifal-Partitur. Am 26. Juli 1882 fand unter der Leitung Hermann Levis die Uraufführung statt. Zdenko von Kraft, der Chronist des Hauses Wahnfried berichtet uns über dieses Ereignis: «Zwei von den sechzehn Aufführungen tragen den Stempel des Außerordentlichen: die erste und die letzte. Die erste bringt das Einmalige, in alle Zukunft nicht zu Wiederholende: den Aufgang einer Schöpfung vor den bestürzten Sinnen einer über sich selbst hinausgehobenen Zuhörerschaft. Es ist nicht an dem, von dem Sturm eines Beifalls zu sprechen, wie er sich bei ähnlichen künstlerischen Taten auf gleiche Weise stets von neuem wiederholt. Wesentlicher ist der Widerhall bei den Ausübenden. Sänger und Musiker stehen unter einem Bann, als wären sie, Mittler dieser Kunst, doch nur Lehrlinge oder Werkgehilfen, die sich zum ersten Male selbst verstehen. Gurnemanz-Scaria, der glanzvolle Stern der Wiener Hofoper, demütigt seine Stimme und Darstellung zu entsagungsvoller Bescheidung. Die große Materna beugt ihre strahlende Gesangskunst zu einer Kundry von dienender Hingabe. Der junge Winkelmann – er gehört erst seit einem Jahre Wien an – schafft einen reinen Toren weitab aller eitlen Stimmentfaltung. Reichmann-Amfortas erlischt in verzweifelter Leidensklage. Und wenn Karl Hill seinem Klingsor die ganze wilde Dämonie seines schwarzen Organs verleiht, so stellt er den Überschwang seiner Kunst in den Dienst einer einzigen Szene. Keiner ist mehr als der andere, niemand tritt aus dem Werk. Und als der Vorhang über dem Wunder des ‹Höchsten Heiles› langsam niederfällt, treten sie zurück, um den Sturm des Beifalls jenem zu überlassen, dem er zumeist gebührt. Zwar Wagner ruft nach ihnen; hat er doch selbst das Zeichen gegeben, um ihnen seinen Dank zu sagen. Allein sie sind schon beim Umkleiden. So erntet er ihn denn für dieses eine Mal allein. Die letzte Garbe seiner Altersreife ist gebunden.»[8]

DAS VORSPIEL

Mit dem Parsifal-Vorspiel tönt in tief ergreifenden Klang-Imaginationen das christliche Mysterium auf. Einstimmig, von Streichern und Holzbläsern in feierlichem Zeitmaß vorgetragen, erklingt der «*Liebesmahlspruch*», das Grund- und Quellthema des ganzen Werkes, das sowohl seinen geistigen wie auch motivischen Aufbau beherrscht und uns in der ausgewogenen Bogen-Architektur seiner melodischen Linie einen dreifachen Blick auf Christi Erlösertat gewährt.

Liebesmahl-Motiv

Aus dem *As*-Dur-Akkord entfaltet sich voll selbstloser Hingabe ein Sexten-Aufstieg, der, nach einem zweimaligen Erklingen der Sexte mühsam weiter aufwärts strebt zur Oktave des Ausgangstones, um von dort in eine Ausdrucksgebärde zu münden, die in unzähligen Werken als «tragisches Motiv» erkannt wurde: nach dem Schmerzenslaut der kleinen Sekunde eine abstürzende Quinte mit darauffolgendem diatonischen Aufstieg zur kleinen Terz. In der Wandlung der Melodik von liebender Hingabe zu schmerzvollem Erleiden trübt sich das von ihr angeklungene *As*-Dur nach *c*-Moll. Alle irdisch-menschliche Leidenstragik scheint in diesen mittleren Teil des Liebesmahlspruches einzufließen, denn der Zusammenhang dieser Schmerzens-Motivik mit dem «Wahn-Motiv» der «Meistersinger» und mit Tristans «Tagesfluch» ist deutlich spürbar. Dieser Motivteil ist gleichzeitig das mittlere Glied des Melodiebogens. Dann holt das Thema neuerlich von der Tiefe aus, steigt in einem viertonigen Sekundaufstieg empor, den dunklen Glanz von *As*-Dur wiederfindend. Dieser dritte und abschließende Teil wird im Verlauf des Werkes als «Speer-Motiv» Selbständigkeit erlangen. In dem sechs Takte umfassenden Thema spiegelt sich in dem vierten Takt, den das Speer-Motiv ausfüllt, der Anstieg des zweiten Taktes mit seinen Schmerz-Sekunden wider, nur daß der kleine Sekundschritt *c–des* die Aufwärtsbewegung der Tonreihe fortsetzt und nicht mehr in jenen Seufzerlaut umbiegt, wie dies im

37

Übergang vom zweiten zum dritten Takt der Fall ist. Das Speer-Motiv trägt also die ganze Leidenswelt des mittleren Motivbogens in sich, ist aber gleichzeitig auch Ausdruck von ihrer sieghaften Überwindung. Als der Speer, der dem Gekreuzigten die Wunde schlug, ist er Symbol höchsten Schmerzes. Geweiht durch die Berührung mit dem Blut des Erlösers jedoch, wird er zum Symbol des Heiles. Dieser zweifache Wesenscharakter des Speeres wird für das dramatische Geschehen noch von höchster Bedeutung sein.

Nach einem synkopierten Sekundfall steigt das Thema schließlich zu seinem (doppelt angeschlagenen) Schlußton auf, der als Terz zum Grundton *as* dieser «inneren Halt-Findung» besonderen Nachdruck verleiht. Damit beantwortet der fünfte Takt des Themas rhythmisch-melodisch den ersten und rundet es zu einem «vollkommenen Bogen»[9] ab. So tönt dieser einstimmig vorgetragene Liebesmahlspruch wie ein einsamer Ruf von oben in die Welt hinein, eine «Botschaft aus der Höhe» über den liebenden, leidenden und siegenden Christus, und führt uns durch sein inneres Wort der nächtigen Sphäre von As-Dur entgegen. Mit ihrem dunklen Samtklang ist diese Harmonie die innerlichste Tonart des ganzen Quintenkreises.

Bereits anläßlich der Besprechung von «Tristan und Isolde» wurde der Wesensgehalt dieser Tonart ausführlicher dargestellt. Auch verwiesen wir auf ihre spezifische Verwendung bei Richard Wagner zur Charakterisierung des Überirdischen und Jungfräulichen. Wir sprachen von der Seelenhaltung der Devotion, der Hinwendung zum Göttlichen, die Wagner mit dieser Harmonie verbindet. Im «Parsifal» wird sie zur Haupt- und Grundtonart, und das muß uns einen noch tieferen Blick in den sphärischen Wesensgehalt dieser Tonart ermöglichen. Das kosmische Element dieser Harmonie ist der Sphäre des «Schützen» verbunden, einer geistigen Wirkenskraft, deren tiefstes Anliegen die Verwandlung des Niedrigen in ein Höheres ist, die innere Erhebung in der Richtung von unten nach oben. Was wir einleitend von der Karfreitags-Intuition Richard Wagners sagten, die Läuterung der Seele zum «Pflanzen-Blütenkelch» durch «Überwindung der Begierde» und Erlangung eines «höheren Bewußtseins», ist mit dieser Sphärenkraft besonders stark verbunden. Rückblickend auf die Charakteristik seiner Frauengestalten, müssen wir von dieser Sicht aus vielleicht das bisher Gesagte etwas modifizieren. Es liegt die Verbundenheit mit dieser Tonart nämlich nicht so sehr an den betreffenden Gestalten an sich, sondern in ihrer ganz bestimmten Seelenhaltung in bestimmten Situationen. Immer dort, wo ihre Seele sich gleichsam zur «Schale», zum «Kelch» formt, um ein Höheres, Geistiges zu empfangen – man denke an Elsas Traumerzählung, an die Nachtweihe im «Tristan» oder an die «Geistberührung», die Evchen durch Sachs empfängt –, ertönt diese Harmonie. Und insoferne die Seelenhaltung jener Frauengestalten auf dieses Empfangen gerichtet ist, insoferne sie als Repräsentanten dieser hingebenden Seelenhaltung zu erkennen sind, ist es erlaubt, die Harmonie unmittelbar mit ihnen zu verbinden.

Im Parsifal-Vorspiel liegt das Zu-Empfangende im geistigen Gehalt des Liebesmahlspruches. Und das Erklingen der *As*-Dur-Harmonie nach diesem «Wort aus der Höhe» ist wie ein Aufnehmen dieses Inhaltes durch die Weltenseele selbst. Denn dieses Wort kündet von dem zentralen Mittelpunktsereignis der ganzen Weltenschöpfung. Von dieser höchsten Warte aus erlebt, spiegelt das Erklingen der *As*-Dur-Harmonie jenes Initiationsgeschehen wider, das man seit Zarathustra in der Mysteriengeschichte bis hin zum Heiligen Gral das «Schauen der Sonne um Mitternacht» genannt hat: «Das Erleben des Sonnenhaften im eigenen Ich».[10]

Wagner hat diesen ersten Abschnitt seines Vorspieles wohl ganz bewußt auf das uralte Prinzip der «Antiphonie», d. h. des Wechselgesanges zwischen Solostimme und Chor, gebaut. Nur daß der «Chor» sich in diesem *As*-Dur zum Weltenchor der Sphären weitet. Eingehüllt in die Aura dieses *As*-Dur-Klanges ertönt der Liebesmahlspruch jetzt in gesteigerter Fülle, Trompeten und Oboen geben ihm sanften Glanz. Die ihn umschwebenden Dreiklangsfigurationen verbreiten milden Schimmer und tragen diese Liebesbotschaft empor in ätherische Höhen.

Erneut ertönt das «Wort aus der Höhe». Diesmal aber hat sich das *c*-Moll seiner Schmerzens-Figur über das ganze Thema gebreitet, und wenn es nunmehr umrauscht von dieser Moll-Harmonie zum letzten Mal erklingt, dann klagen aus den flutenden Orchestermassen tragische Töne auf, die weit über alles menschliche Schmerzempfinden hinausgreifen. Mit diesem viermaligen Erklingen des Liebesmahl-Themas ist der erste Abschnitt des Vorspieles zu Ende.

Ihm folgt, von gedämpften Trompeten und Posaunen getragen, ein weiteres Hauptthema des Werkes: das *Grals-Motiv* mit seinem feierlich emporsteigenden Sextengang. Die Urmotivik dieses weihevollen Themas

Grals-Motiv

birgt liturgische Elemente. Das Melos der ersten ein-einhalb Takte ist der gregorianischen Intonation des «Gloria in excelsis Deo» abgelauscht, während das zweite Motivglied der aufsteigenden Sexten an das in der Liturgie des Dresdner Domes seinerzeit gesungene «Amen» erinnert. Wir erwähnen dies deshalb, weil wir es in der Gregorianik mit einem Melos zu tun haben, dem *Urbildlichkeit* zukommt, und wir hier den bereits mehrmals erwähnten Topos-Charakter der Wagnerschen Leitmotive gleichsam mit Händen greifen können. In seiner geschlossenen Form und seiner Symphonik ist dieses Thema jedoch zur Gänze Wagners eigene Erfindung. Er selbst nannte es das Motiv der «Verheißung»; es erklingt im Drama immer dort, wo Stufen zur Erkenntnis hinaufgestiegen werden. So darf man diese Verheißung im Sinne einer Erweckung, eines «Weckrufes» verstehen. Wird es doch gleich zu Beginn mit Gurnemanz' Worten verbunden: «Hört ihr den Ruf?» Und dieser Ruf weckt die Knaben aus ihrem Schlummer.

Nicht minder wichtig wie seine Urbildlichkeit erscheint uns, gerade im Hinblick auf den mit ihm verbundenen Erkenntnisprozeß, auch die motivische Verwandtschaft des Themas mit dem Tarnhelm-Motiv, wie wir dies bereits am Ende des ersten Aktes von «Götterdämmerung» erwähnt haben. Hat Wagner doch schon in seinem Aufsatz «Die Wibelungen» die Ansicht geäußert, der Gral müsse «als der ideelle Vertreter und Nachfolger des Nibelungenhortes gelten»: «Das Streben nach dem Grale vertritt nun das Ringen nach dem Nibelungenhorte, und wie die abendländische Welt, in ihrem Innern unbefriedigt, endlich über Rom und den Papst hinausging, um die echte Stätte des Heiles in Jerusalem am Grabe des Erlösers zu finden, – wie sie selbst von da unbefriedigt den geistig-sinnlichen Sehnsuchtsblick noch weiter nach Osten hineinwarf, um das Urheiligtum der Menschheit zu finden, – so war der Gral aus dem unzüchtigen Abendlande in das reine, keusche Geburtsland der Völker unnahbar zurückgewichen.»[11] Mögen manche Interpreten, wie etwa Paul Sakolowski, diesen ideellen Zusammenhang auch als die «kurioseste Verirrung» Wagners bezeichnen – wesentlich ist, daß in der Sicht Wagners das Nibelungen- und das Gralsdrama zueinander gehören, daß er in dem Fortschreiten von dem einen zum anderen einen Entwicklungs- und Heilungsprozeß für Welt und Menschheit erkannte. Dies tönte bereits am Ende der «Götterdämmerung» aus dem Erlösungs-Motiv heraus und findet seine Unterstreichung in der erwähnten Motiv-Verwandtschaft zwischen Tarnhelm- und Grals-Thema. Denn beide Motive weisen auf Wirkenskräfte, die in der ätherischen Lebenswelt verwurzelt sind.

Das Grals-Motiv bildet die Überleitung zum Mittelteil des Vorspieles. Er bringt uns das dritte Hauptmotiv: das *Glaubens-Thema*. Im ehernen Klang von Trompeten, Posaunen und Hörnern erstrahlend, trägt es zum erstenmal ein kraftvolles Forte in die bisher stillverhaltenen Klänge hinein. In einer programmatischen Erklärung, die Wagner anläßlich einer

Konzertaufführung des Vorspieles gegeben hat, charakterisierte er dieses Thema als den musikalischen Ausdruck des «Glaubens», – eines Glaubens allerdings, der nicht einfach metaphysische, jenseits der verstandesmäßigen Faßlichkeit liegende Gegebenheiten für wahr hält, sondern höchste Erkenntnis bedeutet: «Das verlorene und mit *Bewußtsein* wiedergewonnene Paradies», das Durchdrungensein von wissender Erkenntnis um die göttliche Welt. In diesem Sinne gibt Wagner dem Thema auch eine

Glaubens-Thema

zweifache Ausdrucksform: ein Weben, das die zartesten Keime der Seele in ätherischen Lichteshöhen zum Erblühen bringt, und gleichzeitig als eine in die Tiefen steigende und in mächtigen Akkorden gefügte Klangarchitektur, aus der man ein durchchristetes Walhall-Thema heraushören könnte. «Fest und markig erklärt sich der Glaube, gesteigert, willig selbst im Leiden», deutet Wagner diese Erscheinungsform des Themas, während er sein ätherisches Blühen als «Verheißung der Erlösung durch den Glauben» kommentiert. Formal-motivisch gesehen, ist das Glaubens-Thema die Umkehrung des dritten Teiles des Liebesmahlspruches, also des Speer-Motives und seines Ausklanges. Dieser gewaltige zweite Abschnitt endet in der dunklen «Schwellen-Harmonie» von *es*-Moll (Parallele zu *Ges*-Dur).

Im dritten Teil erklingt neuerlich der Liebesmahlspruch; nunmehr allerdings auf düsteren, drohenden *f*-Moll-Bässen stehend. Dort aber, wo das eigentliche Leidensmotiv ertönt – die stürzende Quinte und die aufsteigende Mollterz –, verwandelt sich das schwarze Beben der Bässe schlagartig zu einem hell-schimmernden Tremolo der hohen Streicher: «Das Licht leuchtet in die Finsternis!» Und immer aufs neue fließt das Liebes-Thema in dieses schimmernde, blitzende Leuchten ein, drängt es zu immer strahlenderer Helligkeit. Klänge, durchglüht von einem inneren Licht, die Imagination der Gralsschale vorwegnehmend, wenn das heilige Blut in ihr aufleuchtet; Klänge, die uns mit ihrer Wortgewalt verkünden, daß sich Erlösungskraft aus Schmerz gebiert.

Überblicken wir diese Dreiteiligkeit des Vorspieles, so darf uns hinsichtlich der Aussage ihres geistigen Gehaltes jeder Teil Träger einer der drei christlichen Tugenden sein. Das *Liebesmahl*-Thema bildet den Quell- und Ausgangspunkt. Das aus ihm erfließende *Glaubens*-Thema erfüllt die höchsten und tiefsten Klangschichten der musikalischen Gestaltung des Mittelteiles, und die wunderbare «Transsubstantiation» des dritten Abschnittes, welche das schwarze Drohen der Bässe zum Lichtschimmer der Geigen führt, verheißt uns *Hoffnung* auf den Sieg des Lichtes und der Liebe über diese drohende Finsternis. In seinem Aufsatz: «Was nützt diese Erkenntnis» schreibt Wagner, daß ihm die gewöhnliche Reihenfolge der drei «Theologal-Tugenden nicht ganz richtig» dünke und er sie lieber zu «Liebe, Glaube und Hoffnung» umgestellt wissen möchte, da die *Liebe* die Quelle sei, aus der allein alles Weitere erfließen könne. «Diese einzig erlösende und beglückende Dreieinigkeit als den Inbegriff von *Tugenden* und die Ausübung dieser als *Gebot* aufzustellen, mag widersinnig erscheinen, da sie uns andererseits nur als Verleihung der Gnade gelten sollen. Welches Verdienst ihre Erwerbung jedoch in sich schließt, werden wir bald inne, wenn wir zu allererst genau erwägen, welche fast übermäßige Anforderung an den natürlichen Menschen das Gebot der ‹Liebe› im erhabenen christlichen Sinne stellt. Woran geht unsere ganze Zivilisation zu Grunde, als an dem Mangel der Liebe?»[12]

In dieser von Wagner geforderten Reihenfolge stehen die drei christlichen Tugenden auch im Einklang mit den Worten am Kreuze, dem Urquell ihrer Wirkenskräfte, wie dies durch Rudolf Steiner in den Vorträgen über das Lukasevangelium dargestellt wird. Die Worte: «Vater, vergib ihnen, denn sie wissen nicht, was sie tun» (Luk. 23, 34), sind Ausdruck der von Golgatha ausströmenden *Liebe.* Die Verheißung an den Schächer: «Heute noch wirst du mit mir in dem sein, was im Paradiese ist» (Luk. 23, 43), wäre Antwort auf die in der Menschenseele wurzelnde Kraft des *Glaubens,* und schließlich stünde das Wort: «Vater, in deine Hände befehle ich meinen Geist» (Luk. 23, 46) als Ur-Wort der *Hoffnung.* «So tönen Worte der Liebe, so tönen Worte des Glaubens und der Hoffnung vom Kreuze herunter . . .»[13]

Noch aber ist das Vorspiel nicht zu Ende. An die ausklingende Thematik des dritten Teiles schließt sich eine imitatorische Weiterführung des Speer-Motives, d. h. des letzten Abschnittes des Liebesmahlspruches an, wobei das Speer-Motiv bei seinem dritten Erklingen eine Umwandlung sowohl in melodischer, wie harmonischer Beziehung erfährt. Die melodi-

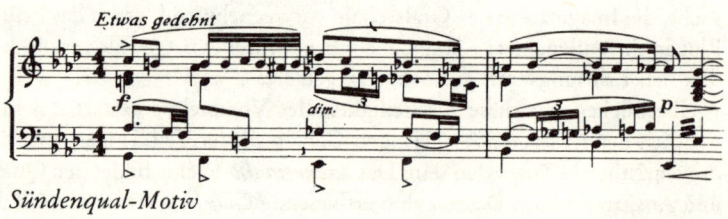

Sündenqual-Motiv

sche Dehnung und Erweiterung wird vor allem durch kleine Sekund-Vorhalte bewirkt, in deren schmerzerfülltem Klagen das ganze Passionsgeschehen verdichtet erscheint. Harmonisch unterscheidet sich das neue Thema grundlegend durch die dichte Chromatik, mit der es sich den bisherigen, ganz auf reine Dur-Moll-Diatonik gebauten Motiven in auffallender Gegensätzlichkeit gegenüberstellt. Alfred Lorenz nennt diesen solcherart gestalteten Ausklang des Liebesmahlspruches «Mitleid-Motiv». Für seine volle Entfaltung werden auch häufig die Bezeichnungen «Heilandsklage» oder «Sündenqual-Motiv» verwendet. Musikalisch können wir vorerst nur feststellen, daß diese Motivik aus dem Liebesmahlspruch erfließt und eintaucht in eine resignierende Chromatik und Dissonanz, ohne festes harmonisches Fundament.

Erst im neunten Takt dieser Entwicklung festigt sich das *As*-Dur wieder auf seiner Dominante und läßt das Liebesmahl-Thema in lichte Höhen steigen. Und als ob uns dieses emporsteigende Thema nunmehr auch den Schleier wegheben würde, der bislang dem Auge die Sicht zu jener Welt verbarg, von deren Realität das Ohr bereits eindringlich Kunde erhielt, hebt sich mit diesem Aufstieg der Vorhang. Doch stehen wir auch jetzt immer noch im Vorspiel. Denn weder ändert sich die Tonart, noch die Thematik. Wagner macht keinen Unterschied zwischen «absoluter» und «szenischer» Musik, zwischen Musik «vor dem Vorhang» und einer bei «offener Bühne». Das erfließt notwendig aus dem bereits durch Beethoven «wiedergefundenen Wort» in der Instrumentalmusik. Nach Wagner soll uns das Wort und das Geschehen auf der Bühne ja bloß bewußt machen, was in der Musik selbst ertönt. Und insoferne ist das Hinzutreten der Bühnenereignisse nur eine *Steigerung* des gesamtkünstlerischen Erlebnisses.

«Die Musik des Vorspiels gebiert aus sich selbst die plastischen Figuren, die unser Auge beim Aufgehen des Vorhanges gefangennehmen, aber nicht als etwas die Vorspielmusik Unterbrechendes, sondern als unmittelbare Folge der Töne»[9]. Geisteswissenschaftlich gesprochen: das bislang tönende Inspirations-Geschehen verdichtet sich zum klingenden, imaginativen Bild.

> He! Ho! Waldhüter ihr!
> Schlafhüter mitsammen!
> So wacht doch mindest am Morgen!

Von der Gralsburg her ertönt das Grals-Thema als feierlicher «Morgenweckruf der Posaunen».

> Hört ihr den Ruf? Nun danket Gott,
> Daß ihr berufen ihn zu hören!

Ein ergreifend-zeitnahes Wort, angesichts des heute so weltweiten Unberührt-Bleibens der Menschenseele von allem Spirituellen.

Grals- und Glaubens-Thema begleiten das Morgengebet Gurnemanz' und der Knappen. Und jetzt erst «mit dem beruhigenden Ganzschluß in As, den ja Wagner auch für die Konzertaufführungen vorgeschrieben hat»[9], tritt das Ende der ersten, das Vorspiel umgreifenden Periode ein. Fragen wir uns nach ihrer funktionellen Aufgabe, so läßt sich diese leicht in der Aufstellung der Hauptthemen erkennen, analog der Funktion des Expositionsteiles in der Sonatenform. Dieses klare Hinstellen der musikalischen «Elemente» des Dramas hat Wagner als das wesentlichste Kriterium eines Vorspieles empfunden, wie uns ein durch C. Fr. Glasenapp überliefertes Wort des Meisters berichtet: «Meine Vorspiele müssen alle *elementarisch* sein, nicht dramatisch wie die Leonoren-Ouverture, denn dann ist das Drama überflüssig.»[9] «Elementarisch», hier gemeint im Sinne des Aufzeigens der Grundelemente, auf die das Werk aufbaut, ohne damit den Handlungsverlauf vorwegzunehmen.

Erst wenn im Anschluß an die Morgenandacht das Glaubens-Thema in eine ritterliche Form gegossen wird und durch enharmonische Verwandlung seiner Moll-Unterdominante (*des*) nach *cis*-Moll in eine andere Harmonie (*H*-Dur) gestellt wird, ist diese Vorspiel-Periode zu Ende und das Drama beginnt.

Jetzt auf, ihr Knaben; seht nach dem Bad;
Zeit ist's, des Königs dort zu harren.

Das Siechtum ihres Königs liegt über der ganzen Ritterschaft. Das *Amfortas-Motiv* läßt uns mit seinem stockenden Synkopen-Pulsschlag, seiner müde nach abwärts wankenden Melos-Gebärde dieses Siechtum in

Amfortas-Motiv

seiner Qual mitempfinden. Auch das Heilkraut Gawans, das der Ritter mit «List und Kühnheit» für Amfortas gewonnen hatte, konnte die erhoffte Linderung nicht bringen. Es wird sich im folgenden noch zeigen, warum es nicht helfen kann.

Toren wir, auf Lind'rung da zu hoffen,
Wo einzig Heilung lindert!

Das Amfortas-Thema ist aber nicht das einzige Motiv, welches das Leiden des Gralskönigs zum Ausdruck bringt. Ein ebenso wesentlicher Baustein der Musik ist die chromatisch absinkende Melos-Gebärde in den zweiten und nachher ersten Geigen, die den Dialog der beiden Ritter mit Gurnemanz begleitet, mag sie als Motiv auch nicht so stark in den Vordergrund treten wie das Amfortas-Thema. Doch liegt auch in ihr eine Urmotivik des Leidens, die sich bereits im «Tristan» dem Sehnsuchts-Motiv als Schmerzensgebärde gegenüberstellte. Im «Parsifal» wird sie «die Seele des Torenspruches» der sie mit seiner «dreimal in Quinten fallenden Hauptmelodie immer als Mittelstimme beibehält.»[9] Wir kommen auf diese Verbindung mit der Heilsprophezeiung des «Torenspruches» noch zurück. An der gegenwärtigen Stelle, wo das Motiv noch selbständig auftritt, hat Wagner mit einigen Streichinstrumenten und einem Fagott ein ergreifendes Bild eines hoffnungslosen Leidens gezeichnet, das weder Balsam noch Kräuter zu heilen vermögen:

Nach allen Kräutern, allen Tränken forscht
Und jagt weit durch die Welt:
Ihm hilft nur Eines –
Nur der Eine.

Noch wissen wir nichts um dieses «Eine», noch kennen wir den «Einen», und Gurnemanz verwehrt auch die Antwort auf die diesbezügliche Frage. Meint er das Sterben? Steht hinter dem «Einen» der Tod? Auch Tristan, dessen Sehnsuchts-Chromatik hier so unverkennbar auftönt, erhoffte sich im Tode Erlösung. Die Frage wird sich immer eindringlicher stellen.

Die Stimmung der Trauer und Ausweglosigkeit wird jäh durch ein Flackern und Schwirren der Streicher unterbrochen:

Seht dort die wilde Reiterin!
Wie fliegen der Teufelsmähre die Mähnen!
Ha! Kundry dort.

Markant punktierte Achtelrhythmen, *Kundrys Ritt-Motiv* kündigen ihr

Ritt-Motiv

Nahen an; hastig, fast taumelnd stürzt sie herein. Durch vier Oktaven fällt ihr Motiv von einer grell aufschreienden Dissonanz in die Tiefe. Aus beiden Themen spricht eindringlich Kundrys wildes, ungebärdiges We-

Kundry-Motiv

sen. Und schon dieser ersten musikalischen Fixierung ist zu entnehmen, daß sich Wagners Kundry von der Wolframschen Gralsbotin gleichen Namens grundlegend unterscheiden muß.

Ihr musikalisches Erscheinungsbild erhält jedoch knapp vor ihrem Kommen noch eine weitere Charakteristik. Eh' sich die «Wilde» von ihrer «Mähre» schwingt, zeigt uns das Ritt-Motiv einen vorwiegend aus Sekunden bestehenden Anhang, den A. Lorenz sehr treffend als Kundrys «Seufzer-Motiv» bezeichnet. Bei dem Erklingen dieser Rittmotiv-Variante empfindet man nicht so sehr ein ungeläutert *Triebhaftes,* als vielmehr ein zwangvolles *Getrieben*-Werden. Und sieht man dieser knappen Motiv-Floskel auf den Grund, dann offenbart sich einem auch die Wurzel dieser treibenden Kraft. Das «Seufzer-Motiv» Kundrys entpuppt sich nämlich als die exakte Umkehrung jenes «Mitleid-Motives», das gegen Ende des Vorspieles aus der Liebesmahl-Thematik erwuchs. Kundrys Wesen muß demnach zu diesem Mitleid-Motiv oder Sündenqual-Thema, wie es auch genannt wird, in einer inneren Beziehung stehen. Aber diese Beziehung manifestiert sich eben in der genauen *Verkehrung* desselben. Was sie *treibt*, ist somit eine Macht, die der mitleidenden Liebe gerade entgegensteht. Das wäre der *Egoismus,* der sich im Drama in der Gestalt *Klingsors* personifizieren wird. Ist es diese Klingsor-Macht, in deren Zwang Kundry steht und die ihr den Sinn verkehrt? Die Harmonik der Stelle ließe dies vermuten. Denn so sehr die Harmonie auch durch stärkste Chromatik zerrissen erscheint, zeigt sich dennoch *h*-Moll als ihr tonales Zentrum. Und *h*-Moll ist in diesem Werk die Tonart Klingsors.

Wie sehr aber dieser Zwang gleichzeitig *Schmerz* bedeuten muß und wie richtig die Vermutung ist, daß in Kundrys Wesen Mitleidsklänge weben, zeigt uns das letzte ihrer Motive, das freilich nur sehr selten erklingt. Sein erstes Ertönen, gleich nach ihrem Erscheinen, da sie Gurnemanz den heilenden Balsam für Amfortas übergibt, ist ein ganz wichtiges und festzuhaltendes Geschehen:

> Hier! Nimm du! – Balsam! . . .
> Hilft der Balsam nicht,
> Arabia birgt dann
> Nichts mehr zu seinem Heil.
> Fragt nicht weiter! – Ich bin müde.

Ein langgestreckter, weicher Dominantseptakkord auf «es» leitet über zu dem erwähnten Motiv. In seiner Auflösung wird sein «des» zu «cis» verwandelt und der Akkord zu einem übermäßigen Quintsextakkord umgedeutet, der uns nach *g*-Moll führt. Diese Parallele zu *B*-Dur ist die Tonart der *büßenden* und *hilfreichen* Kundry. Ihr Motiv ist ein absteigender Terzengang, dem eine gewisse Innerlichkeit und ein In-sich-Geschlossensein anhaftet. Es mag uns an den Beginn des Ring-Motives im Nibelungendrama erinnern. Sein Empfindungsgehalt steht im krassen Gegensatz zu jenem der beiden erstgenannten Kundry-Motive. Denn nichts von

Wildheit und chromatischer Zerrissenheit ist ihm eigen. Es offenbart eine Wesensschicht, die sich im Seufzer-Motiv bereits ankündigte und die Ursache sein mag, daß Kundrys wildes, tierhaftes Wesen doch immer wieder die Grals-Nähe suchen und finden darf. Dafür ist der erwähnte Septakkord – nach A. Lorenz «Balsam-Akkord» benannt – sehr sprechend. Er führte uns von der Klingsor-Tonart *h*-Moll nach *g*-Moll und verbindet somit in einer geheimnisvollen Weise den Klingsorgarten mit dem Gralsgebiet. Dadurch wird er zum Mittler eines tief mystischen Geschehens. Und darin zeigt er uns noch weitere Fähigkeiten. In der Notation *es-g-ais-cis* führt er später nach *G*-Dur, in jene aphroditenhafte Frühlingstonart, in der Kundry ihr Verführungswerk an Parsifal beginnen wird. Schreiben wir ihn jedoch als reinen Septakkord: *es-g-b-des*, dann geleitet er uns ungetrübt nach der Gralstonart *As*-Dur. So ist er für Kundry also tatsächlich die *Brücke* vom Klingsorreich zur Gralswelt. Und der Augenblick, wo sie dieser am nächsten kommt, ist eben der, in dem sie den Balsam für Amfortas bringt. Kundry lebt im Zwiespalt beider Welten; muß ihre wilde, ungeläuterte Triebnatur auch immer wieder Klingsor dienen, so liegt in der tiefsten Tiefe ihres Wesens doch die Sehnsucht nach dem Licht des Grales.

Ein Zug von Knappen und Rittern geleitet den kranken König. Das Wasser des heiligen Sees soll seinen Schmerzen Linderung bereiten.

> Er naht: sie bringen ihn getragen. –

Leidvoll klingt der Schmerz des Amfortas-Themas aus den Streichern und den dunkel verschleierten Tönen der Baßklarinette. Die bohrende Harmonie des übermäßigen Dreiklanges lastet schwer auf seinem müden Melos:

> O weh! Wie trag' ich's im Gemüte,
> In seiner Mannheit stolzer Blüte
> Des siegreichsten Geschlechtes Herrn
> Als seines Siechtums Knecht zu sehn!

Im vollen Bläserklang erstrahlt für einen Augenblick das Glaubens-Thema bei den Worten: «Des siegreichsten Geschlechtes Herrn» in einer königlich-hymnischen Umgestaltung. Dieser hymnischen Variante schließt sich jedoch sofort das Schmerzens-Motiv des Liebesmahlspruches mit seinem Quintsturz an, die «Knechtschaft» seines Siechtums mit ganzer Qual ausmalend.

Das Einfügen von Gurnemanz' Klage in die wenigen Takte, die dem Heranbringen der Bahre mit dem kranken König eingeräumt werden konnten, bereitete Wagner einiges Kopfzerbrechen. Denn alles mußte ja zwanglos und selbstverständlich erscheinen. Im Tagebuch Cosimas lesen wir darüber am 10. Oktober 1877: «Beim Frühstück sagt mir R.: ‹Wenn du das nächste Blatt bekommen wirst, wirst du sehen, daß ich viele Not damit gehabt; ich wollte einen 3-Takt etwas gedehnt haben für Amfortas' Zug, um nun die Rede Gurnemanz' dahinein passend zu machen. Kein künstlerischer Einfall kann einem da helfen, denn es muß klingen, als ob es so sein müßte. Jetzt aber habe ich es gefunden.›»[6] Klagende Sekund-Vorhalte in leeren Oktav-Intervallen – Stöhnen – kurze Worte, abgerissen, nach langen Zwischenpausen:

Recht so! – Habt Dank! Ein wenig Rast.

Man stellt die Bahre nieder. Erneut breitet sich das Amfortas-Thema aus. Und da – mit einem Mal – wandelt sich Schmerz und Leiden zu seligem Natur-Erleben. Das Wunder des Waldmorgens gießt seinen Zauber über Amfortas' Siechtum:

Nach wilder Schmerzensnacht
Nun Waldesmorgenpracht!

Im Orchester blüht eine Oboen-Kantilene von unsagbarer Schönheit und Zartheit auf. Angesichts des zarten Morgenschimmers dieser Waldes-

Wald-Motiv

pracht «staunt» selbst das «Weh der Wunde», die «Schmerzensnacht wird helle». Für einen Augenblick senkt sich süßes Vergessen auf sein Leiden.

Wie vermochte es Wagner, mit wenigen Strichen eine solche Fülle von Schönheiten in Klang zu bannen, von der selbst Nietzsche zutiefst bewegt wurde und die anklagende Polemik verstummen ließ. Nietzsche, Wagner und seinem Werk durch viele Jahre enthusiastisch verbunden, hatte sich zu dieser Zeit bereits feindselig von dem Meister abgewandt. Ihm fehlte die innere Voraussetzung, Wagners «Grals-Suche», seinen Weg zum Christus-Mysterium mitzuvollziehen. Für Nietzsche bedeutete der «Parsifal» ein «Zusammenbrechen vor dem Kreuze», einen Kniefall Wagners vor dem konfessionellen Christentum.

Die Waldes-Melodie, die so innig unser Herz berührt, offenbart sich bei genauem Hinhören als eine Umgestaltung, fast könnte man sagen: Metamorphose des Schmerzens-Motives aus dem Liebesmahlspruch. Wie in der «wilden Schmerzensnacht» der menschlichen Seele webt auch draußen in der Natur die Christussphäre. Denn ihr gehört ja dieses Motiv an. Es ist das erste, zarte Erklingen eines *makrokosmischen* Christuserlebens, das dieser Stelle ihren einmaligen Zauber verleiht; der erste Niederschlag jenes Karfreitagserlebnisses in Wagners Seele. Eine Bestätigung dafür gibt uns eine Tagebuchnotiz Cosimas vom 25. Oktober 1877: «Ich überziehe wiederum ein Blatt, das er mir gab; er arbeitet, sagt mir am Schluß, er benütze jede Gelegenheit, ein kleines Paradies musikalisch zu gewinnen, so z. B. Amfortas' Weg zum See.»[6]

Der Ruf nach Gawan, der ohne Erlaubnis sich «fortgeschwungen», nachdem die Hoffnung trog, die er auf sein Heilkraut gesetzt hatte, führt Amfortas in die schmerzerfüllte Wirklichkeit zurück:

> Ohn' Urlaub? – Möge das er sühnen,
> Daß schlecht er Gralsgebote hält!
> O wehe ihm, dem trotzig Kühnen,
> Wenn er in Klingsors Schlingen fällt!

Ein unheimliches Schwirren in den Bratschen, unruhig aufzuckende Rhythmen begleiten diese erste Namens-Nennung des Gral-Widersachers. Daß Gawan dazu den Anlaß gibt, ist kein Zufall. Denn im Wolframschen Epos ist es ja Gawan, der die Gegenwelt des Grales, das Reich der «Orgeluse» – «Schastelmarweile» – aufsucht und dort seine Prüfungen und Abenteuer zu bestehen hat. In Wagners Drama ist das Orgelusen-Reich zum Klingsor-Garten gewandelt, Parsifal selbst wird ihn betreten. Daß Wagner dennoch die Verbindungsfäden zwischen seinem Parsifal und Gawan berücksichtigt, wird uns sehr bald erkennbar sein.

> So breche keiner mir den Frieden!
> Ich harre dess', der mir beschieden:
> ‹Durch Mitleid wissend›
> War's nicht so?
> ‹Der reine Tor →›
> Mich dünkt, ihn zu erkennen:
> Dürft' ich den Tod ihn nennen!

Die Melodik des *Torenspruches* läßt sich bei diesen Worten bereits erkennen. Was uns an ihr auffallen muß, ist der immer wiederkehrende Quintschritt des Schmerzens-Motives, der ihren Empfindungscharakter prägt, während in den Mittelstimmen ihrer Begleit-Akkorde jene chromatische, drei Töne umfassende Motivfloskel des Leidens liegt, von der wir vorhin sprachen. Damit ist uns eine erste Charakteristik dieses kommenden Helden gegeben: seine ihm innewohnende Fähigkeit zu leiden. Amfortas freilich glaubt dieses Prophezeiungswort auf den Tod beziehen zu müssen.

Torenspruch

Mit der Darreichung des von Kundry gebrachten Balsams beginnt der «Abgesang» dieser Periode, der damit eine großartige Sinnentsprechung zum Beginn aufweist: dem Heilkraut Gawans steht jetzt Kundrys Arznei gegenüber, die sich jedoch beide als wirkungslos erweisen müssen, während im Mittelteil das Verheißungswort die einzige wirkliche Heilkraft nennt: den durch Mitleid wissend gewordenen «Toren».

> Du, Kundry?
> Muß ich dir nochmals danken,
> Du rastlos scheue Magd?
> Wohlan!
> Den Balsam nun versuch' ich noch:
> Es sei aus Dank für deine Treue!

Die wild abstürzenden Sechzehntelläufe des Kundry-Motives klingen bei Amfortas' Worten verhalten, abgeschwächt, ja fast will es scheinen, als würden sie sich zu einer Gebärde der Hingebung wandeln wollen. Doch den Dank des Königs wehrt Kundry schroff ab, und schon jagt ihr Motiv in unverwandelter, wütender Erregung zur Tiefe:

> Nicht Dank! – Ha ha! Was wird es helfen?
> Nicht Dank! – Fort, fort – ins Bad!

Die Melodik der Waldesmorgenpracht mit dem Amfortas-Thema verbunden, bildet den Ausklang dieser Periode und führt uns zum Gral-Motiv, das Gurnemanz' Unterweisung an die Knaben einleitet. Wiederum kündigt es somit Bewußtwerdung an, ist «Weckruf» für ein umfassenderes Wissen.

Gurnemanz' Erzählung umfaßt die in epischer Breite ausgedehnte Exposition des Werkes. Weit in die Vergangenheit zurückgreifend, schildert sie uns alle die gegenwärtige Situation auslösenden Ereignisse, läßt uns die Ursache von Amfortas' Siechtum schauen und führt uns unbemerkt dem Brennpunkt des Aktes – Parsifals Erscheinen – entgegen.

Kundry, die in dieser Szene zwar eine bedeutsame Rolle spielt, steht scheinbar völlig teilnahmslos abseits. Nur an ihren heftigen Gebärden ist die «wütende Unruhe» zu erkennen, die Gurnemanz' Worte in Wahrheit in ihr erwecken. Trotz der grundsätzlichen Andersartigkeit der Wagnerschen Kundry-Gestalt gegenüber Wolframs Epos leuchtet in der Verteidigung, die ihr Gurnemanz gegen die wenig wohlwollenden Vorwürfe der Knappen zuteil werden läßt, nun doch etwas von der Wolframschen Gralsbotin auf. Immer aufs neue ist man von Staunen und Bewunderung erfüllt, wie es Wagner gelingt, aus den weitverzweigten und in zahlreichen Personen aufgefächerten Darstellungen der mittelalterlichen Überlieferung den jeweiligen Kerngehalt herauszugreifen und ihn in einige wenige Gestalten zu konzentrieren. Auch an Kundry läßt sich dies erkennen. In ihr lebt etwas von der Gralsbotin, ohne daß sich damit jedoch ihr Wesen erschöpfen würde:

> Hm! – Schuf sie euch Schaden je?
> Wann alles ratlos steht,
> Wie kämpfenden Brüdern in fernste Länder
>   Kunde sei zu entsenden,
>   Und kaum ihr nur wißt, wohin, –
> Wer, ehe ihr euch nur besinnt,
> Stürmt und fliegt da hin und zurück,
> Der Botschaft pflegend mit Treu' und Glück?

Und doch weiß auch er um die gegensätzliche Seite ihres Wesens, ahnt den geheimnisvollen Zwiespalt, der es erfüllt:

> Ja, eine Verwünschte mag sie sein.
>   Hier lebt sie heut,
>   Vielleicht erneut,
> Zu büßen Schuld aus früh'rem Leben,
> Die dorten ihr noch nicht vergeben.

Auf einem dumpfen Tremolando erhebt sich bei diesen Worten, nach Moll versetzt, das Liebesmahl-Melos. Gurnemanz ahnt es, daß die Schuld aus «früh'rem Leben» mit diesen Erlöserkräften zusammenhängen muß. Und wie nahe er der Wahrheit ist, zeigt das Einmünden des Liebesmahlspruches in das grell aufschreiende Lachen des Kundry-Motives.

Der Hinweis, daß sie mit ihren der Ritterschaft zum Heile gereichenden Taten Buße übt, läßt erneut das Liebesmahl-Thema erklingen, das über motivische Anklänge an das Verheißungswort in das Glaubens-Thema führt und damit eine künftige Wandlung und Befreiung aus der Wildheit ihres dunklen Getriebenwerdens ahnen läßt.

Übt sie nun Buß' in solchen Taten,
Die uns Ritterschaft zum Heil geraten,
Gut tut sie dann und recht sicherlich,
Dienet uns, und hilft auch sich.

Gurnemanz' Ahnung kreist tief um Kundrys geheimnisvolles Wesen,
spürt den ursächlichen Zusammenhang zwischen ihrem Fernsein und dem
hereinbrechenden Unheil:

Ja, wann oft lange sie uns ferne blieb,
Dann brach ein Unglück wohl herein.

Er fühlt aber auch etwas von der Zeitlosigkeit, die diesem rätselvollen
Geschöpf anhaftet:

Und lang' schon kenn' ich sie;
Doch Titurel kennt sie noch länger:
Der fand, als er die Burg dort baute,
Sie schlafend hier im Waldgestrüpp
Erstarrt, leblos, wie tot.

Bei diesen Worten ersteht im Orchester ein neues Thema, dessen
melodisch-harmonischen Bau wir genauer betrachten müssen, verdichten
sich doch darin Gurnemanz' Ahnungen zu einer «Beinahe-Gewißheit»;
wie könnte sonst auch seine bisherige Anteilnahme so spontan in ein fast
anklagendes Fragen umschlagen:

He! Du! – Hör' mich und sag':
Wo schweiftest damals du umher,
Als unser Herr den Speer verlor?

Das zum ersten Mal hier erklingende Thema ist das *Zauber-* oder
Verführungs-Motiv. Es wird harmonisch von einem Akkord getragen,
den A. Lorenz mit gutem Grund einen «mystischen Akkord» nennt. Von
der musiktheoretischen Seite betrachtet, handelt es sich um einen «kleinen
Septakkord», d. h. um eine Verbindung des verminderten Dreiklangs mit

Zauber-Motiv

53

der kleinen Septime. Auf c aufgebaut hieße er: *c-es-ges-b*. In seiner Intervallstruktur ist er demnach gestaltgleich mit dem Tristan-Akkord. Sein mystisches Element ergibt sich aus den verschiedenen Notationsmöglichkeiten, die wiederum mannigfachste Auflösungs-Varianten zulassen, sowie aus den vier Klangstellungen, die einem Vierklang eignen, je nachdem welcher Ton das Baß-Fundament bildet. Jeder Ton des Akkordes ist ja enharmonisch verwandelbar, so daß sich allein im Aufbau auf *c* durch enharmonische Verwandlung von jeweils nur *einem* Ton vierfache Varianten ergeben. Dazu kommen die vielfachen Kombinationsmöglichkeiten der Töne untereinander, und außerdem kann der Akkord natürlich auf *jedem* Ton der Skala aufgebaut werden, was ihm in seinem Fortschreiten fast unbegrenzte Möglichkeiten gibt. Hatte Ernst *Kurth* in seiner Arbeit über «Romantische Harmonik» im Tristan-Drama 8 verschiedene Auffassungen und Notierungen dieses Akkordes entdecken können, so gelang es Alfred Lorenz im «Parsifal» 92 derartige Varianten nachzuweisen. Auf Details einzugehen, würde den Rahmen dieser Betrachtung sprengen; uns genügt die Einsicht, daß ein Akkord mit schier unbegrenzten Fortschreitungs- und Auflösungsmöglichkeiten wahrlich imstande ist, *Verwirrung* zu stiften. Verwirrung aber heißt Unklarheit des Denkens, Ohnmacht des Bewußtseins; und dies kann in Schuldverstrickung führen.

Vielleicht tritt die schier unbegrenzte Möglichkeit eines «Bindens» und «Lösens» im harmonischen Element kaum anderswo eindringlicher in Erscheinung als gerade bei diesem Akkord. Er kann uns daher einzigartiges und beispielhaftes Abbild jener klangätherischen, sphärenharmonikalen Wirkenskräfte sein, die in der Dynamik der Evolution immer wieder neue Strukturen schaffen, alte zum Verschwinden bringen. Hans von Wolzogen hat in seinen «Bayreuther Gedanken und Erinnerungen» diese umgreifende Wirkenskraft der Harmonie als persönliches Erlebnis in anschaulicher Weise geschildert. Wir möchten den entsprechenden Absatz im Zitat von A. Lorenz wiedergeben: Wolzogen gedenkt darin «jenes wundersamen, unbestimmten, sphärenhaften Summens und Klingens, wie es mitunter aus des Meisters verborgener Arbeitsstätte in die Räume von Wahnfried herabgedrungen sei. Niemals habe ich daraus eines der später so vertraut gewordenen Motive des Werkes vernommen; immer waren es nur Harmonien, welche der Schöpfer wie die ersten Nebelkreise, aus denen die Welt sich gestalten sollte, aus dem Klavier hervorzauberte. Sie umschwebten gleichsam seine schöpferische Phantasie als stimmungsgebendes Element, worin er sich tief und tiefer versenken mochte, um – wie Faust zu den Müttern steigend – zu den ‹ewigen Ideen› der Formen und Gestalten seiner Kunst zu gelangen. Ja: Faust bei den Müttern! ‹In der Gebilde losgebundne Reiche! – Wie Wolkenzüge schlingt sich das Getreibe – Gestaltung, Umgestaltung, des ewigen Sinnes ewige Unterhaltung

54

– Dann muß fortan, nach magischem Behandeln, der Weihrauchnebel sich in Götter wandeln». Alle diese geheimnisvollen Goetheworte klingen mir wieder, wenn ich an jene harmonisch wallenden Geistertöne denke, die alles ahnen und doch nichts hören ließen von dem, was dort im innersten, einsamen Heiligtum der Kunst entstand.»[9]

Die Harmonie war für Wagner das «Umgreifende»; sie ist ihm das Alpha und Omega alles musikalischen Geschehens. Da die Zeit, von der Wolzogen hier berichtet, mit jener der Parsifal-Komposition zusammenfällt und dieser Akkord in ihr eine so hervorragende Rolle spielt, so kann kaum Zweifel bestehen, daß «bei diesem Schwelgen in Harmonien die unendlichen Möglichkeiten der Anwendung eines bestimmten Akkordes, das Suchen nach seinen zahllosen Strebungen und seiner verschiedenen Ausdruckskraft den weitaus größten Raum eingenommen haben.»[9]

So schillernd und allseitig der *harmonische* Charakter dieses Akkordes ist, so verbindet er auch geistig gänzlich verschiedene Stimmungsgehalte. Entpuppt er sich uns doch jetzt ebenso als harmonische Grundlage des «Mitleid»- bzw. «Sündenqual-Themas», wie von Kundrys Ritt-Motiv. Eine seiner wichtigsten Anwendungen aber zeigt er in dem hier erstmals erklingenden Zauber-Motiv, das übrigens einen intensiven melodischen Zusammenhang mit dem Ritt-Motiv erkennen läßt. Denn die ersten Töne dieses düsteren Themas sind die gleichen wie im Ritt-Motiv. Ebenso eindringlich wie zu jenem zeigt sich aber auch die melodische Verwandtschaft des aufsteigenden Astes des Zauber-Themas zum ersten Takt des Liebesmahlspruches. In dieser Gegensätzlichkeit von Christusopfer und Kundrys Zauberwirken – beide verbunden durch den «mystischen Akkord» – liegt wohl das tiefste Geheimnis dieser rätselvollen Gestalt. Mit Kundry müssen kosmische Wirkenskräfte verbunden sein, die sich in ihrer Richtungsweise sowohl dem Göttlichen wie dem Widergöttlichen zuwenden können.

Und Gurnemanz weiß um diese Zwiespältigkeit ihres Wesens, wenn er die letzten Zusammenhänge auch nicht durchschauen kann. Kundry jedoch, die allein das furchtbare Geheimnis um Amfortas Siechtum kennt, ist erstarrt in Schweigen. Gurnemanz, von der Gewalt der Erinnerung überwältigt, erlebt noch einmal die Erschütterung jenes einstigen tragischen Geschehens:

> Oh, wunden-wundervoller
> Heiliger Speer!
> Ich sah dich schwingen
> Von unheiligster Hand!

Die Schmerzensfigur des Liebesmahlspruches und das zu einem kraftvollen Fortissimo hinstrebende *Speer-Motiv* bilden den Auftakt zu Gurnemanz' Worten über den «heiligen Speer», der ebenso voll der *Wunder* wie der *Wunden* ist. Bereits der motivische Zusammenhang des Themas offenbarte uns im Vorspiel diesen zweifachen Bezug zur Leidens- und Überwindungsgebärde des Liebesmahl-Melos. Nun spricht Gurnemanz den Geistgehalt des Themas aus.

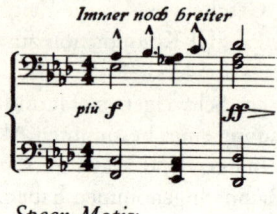

Speer-Motiv

Was hat es mit diesem *Speer* auf sich? Nach ältestem Legendengut ist damit der Speer des Longinus gemeint, jenes Kriegsknechtes des Pilatus, der nach den Worten des Johannesevangeliums mit seiner Lanze dem Gekreuzigten die Wunde stach. «Abendmahlskelch und Longinuslanze waren seit dem vierten Jahrhundert in der religiösen Phantasie aller christlichen Völker als zwei Reliquien eng verbunden».[14] In dieser Verbundenheit erleben wir diese Heiligtümer auch in allen großen Gral- und Parzival-Dichtungen des Mittelalters. Richard Wagner knüpft ebenfalls an diese Überlieferung an. Da uns das Drama bisher noch keine Möglichkeit gab, den Symbolgehalt des Speeres zu erkennen, wollen wir vorerst in ihm jene gegenständliche Reliquie erblicken.

Gurnemanz verliert sich in Erinnerungen. Mehr zu sich selbst als zu den Knappen, spricht er von dem Raub des Speeres durch Klingsor:

> Mit ihm bewehrt, Amfortas, allzu kühner,
> > Wer mochte dir es wehren
> > Den Zaubrer zu beheeren? − −
> Schon nah dem Schloß, wird uns der Held entrückt:
> Ein furchtbar schönes Weib hat ihn entzückt;
> > In seinen Armen liegt er trunken,
> > Der Speer ist ihm entsunken.
> Ein Todesschrei! − ich stürm' herbei:
> > Von dannen Klingsor lachend schwand,
> > Den heil'gen Speer hat er entwandt.
> Des Königs Flucht gab kämpfend ich Geleite;
> Doch eine Wunde brannt' ihm in der Seite:
> Die Wunde ist's, die nie sich schließen will.

«Allzukühn» zog Amfortas gegen Klingsor in den Kampf. Wenn man dieses Wort auf seinen innersten Klang hin aushorcht, kann einem die Frage kommen, ob damit nicht vielleicht eine Tat gesetzt wurde, die besser unterblieben wäre, da sich an sie alles folgende Elend knüpfte. Diese Überlegung steht jedenfalls in Übereinstimmung mit den vom Mittelalter her lebendig gebliebenen Vorstellungen über das Wesen des Gralsrittertums, das man stets als ein *geistiges* Rittertum erkannt hat. So lesen wir etwa im sogenannten «Grand St. Graal» über den Sinn des Lanzenspeeres, der dort aus Engelsmund verkündet wird: «Sie bedeute den Anfang wunderbarer Abenteuer in jenem Lande, in das der Herr den Sohn Josephs von Arimathia führen werde; zu dieser Zeit sollen die *wahren* Ritter entdeckt werden, und es werde sich die irdische Ritterschaft in eine himmlische verwandeln, es werde sich das Geheimnis des heiligen Grales enthüllen.»[14] Rudolf Steiner stellt daher die Gralsritterschaft, als ein geistiges Rittertum, dem weltlichen der Artus-Runde gegenüber: «Die Tafelrunde des Königs Artus bedeutet für das Vorstellungsleben des Mittelalters eine Gemeinschaft, von welcher alle geistige Kraft ausgeht für dasjenige, was eben im Mittelalter vor dem Einfluß des Christentums als weltliche Ritterschaft, überhaupt als alles Weltliche, vorhanden war.»[15]

Anders die Gralsritter: «Die alten Tempelritter bewachen den Heiligen Gral, und die Kräfte, die sie aus dieser Wache saugen, benutzen sie, um das geistige Rittertum des Herzens, des Innenlebens, über Europa zu gießen.»[15] Aufgabe der Gralsritter war es daher nicht, «Eroberungen zu machen». Ihre Mission lag in der «Eroberung des Seelenlebens». Hier erfährt übrigens Richard Wagners Gedanke, man müsse im Gral einen verwandelten Nibelungenschatz erkennen, durch Rudolf Steiner seine Bestätigung: «Wird uns von dem Nibelungenhort erzählt, dem Gold als Sinnbild des Besitzes, als Strebensziel der Nibelungen, so ist der Heilige Gral der vergeistigte Nibelungenhort, der Schatz der Seele.»[15]

Die Hilfe der vom Gral in die Welt gesandten Ritter soll demnach immer Beistand für das «Himmlische» im Menschen bedeuten, um den «göttlichen Funken im Menschen mehr und mehr zu entwickeln»[15] und ihn emporzuheben in die höheren Welten. Ein Bekriegen der dem Irdischen verbundenen Widersachermächte von *außen* lag nicht in der Mission dieser Ritterschaft. Mußte Amfortas doch gerade durch seinen Kampf wider Klingsor erkennen, daß er dessen Verführungskünsten im eigenen Inneren nicht standhalten konnte. Und in seiner Unterweisung wird Gurnemanz der «vielen» aus der Schar der Gralsritter Erwähnung tun, die sich durch Klingsors Zaubergarten verlocken ließen. Hier liegt das Übel, nicht darin, daß das Reich des «Zauberers» in idealer Nachbarschaft zum Gralstempel liegt. Ist dies doch letztlich nur eine neuerliche

Bestätigung dafür, daß auf Erden keine Tat ihre Verwirklichung finden kann, der sich nicht zwangsläufig die Kontradiktion entgegensetzte. Neben der Gralsburg lauert der Klingsor-Garten; aber neben «Kalta bellota» auf Sizilien steht auch die große Empedokles-Gestalt. Daß sich neben dem «Erhabenen» und «Guten» die Welt «des Fürsten dieser Erde» festsetzt, das ist ein objektives Faktum, erfließend aus der polaren Grundstruktur dieser Erscheinungswelt. Und der Wille, diesen Gegensatz aus der Welt zu bannen –, er ist wahrhaftig «allzukühn». Nicht um Eliminierung des Gegensatzes kann es sich handeln, nicht um ein äußeres Besiegen, sondern um ein inneres Überwinden, um die Gewinnung einer höheren Einheit aus diesem Zwiespalt der Welt. Daß es Amfortas offenbar nicht gelang, diese Steigerung zu vollziehen, daß vielmehr der Klingsorsphäre ein Einbruch in die dem Gral hingegebene Amfortas-Natur gelungen war, das zeigt die Wunde, die den «Allzukühnen» nunmehr zu traurigem Siechtum verdammt.

Einen noch tieferen Blick in die geheimnisvollen Zusammenhänge des Grales gewährt uns Gurnemanz, wenn er die Knappen über Titurel belehrt und ihnen von Klingsors Verlangen, Gralsritter zu werden, spricht.

> Doch, Väterchen, sag' und lehr' uns fein:
> Du kanntest Klingsor, wie mag das sein?

Titurel und Klingsor stehen sich in dieser Unterweisung wie zwei Repräsentanten jener polaren Weltstruktur gegenüber. Die Musik in ihrer thematischen Gestaltung ist dafür ein wertvolles Zeugnis. Der erste Abschnitt der Unterweisung spricht von Titurel. Mit der ihm verbundenen hymnischen Variante des Glaubensthemas hebt der Gesang an:

> Titurel, der fromme Held,
> Der kannt' ihn wohl.

Doch schon bei den folgenden Versen erhält das Glaubens-Thema eine neuerliche Umgestaltung:

> Denn ihm, da wilder Feinde List und Macht
> Des reinen Glaubens Reich bedrohten,
> Ihm neigten sich in heilig ernster Nacht
> Dereinst des Heilands sel'ge Boten.

Gleich einer Himmelsleiter führt in dieser Variante eine diatonische *Ges*-Dur-Tonleiter Titurel empor zur geistigen Welt. In der gleichen Harmonie erklingt dann auch der Liebesmahlspruch, der die Kunde von der Herkunft des Gralskelches begleitet:

Der daraus trank beim letzten Liebesmahle,
Das Weihgefäß, die heilig edle Schale,
Darein am Kreuz sein göttlich Blut auch floß,
Dazu den Lanzenspeer, der dies vergoß,
Der Zeugengüter höchstes Wundergut,
Das gaben sie in unsres Königs Hut.

Auch bei den letzten Versen ist es diese zweite Variante des Glaubens-Themas – nach Lorenz das «Engelmotiv» – welche die Worte begleitet.

Herkunft und Bedeutung des Wortes *Gral* ist nicht eindeutig erforscht. Wagner läßt aber keinen Zweifel darüber, was er – in Übereinstimmung mit dem überwiegenden Teil der Legendenberichte – gegenständlich unter dem Gral versteht: die heilige Schale, aus der Christus im Coenaculum seinen Jüngern das letzte Liebesmahl spendete und die Transsubstantiation vollzog. Das gleiche Weihgefäß, in welches das Blut des Gekreuzigten floß, als ihm der Speer die Wunde stach. Auch dieses «Heiligtum» wird uns seinen Symbolcharakter noch zu erkennen geben.

Titurels Königtum jedenfalls – darüber gibt uns die musikalische Charakteristik volle Klarheit – steht jenseits der Erdensphäre in einer göttlichen, engelhaften Welt. Titurel ist wirklich der «himmlische» Ritter.

Dem Heiltum baute er das Heiligtum.

Auch dies ist klar ausgesprochen: der himmlischen Ritterschaft wird ein Heiligtum auf *Erden* gebaut; d. h. *Menschen* machen sich zu Trägern der Heilskräfte des Grales. Damit ist göttliche Transzendenz mit menschlicher Existenz verbunden, und die Frage, ob die Gralsburg eine rein geistige Realität ist oder auf Erden gefunden werden kann, würde damit eine vorläufige Antwort finden. Ihrem Wesen nach ist sie reine Geistrealität, doch überall dort, wo sich *wahre* Träger der Gralsimpulse zusammengefunden haben, kann ein Gefäß gebildet werden, darein sich diese reinen Geistimpulse zu inkarnieren vermögen.

Wer aber darf sich als wahrer Grals-Träger, als «himmlischer» Ritter fühlen? Gurnemanz läßt auch darüber keine Unklarheit:

Die seinem Dienst ihr zugesindet
Auf Pfaden, die kein Sünder findet,
Ihr wißt, daß nur dem Reinen
Vergönnt ist sich zu einen
Den Brüdern, die zu höchsten Rettungswerken
Des Grales heil'ge Wunderkräfte stärken.

Die melodischen, reichen Sextengänge des Grals-Motives breiten sich zu einem feinen Liniengewebe aus, gleichsam zum klingenden Bild jener geheimnisvollen Pfade, die zum Gral leiten, Pfade, die Klingsor nimmer betreten durfte:

> Drum blieb es dem, nach dem ihr fragt, verwehrt,
> Klingsor'n, wie hart ihn Müh' auch drob beschwert.

Damit stehen wir in der Gegenwelt von Titurels engelhafter *Ges*-Dur-Sphäre. Das *Klingsor-Motiv* erklingt als neues Thema; dazu Alfred Lorenz: «Die diesem Motiv zugrunde liegenden Harmonien haben etwas

Klingsor-Motiv

Teuflisches; denn jedesmal vor dem Harmoniewechsel ist der Grundton der zu verlassenden Harmonie in eine gänzlich irrationale verminderte (tiefalterierte) Sept umzudeuten, damit die folgende Mollterz entstehen kann.»[9] So der Harmoniewechsel vom ersten zum zweiten Takt. Die Grundharmonie des Themas ist *h*-Moll; der zweite Takt bringt jedoch einen *g*-Moll-Klang. Um diesen Übergang tonal verständlich zu machen, müßte man z. B. das *h* des im ersten Takt stehenden Septakkordes: *h-d-fis-a* in ein *ces* verwandelt denken. *Ces* wäre dann zu dem nachfolgenden *b* des Dreiklanges *g-b-d* die «tiefalterierte» Septim. Dies ist eine der von Lorenz aufgezeigten Erklärungen, die jedoch alle gekünstelt und unbefriedigend anmuten. Nach seinen eigenen Worten ist das ganze Thema von derartigen «höchst problematischen enharmonischen Umdeutungen» durchsetzt.

Vom geistig-qualitativen Ton-Erlebnis her betrachtet, bedeuten diese «problematischen Umdeutungen» in Wahrheit einen Mißbrauch der Enharmonik. Denn es geht hier nicht um echte *Verwandlung*, sondern um verwirrende, trügerische *Verwechslung*, durch die harmonische Sphären beziehungslos nebeneinandergestellt werden. Damit aber charakterisiert dieses Thema die Klingsor-Gestalt viel tiefschürfender, als es anfänglich scheinen mag. Haben wir in Klingsors Zauberkunst doch ein Konzentrat alten, dekadenten Mysterienwissens zu sehen. Und dieses Wissen umfaßt auch älteste Sternenkunde, allerdings in der völlig abstrakten Form des Arabismus. Wagner wird diese Verbindung zum Arabismus im zweiten Akt durch die bühnenbildlichen Anweisungen unterstreichen, wodurch ersichtlich wird, daß er um diese Zusammenhänge genau gewußt hat. Sehr stark kommt dieser Bezug Klingsors zum Arabismus auch in seiner Verbindung mit Iblis, der Tochter des Eblis, zum Ausdruck: «Eblis heißt in der mohammedanischen Tradition die Gestalt, die wir mit ‹Luzifer› bezeichnen. Eine Art weiblicher Aspekt von ‹Eblis›, dem mohammedanischen Luzifer, ist ‹Iblis›, mit der sich zu seinen bösen Künsten, durch die er im Mittelalter gegen den Gral wirkte, derjenige verband, den man den bösen Zauberer Klinschor nennt.» [10]

In der Abstraktion dieser dekadenten Sternenkunde stehen die zwölf Tierkreissphären beziehungslos nebeneinander, da ihr das von der planetarischen Siebengesetzlichkeit getragene *Leben* verlorengegangen ist. Die Zwölfheit ist zu einer quantitativen Maßeinheit herabgesunken, die man willkürlich manipulieren, in sich vertauschen kann. Man erinnere sich dagegen an die so organisch erwachsene Modulation von *As*-Dur nach *H*-Dur, die den Schritt vom Vorspiel zum eigentlichen Dramenbeginn markierte. Dort war der Wechsel von *des*-Moll nach *cis*-Moll echte *Verwandlung*; ein Schritt über die Schwelle, aus dem «Mysterium» in die Erscheinungswelt. Im Klingsor-Thema wird in Wahrheit nicht verwandelt, sondern verwechselt.

Melodisch spinnt das Klingsor-Motiv die Fäden des Zaubermotives fort, wobei sein dritter Takt auch Ähnlichkeit mit Kundrys Ritt-Motiv erkennen läßt. Wir erinnern uns dabei der Hast ihres Getriebenwerdens, als deren Ursache wir Klingsor nannten.

Dieser musikalischen Charakteristik folgt die Beschreibung durch das Wort:

> Jenseits im Tale war er eingesiedelt;
> Darüber hin liegt üpp'ges Heidenland:
> Unkund blieb mir, was dorten er gesündigt;
> Doch wollt' er büßen nun, ja heilig werden.

Klingsor wollte etwas erlangen, wofür ihm die innere Voraussetzung, die *Reinheit*, fehlte. Was er gesündigt hatte, wird uns hier nicht genannt. Aber allein der Trotz, mit dem er das «Heilig-Sein» erzwingen wollte, und seine Ohnmacht, sich selbst zu bändigen und seine Triebe zu zügeln, zeigt uns den Mangel an jenen reinen und selbstlosen Herzenskräften, die das Finden des Grales nicht als ein erjagtes Gut, sondern als ein Empfangen durch Gnade erleben lassen.

> Ohnmächtig, in sich selbst die Sünde zu ertöten,
> An sich legt er die Frevlerhand,
> Die nun, dem Grale zugewandt,
> Verachtungsvoll dess' Hüter von sich stieß.
> Darob die Wut nun Klingsor'n unterwies,
> Wie seines schmähl'chen Opfers Tat
> Ihm gäbe zu bösen Zauber Rat;
> Den fand er nun.

Nicht menschliche Ratio kann erwählen, der Gral selbst wählt seine Ritter aus und bestimmt, wer zu ihm erkoren ist. Denn nur die geistige Welt ist in der Lage, die Herzen nach ihrer Lauterkeit zu sichten. Titurel wußte, warum er Klingsor «von sich stieß». «Denn niemand soll den Gral erblicken, dem er nicht genehm ist», so lesen wir bei Robert de Boron[16]. Bei Wagner wird Gurnemanz in gleicher Weise zu Parsifal sprechen: Niemand könnte den Weg zum Gral finden, «den er nicht selber möcht' geleiten». Jedes gewaltsame Begehren nach diesem Ziel ist in der Grundtendenz falsch, da ihm die «Demut des *Heiligen*» (Richard Wagner) mangelt. Man kann Initiation nicht erzwingen. Das wußten die Gralshüter des Mittelalters, das gilt gleichermaßen für die moderne Einweihung. Schon bei Robert de Boron taucht dieses Motiv der unwürdigen Seelenhaltung, wenn auch in anderen Zusammenhängen und im Personenkreis um Josef von Arimathia auf. Aber auch dort ist es der Gral, der auswählt und die Geister scheidet: «Durch dieses Gefäß sind wir von Euch geschieden; denn es hat mit keinem Sünder Verkehr in Liebe und Gemeinschaft.»[16] Klingsor wollte sich diese «himmlische Ritterschaft» ertrotzen. Damit schied er sich selbst von der Welt, nach der er begehrte. Und so wächst Haß und Zerstörungswut in ihm, das für ihn Unerreichbare zu schänden.

Die menschliche Seele selbst legt die Ursachen und Voraussetzungen für die über sie hereinbrechenden Folgen. Wie schon in seinem Nibelungen-Drama, so legt Wagner auch im «Parsifal» alles in den Menschen selbst hinein. Klingsor wird nicht durch den Gemahl der Iblis entmannt, als er mit ihr im ehebrecherischen Bündnis ertappt wurde – so die Überlieferung –, er legt bei Wagner selbst Hand an sich; seine Entmannung ist Tat seines machthungrigen Selbstes. Schon bei Boron kann man diesen Ich-Bezug anklingen hören: «Keiner kann Dich so sehr betrügen wie Du selbst; gib acht und sieh zu, daß Du so seiest, wie die Menschen wähnen.»[16] Bei Wagner ist diese Ichbezogenheit streng durchgeführt. Und wenn wir nunmehr durch Gurnemanz von dem «bösen Zauber» erfahren, dem Klingsor in Wut und Rache folgte, dann hebt sich bereits der erste Schleier von der reinen Gegenständlichkeit des Longinus-Speeres:

> Die Wüste schuf er sich zum Wonnegarten,
> Drin wachsen teuflisch holde Frauen;
> Dort will des Grales Ritter er erwarten
> Zu böser Lust und Höllengrauen:
> Wen er verlockt, hat er erworben,
> Schon viele hat er uns verdorben.

Daß Klingsor diese Verlockung gelang, findet seine letzte und eigentliche Ursache in dem Verlockten selbst. Bei Robert de Boron heißt es von jenen, die den Gral nicht schauen konnten: «Und das Böse, das ihnen zustieß, war durch eine einzige Sünde gekommen, die sie untereinander begonnen hatten und von der sie sehr befleckt wurden: das war wegen der Sünde der Sinnenlust, durch solche Schande, durch solche Besudelung.»[16]

Hat Boron damit noch einzelnes, subjektives Handeln im Auge, so ist im umfassendsten Sinne damit alles gemeint, was den Menschen zu tief in die Erscheinungswelt verstrickt – so tief, daß ihm das Ansichtigwerden der geistigen Welt – des Grales – und alles, was ihm daraus als «Nahrung» zufließt, verloren geht. Der Klingsor-*Garten* ist das *Paradies* der *Sinne*; eine Welt des *Scheines*, der *Maja*, die sich zwischen den Menschen und sein wahres *Sein* schiebt und ihm die «Gotteskindschaft» raubt. Drängt sich uns dabei nicht unwillkürlich das Bild Gutrunens auf und ihr Vergessenstrank? Und war nicht auch der Speer, der Siegfried traf, von «unheiliger Hand» geschwungen? Der Faden, durch den Klingsor mit der Alberich-Hagen-Welt verflochten ist, ist keine leere Spekulation. C. F. Glasenapp[17] berichtet, daß Wagner selbst den Vergleich mit Klingsor und Alberich einerseits, Titurel und Wotan andererseits angestellt habe, – was auch im Gleichklang der Tonarten – Alberichs Fluch und das Klingsor-Motiv stehen beide in *h*-Moll – seinen Niederschlag findet.

So stellen die zwei Abschnitte der Gurnemanz-Unterweisung den polaren Zwiespalt und Gegensatz von Geist- und Sinneswelt, die Dualität des *Väterlich*-Ursprünglichen (Titurel) und seines Widersachers (Klingsor) auf, wie wir ihm auch im «Ring» (Wotan – Alberich) begegneten. Allerdings liegt zwischen beiden Erlebnisebenen ein gewaltiger Unterschied. Was im «Ring» unverrückbare Notwendigkeit war, Weltenschicksal, dem Siegfried nicht entgehen konnte, wird hier zu einer Tat des Menschen, der keine Zwangsläufigkeit innewohnt. Siegfried konnte die Steigerung und Synthesis aus diesem Gegensatz nicht herbeiführen, da die Voraussetzung dafür – die Kraft des Ich – der heidnischen Welt nicht gegeben war. Mit Golgatha aber ist diese Voraussetzung in die Welt gekommen. Und gerade durch sie werden wir auf die Symbolkraft des Speeres verwiesen. Bisher haben wir ihn in seiner Gegenständlichkeit betrachtet und als Speer des Longinus angesprochen. Dieser römische Soldat, der dem Gekreuzigten die Seite öffnete, wird uns in den meisten Überlieferungen als Blinder dargestellt. Doch das Blut, das die Lanze hinabfloß und seine Hand benetzte, machte ihn sehend. Allein schon diese Darstellung ist metaphorisch zu verstehen. Die Blindheit des Longinus war eine Blindheit für das Geistige. Erst durch die Berührung mit dem heiligen Blute *erhellen* sich ihm die geistigen Zusammenhänge, und er wird sehend, d. h. *hellsehend*. Die Heilung dieser Geistesblindheit durch das Blut des Erlösers legt aber den Schluß nahe, daß diese Blindheit durch das eigene, von Unreinheiten, Begierden und Egoismen durchsetzte Blut verursacht wurde. In eben dieser Blindheit befangen, schlug er dem Heiland die Wunde; die Lanze war somit das Werkzeug für das selbstsüchtige Ich des Menschen. Das Blut aber, das aus der Wunde floß und ihn sehend machte, war das «Zeichen für das, was als das Überschüssige des Egoismus in der Menschennatur hingeopfert werden mußte.» So lesen wir bei Rudolf Steiner: «Durch das überschüssige Blut der Menschheit hätten die Menschen in Egoismus verkommen müssen, wenn nicht die unendliche Liebe gekommen wäre und dieses Blut hätte fließen können. Die unendliche Liebe ist beigemischt dem Blute, das auf Golgatha geflossen ist . . .»[13]

Durch die Berührung mit dieser «unendlichen Liebeskraft» wird auch die Lanze erlöst, d. h. sie wird zum Sinnbild der wahren Geistnatur des Menschen, die ja im Christus-Ich verwurzelt ist; so daß der Speer eine doppelte Symbolik aufweist: Er ist Sinnbild für das *hohe* Ich des Menschen, wie dies motivisch durch das Herauswachsen aus dem Liebesmahlspruch wunderschön zum Ausdruck kommt. In «unheiliger Hand» aber wird er gleichzeitig zum Zeichen für das tötende, niedere Ego, das unentwegt das geistige Wesen des Menschen verletzt. In dieser Sicht führte uns das Speer-Motiv zum Sündenqual-Thema.

In ergreifenden Bildern schildert uns Wolfram, wie die blutende Lanze durch den Saal getragen wird und die Ritterschaft bei ihrem Anblick in laute Wehrufe ausbricht. Werden sie doch dadurch immer wieder der Menschheitsschuld ansichtig, die dieses Gottesopfer notwendig machte, damit der Mensch sein wahres Selbst wieder finden und ergreifen kann. Die Lanze blutet, da durch die Schuld des gestürzten Menschen Christus am Kreuz sein Blut vergießen mußte. Wer nach diesem «Warum» der blutenden Lanze fragt und es begreift, der kennt das Geheimnis des «niederen» und «hohen» Ich. Parzival stellte diese Frage nicht; noch weiß er nicht um dieses Ich-Geheimnis. Und weil es sich um ein Blutsgeheimnis handelt, ist es in den Epen auch Gawan, der auf seinem «Herzensweg» die blutende Lanze suchen muß.

Daß Wagner an die Longinus-Lanze anknüpft, zeigte uns bereits das Titurel-Erlebnis: «Dazu den Lanzenspeer, der dies vergoß», hieß es von den Gaben, die ihm die Engel reichten. Daß er das Ich-Geheimnis des Speeres jedoch in voller Tiefe gekannt hat, das konnten wir aus Gurnemanz' Worten bereits ahnen: «Oh, wunden-wundervoller heiliger Speer!» Ein weiteres Zeugnis seines Wissens um das Speer-Geheimnis ist aber die Tatsache, daß er den Speer von Klingsor rauben läßt, ein Geschehen, das sich in den Epen nicht findet. Dort bleibt die blutende Lanze stets in der Hut des Grales, und Amfortas wird bei Wolfram von einem «vergifteten Speer eines Heiden an der Leiste»[14], bei Christian von Troyes durch «einen Wurfspeer zwischen beiden Hüften»[18] verwundet. Wagner dagegen läßt den Speer der Gralswelt verlorengehen und verdichtet damit den Sturz in die Egoität zu bewegtester Dramatik. Daraus aber erfließt mit Zwangsläufigkeit, daß allein dieser Speer, der als das «niedere» Ich diese Wunde schlug, geläutert und dadurch zum «hohen» Ich verwandelt, diese Wunde wieder zu heilen vermag. Damit ist aber auch alles egoistische Begehren des Blutes überwunden.

All dieses bildhafte Geschehen bedeutet einen Bewußtseinsprozeß. Die Ritter, um Titurel und Amfortas geschart, haben ihn noch lange nicht durchschritten. Sie sind reinen Herzens, wie es der mittelalterlichen Gläubigkeit eigen war. Noch sind sie unwissend der Zusammenhänge und meiden das Böse. Jeder aber, dem es gelüstet *mehr* zu erfahren, jeder der die Gralssphäre verläßt, gerät in die Scheinwelt des Widersachers und läuft Gefahr, ihr in Unwissenheit zu erliegen. Aus diesem Wissen heraus erklären sich Amfortas' strenge Worte, mit denen er Gawans eigenmächtiges Entfernen rügte.

Denn Amfortas ist ein *Wissender* um die Zwienatur des Menschen geworden; er ist der Repräsentant dieses am weitesten fortgeschrittenen Bewußtseinsprozesses. Kundry, die er im Klingsor-Garten als das «furchtbar schöne Weib» erblickte, hat ihm durch ihren Kuß das Erleben seiner irdischen Begehrens-Natur und damit die innere Entzweiung mit seinem die Gottesnähe ersehnenden Wesen gebracht.

> Da Titurel, in hohen Alters Mühen,
> Dem Sohn die Herrschaft hier verliehen,
> Amfortas ließ es da nicht ruhn,
> Der Zauberplag' Einhalt zu tun.
> Das wißt ihr, wie es da sich fand.

Amfortas hat sich im Klingsor-Reich zwar nicht selbst verloren, seiner «Flucht» gab Gurnemanz kämpfend das «Geleit», aber eine nie heilende Wunde wurde ihm geschlagen. Eine Wunde, die sein Wesen im inbrünstigen Sehnen nach dem Göttlichen und im gleich-sehrenden Verlangen seines Blutes zu zerreißen droht. Es ist daher wesentlich, daß Gurnemanz auf die *leibliche* Sohnschaft des Amfortas verweist, denn damit sehen wir ihn gleichzeitig unter die Last des aus der «Erbsünde» fließenden, korrumpierten Blutstromes gestellt. In diesem leiblichen Verfallensein *mußte* er Kundry erliegen. Sein daraus gewonnenes Wissen aber führte ihn über alle Bewußtseinsebenen der heidnischen Helden hinaus. Darüber wird uns sein eigenes Bekenntnis vor der Gralsenthüllung noch erschütternden Aufschluß geben. Eines aber ist damit vorerst besiegelt:

> Der Speer ist nun in Klingsors Hand.

Die Ichkräfte sind als «niederes Selbst» der Begierdenwelt des Blutes, der egoistischen Triebnatur ausgeliefert. Der Fortschritt gegenüber den vorchristlichen Helden liegt vorerst allein im *Wissen* darum. Befreiung, Überwindung, *Verwandlung* ist auch Amfortas nicht möglich. Und Klingsors Macht-Begehren wähnt sich daher fest gegründet:

> Kann er selbst Heilige mit dem verwunden,
> Den Gral auch wähnt er fest schon uns entwunden.

Der letzte Vers nennt Amfortas einen «Heiligen»; denn auf ihn muß er sich beziehen. Aber seine Heiligkeit ist nicht mehr jene Titurels, dem sich die «Engel neigten». Diese unmittelbare Geistverbundenheit des *«Vaters»* ging dem *«Sohn»* verloren, und was er als Innerlichkeit nicht mehr völlig besaß, versuchte er durch Kampf nach «außen» zu ersetzen. So trat an Stelle der unbedingten und ausschließlichen Kommunikation mit der realen Geistwelt, wie sie Titurel noch pflegte, eine Konfrontation mit der Gegenmacht, wobei Amfortas und seine Ritterschaft in dieser Auseinandersetzung immer mehr zu unterliegen drohen.

Worum es in dieser Auseinandersetzung geht, ist das *Ich* des Menschen, das die Macht der Sinnes-Natur nicht fliehen darf, sondern im Hindurchgehen durch ihre Triebgewalten, sie läuternd zu sich emporhebend, erlösen müßte:

> Vor allem nun: der Speer kehr' uns zurück!

In der Wiedergewinnung des Speeres konnte daher für Wagner allein die eigentliche Heilstat liegen. Cosima notiert am 30. Januar 1877 in ihr Tagebuch: «Bei Tische sagte mir R., er sei über das Schwerste im Parzival hinüber; keine Frage, sondern die Wiedergewinnung der Lanze sei es, worauf es ankommt.»[6] Denn die Wiedergewinnung des Speeres schließt die «Frage», um die es in den Gral-Epen geht, in sich ein, da sie höchste Bewußtseinstat bedeutet. Wiedergewinnung des Speeres hieße ja, daß sich das Ich aus der Scheinwelt der Sinne befreien, die Triebgewalten der Egoität überwinden und sich seiner wahren Wesensnatur gemäß verwirklichen würde. Das aber heißt gleichzeitig Bewußtwerdung in höchster Potenz. Amfortas vermochte diese Selbstbefreiung aus der Egoität nicht zu vollziehen, und ratlos steht die Ritterschaft. Wer sollte je den Klingsor-Zauber bannen, der so zwangsgewaltig die Seele umstrickt? Klingsor fiel die «Beute» zu, da sich Amfortas als der Schwächere erwies. Ja, man darf sagen: Klingsors Macht ist letztlich die Ohnmacht der Ritterschaft, seine Stärke die Schwäche der anderen. Das aber ist ein Faktum, aus dem Klingsor die Konsequenzen zieht, die ihm nicht verwehrt werden können. Deshalb auch Gurnemanz' Wort:

> Das ist ein andres,
> Jedem ist's verwehrt.

Jedem anderen! Nur das Ich, das Amfortas in Kundrys Armen «entsunken» ist, kann allein sich seiner Ohnmacht wieder entringen. Darauf zielen die Verheißungsworte in ihrer tiefsten Tiefe.

> Vor dem verwaisten Heiligtum
> In brünst'gem Beten lag Amfortas,
> Ein Rettungszeichen bang erflehend.

Das Gral-Motiv führt uns tief hinein in die *As*-Dur-Sphäre, in der sich dem Flehenden die geistige Welt offenbart:

> Ein sel'ger Schimmer da entfloß dem Grale;
> Ein heilig' Traumgesicht
> Nun deutlich zu ihm spricht
> Durch hell erschauter Wortezeichen Male: –

Überirdischer Glanz breitet sich nach dem zarten Erklingen des Liebesmahlspruches durch die Rückung nach *A*-Dur – der neapolitanischen Tonart von *As* –, über das «Traumgesicht». Mit diesem *A*-Dur-Klang hebt die Heilsverheißung an. Aus der «mitternächtigen» Sphäre von As trat diese Sonnenharmonie heraus. Im «Torenspruch», der in *d*-Moll steht, ist sie Dominante. Der Todesverbundenheit der *d*-Moll-Harmonie, ihrer Ausdruckskraft für das Erstarrte, Steinerne, Gruftartige, wurde bereits früher Erwähnung getan.

> Durch Mitleid wissend,
> Der reine Tor,
> Harre sein,
> Den ich erkor.

Die letzten Worte stellen den fallenden Quintschritt des Leidens-Motives in ein leuchtendes *D*-Dur. Über das Melos des Torenspruchs und den motivischen Zusammenhang mit dem Mittelteil des Liebesmahl-Themas – der Schmerzensfigur – wurde bereits gesprochen. Auch der dichterische Inhalt spricht eine Steigerung und «Synthesis» an: die Einswerdung von «Haupt» und «Herz». Im «Tristan» lösten diese beiden «Sphären» den tragischen Konflikt aus, da sie sich in scheinbar unüberbrückbarem Gegensatz gegenüberstanden:

> Todgeweihtes Haupt!
> Todgeweihtes Herz!

Die Sphäre des Denkens und die des Fühlens, das Reich der Erkenntnis und das der Liebe stoßen in dieser thematischen Kadenz aufeinander, verbunden durch das Wort eines dunklen, unergründlichen Willens: *Tod!* Die harmonischen Träger dieser Kadenz bildeten dabei die Klänge: *As* und *A*, die gleiche Akkordfolge, aus der sich dem Amfortas das «Traumgesicht» offenbarte. Dem Tode, der bisher trennend dazwischen stand, wird hier durch das *d*-Moll des Torenspruches Ausdruck verliehen, indessen der Dur-Ausklang musikalisch die Erlösung bereits verwirklicht, von der die Worte als einem Zukünftigen sprechen.

Doch nicht nur mit Wagners eigenen Schöpfungen steht dieses Verheißungswort in wichtigem Zusammenhang. Auch auf das Wolframsche Epos nimmt es Bezug. Vereinigt es doch zwei Wege, die bei Wolfram durch zwei Ritter beschritten werden. Wir erwähnten bereits, daß es *Gawan* ist, der das Reich der Orgeluse aufsucht; ihm auch ist geboten, die «blutende Lanze» zu finden. Gawan also ist es, der sich mit der von Leidenschaften, Trieben und Begehrungen erfüllten Empfindungswelt auseinandersetzen muß, während Parzivals Abenteuer der Suche nach dem Heiligen Gral gelten, der ihn zum *Wissenden* machen soll. Im Sinne des Torenspruches können wir daher sagen: Gawan beschreitet den *Herzensweg*, Parzival den der *Erkenntnis*. Daß wir diese Zweiheit der Gestalten jedoch als ein *Wesen* zu erkennen haben, darauf macht uns Rudolf *Steiner* aufmerksam, wenn er Gawan als den «unerlösten Doppelgänger» Parzivals charakterisiert.

Dies ist deshalb von besonderer Wichtigkeit, weil durch die scheinbare Trennung von Gawan und Parzival, die sich schon bei Christian von Troyes findet, auch die beiden Heiligtümer Lanze und Gral eine Trennung erfahren. Es hat dies manchen Forschern große Schwierigkeiten bereitet, da Lanze und Gral unbedingt zusammengehören und sich ergänzen. Konrad *Burdach* weist ausdrücklich auf die «geheimnisvolle *Einheit*» von Gral und Lanze bei Christian von Troyes hin und betont, daß «Perceval» ursprünglich auch nach beiden fragen sollte. Im weiteren Verlauf seiner Erzählung scheint Christian jedoch «die Suche der blutenden Lanze an ›Gauvain‹ zu übertragen.» [14] Manche Forscher, wie Heinzel, Golther, Hilka, folgerten daraus, «Christian habe Gral und Lanze als nicht zusammengehörig betrachtet und er habe zwei ursprünglich völlig verschiedenartige Motive, die heilige Lanze des vierten Evangeliums mit einem keltischen Sagenzug von einer zerstörenden Lanze durcheinander gewirrt.» [14]

In *Wolframs* Epos verschwindet Parzival zwischen dem siebenten und dreizehnten Gesang überhaupt unseren Blicken. Nur im neunten Gesang sehen wir ihn bei Trevrizent die Karfreitagsunterweisung empfangen. An seiner Stelle steht Gawan, und erst im vierzehnten Gesang ist Parzival wieder der Träger der Handlung.

Die Lösung der Schwierigkeit – das wird ganz deutlich – liegt allein in der Erkenntnis der *Wesenseinheit* beider Gestalten. In seiner künstlerischen Inspiration hat Wagner dies erfüllt und die beiden Sphären: *Herz* und *Haupt* bewußt miteinander verbunden. Wie sich Parsifal dieses «*Herzensdenken*», in dem auch Rudolf Steiner das Heil der Zukunft erblickt, stufenweise erringt, wird uns das Drama zeigen.

«In großer Ergriffenheit wiederholen die Knappen den Spruch»: «Durch Mitleid wissend, der reine Tor», da versetzt das zuerst nur in Bruchstücken erklingende, von Wehrufen durchbrochene *Parsifal-Thema* jäh die weihevolle Andachtsstimmung der Heilsverkündigung in Schrecken und Erregung: ein Schwan stürzt, von Parsifals Pfeil getroffen, zu Boden:

> Weh! Wehe! Auf! –
> Wer ist der Frevler? . . .
> Hier! . . . Ein wilder Schwan!
> Der König grüßte ihn als gutes Zeichen . . .
> Der war's! Der schoß! Dies der Bogen!

Parsifal-Motiv

Das so heldenfroh einsetzende Parsifal-Thema mündet in seinem fünften Takt in eine fast elegisch anmutende Wendung aus, die an den Abwärtsgang des Mitleid-Motives gemahnt. Dies ist psychologisch bemerkenswert, denn es zeigt, wie in Parsifals Wesen bereits zu Anbeginn, noch vor allem Wissen von «gut» und «böse», die Fähigkeit *mitzuleiden* liegt.

Es mag uns überraschen, daß das Nahen des so lange Ersehnten, auf den durch Gurnemanz' Erzählung alle Hoffnungen gerichtet sind, sich in einer so abrupten und heftigen Weise vollzieht. Und doch könnte kein Augenblick sein Nahen aufrüttelnder erscheinen lassen als gerade jener, in dem Gurnemanz und die Knappen in gläubiger Ergriffenheit die Verheißung innerlich erneut miterleben und das entscheidende Wort fällt: «Tor». Glasenapp berichtet darüber: «Daß dann die Wiederholung des Spruches durch die Knappen nicht mehr zu Ende kommt, daß der schwirrende Pfeilschuß des törigen Schwantöters sie mitten drin unterbrechen würde, – das hatte er nicht vorher gewußt; es war kein, womöglich schon bei Ausführung der Dichtung im voraus geplanter und beabsichtigter, von langer Hand vorbereiteter Effekt zur Einführung seines Helden: Es kam ihm selbst überraschend, er mußte es erst erleben und konnte dann, immer in seiner humorvollen, jedem Pathos abholden Weise, von dem ‹Einfall› erzählen, den er heute gehabt, gerade auf dem Worte ‹Tor› den Pfeil des Toren von der Sehne schnellen zu lassen.»[17]

Auch Cosima vermerkt diesen «Einfall» am 25. November 1877 in ihr Tagebuch: «Er arbeitet und sagt mir zu Mittag, er habe einen Einfall gehabt, der würde mich freuen, im Augenblick, wo die Knappen den Spruch wiederholen, ‹der reine Tor›, bei dem Worte Tor kommt der Pfeil und Parsifal, so daß der Spruch nicht vollendet wird.»[6]

Noch ist sich Parsifal der Schuld nicht bewußt, die sich mit dieser Tat verbindet. In seiner Antwort auf Gurnemanz' Frage, ob er es sei, der den Schwan erlegte, klingt vielmehr die ganze Freude seiner jugendlichen Unbekümmertheit:

> Gewiß! Im Fluge treff' ich, was fliegt.

Das Unerhörte dieser Tat wird musikalisch dadurch herausgehoben, daß Gurnemanz' Gesangslinie den aus jäh emporschnellenden Sextolengängen gebildeten «Pfeilschußlauf» nun – zu gestoßenen Achteln verlangsamt –, wiederholt:

> Du tatest das? Und bangt' es dich nicht vor der Tat?

Daran schließt sich sein Vorwurf, der uns angesichts eines getöteten Tieres übertrieben anmuten könnte:

> Unerhörtes Werk!
> Du konntest morden? Hier im heil'gen Walde,
> Dess' stiller Frieden dich umfing?

Wieder ist es die Musik, die uns durch ihre Aussage vor zu schnellen Urteilen warnt. Zwei Themen sind die melodischen Träger dieses Abschnittes, in dem Gurnemanz die Heiligkeit des Haines Parsifal zum Bewußtsein bringt.

> Des Haines Tiere nahten dir nicht zahm,
> Grüßten dich freundlich und fromm?
> Aus den Zweigen, was sangen die Vöglein dir?
> Was tat dir der treue Schwan?

Gesang wie Orchesterstimmen leiten sich unverkennbar vom Glaubens-Thema her. Dieser Glaube aber bedeutet im Sinne Wagners das «wiedergewonnene Paradies». Wir stehen nicht irgendwo auf Erden, wo man das «Leben» in bestimmte Wertkategorien stuft. Parsifals Weg führte ihn in den Umkreis der Gralsburg, in den «heiligen Hain», der von makrokosmischen Christuskräften erfüllt ist, wie uns das Thema der «Waldesmorgenpracht» offenbarte. Damit steht er im Vorhof ewiger, unversiegbarer Lebenskräfte. Und in diese Sphäre trug er den Tod. Dies ist es, was Gurnemanz das harte Wort sprechen ließ: «Du konntest morden?»

Das zweite, tragende Thema dieses Abschnittes bedeutet für das Parsifal-Drama ein neues Motiv, als Thema an sich erklang es bereits bei Lohengrins Ankunft: das *Schwan-Motiv.*

> Sein Weibchen zu suchen flog der auf,
> Mit ihm zu kreisen über dem See,
> Den so er herrlich weihte zum Bad.

Schwan-Motiv

Von silbrigen Harfenklängen, schwellenden Trillern umspielt, erklingen die Schwan-Harmonien jetzt in einer herrlichen instrumentalen Bereicherung und münden vor Gurnemanz' entscheidender Frage in die «Erweckungs-Sexten» des Gral-Motives aus:

> Dem stauntest du nicht, dich lockt es nur
> Zu wild kindischem Bogengeschoß?

Erst die Mahnung des Ritters erschließt Parsifal das Auge für die Umwelt, in die ihn scheinbar blind sein Schicksal geführt hat. Jetzt erst wird er des stillen Friedens gewahr, der ihn umfängt, jetzt erst hört er den Sang der Vögel in den Zweigen. Und wenn Gurnemanz ihm den Blick auf das tote Tier lenkt, um ihm seine Tat bewußt zu machen:

> Hier – schau her! – hier trafst du ihn:
> Da starrt noch das Blut, matt hängen die Flügel;
> Das Schneegefieder dunkel befleckt, –
> Gebrochen das Aug', siehst du den Blick? – –,

da erfaßt ihn unsagbarer Schmerz. Im Orchester ertönt in diesem Augenblick jenes Mitleid- oder Sündenqual-Thema, das sich im Vorspiel aus dem Liebesmahlspruch heraus gestaltet hat. Es ist die erste «Begegnung» Parsifals mit diesem Thema, und es kündet von Liebes- und Lebenskräf-

71

ten, die mit der Christussphäre verbunden sind und den heiligen Waldbe-
zirk erfüllen. Sie tönen beim Anblick der toten Kreatur auch in Parsifals
Herzen auf. In tiefster Ergriffenheit zerbricht Parsifal Bogen und Pfeile
und schleudert sie weit von sich:

> Wirst deiner Sündentat du inne? –
> Sag', Knab'! Erkennst du deine große Schuld?
> Wie konntest du sie begehn?

Parsifals schwerwiegende Antwort:

> Ich wußte sie nicht.

Und dieser Antwort bleibt er treu, als ihn Gurnemanz nach Heimat,
nach Vater, Weg und Namen fragt:

> Das weiß ich nicht.

Namen hatte er viele, doch auch ihrer kann er sich nicht mehr entsin-
nen. Waren es bisher abgebrochene Teile des Parsifal-Motivs und die
Schmerzensfigur, die Fragen und Antwort begleiteten, so erklingt bei
Parsifals letzten Worten das *Herzeleide-Thema* an, eine zarte Kantilene,

Herzeleide-Motiv

die durch den sanft abwärtsschwebenden Quintschritt des Schmerzens-
Motives Ausdruck still-verhaltener Wehmut ist. Der Mutter entsinnt er
sich, doch die Koseworte, die er von ihr empfangen hat, sanken ins
Vergessen.

> Das weißt du alles nicht?
> So dumm wie den
> Erfand bisher ich Kundry nur.

Die Hoffnung, die in Gurnemanz in diesem Augenblick aufkeimt, heißt
ihn die Knappen wegzuschicken, deren sich bereits eine größere Zahl um
ihn versammelt hatten. Nur Kundry bleibt – «abseits in einer Waldecke
gelagert» – zurück.

> Nun sag! Nichts weißt du, was ich dich frage:
> Jetzt meld, was du weißt!
> Denn etwas mußt du doch wissen.

In den Bratschen singt im Ton zarter Erinnerung das Herzeleide-Motiv.

> Ich hab' eine Mutter; Herzeleide sie heißt.
> Im Wald und auf wilder Aue waren wir heim.

Das Motiv der «Knabentaten», mit dessen Klängen Parsifal berichtet, wie er sich seinen Bogen selber schuf, um «vom Forst die wilden Adler wegzuscheuchen», ist eine Ausgestaltung des vierten Taktes seines Namens-Themas. Frappierend daran ist die unheimliche Ähnlichkeit mit Kundrys Ritt-Motiv, die es in seiner Fortspinnung annimmt. Damit ist auf eine geheimnisvolle Verwandtschaft zwischen Parsifal und Kundry verwiesen; Karl Grunsky spricht sogar von einer «merkwürdigen Übereinstimmung ihrer beider Wesen».[19]

Durch Kundry, die «den Blick scharf auf Parsifal gerichtet hat», erfahren wir auch, daß ihn die Mutter bewußt zum «Toren» erzogen und ihm das Führen besserer Waffen nicht gelehrt hatte, um dem Knaben das Schicksal seines Vaters Gamuret – den frühen Heldentod – zu ersparen.

> . . .waffenfremd,
> In Öden erzog sie ihn zum Toren – die Törin!

Das «marsische» Element wird von dem Knaben zur Gänze ferngehalten. Aber Kundry nennt sie eine Törin, weil sie verhindern wollte, was eines Tages doch geschehen mußte. Denn dieses marsische Element ist auch an der Stärkung der Ich-Kräfte mitbeteiligt.

> Ja! und einst am Waldessaume vorbei,
> Auf schönen Tieren sitzend,
> Kamen glänzende Männer,
> Ihnen wollt' ich gleichen;
> Sie lachten und jagten davon.
> Nun lief ich nach, doch konnt' ich sie nicht erreichen.

Unablässig stürmt die Rhythmik der «Knabentaten» daher, immer eindringlicher gemahnt uns ihr Ungestüm an Kundrys Ritt-Motiv:

> Mein Bogen mußte mir frommen
> Gegen Wild und große Männer.

Kundry bestätigt es:

> Ja, Schächer und Riesen traf seine Kraft:
> Den freislichen Knaben lernten sie fürchten.

Da hemmt Parsifals fragende Verwunderung den stürmischen Lauf:

	Wer fürchtet mich? Sag'!
Kundry:	Die Bösen.
Parsifal:	Die mich bedrohten, waren sie bös?
	Wer ist gut?

Die plötzliche Ruhe zwischen den heftigen Rhythmen versetzt uns schlagartig in geheimnisvoll-mystisches Dunkel. In unergründliche Tiefen taucht auch die Akkordfolge hinab, die Parsifals Frage: «Wer ist gut?» begleitet. Das Melos ihrer Oberstimme formt die Frage-Gebärde: ein aufwärtsführender kleiner Sekundschritt, dem sich in gleicher Richtung eine kleine Terz anschließt. Es überrascht, daß Wagner den gleichen Meloszug für das Eva-Motiv aus den «Meistersingern» und in der späteren Pariser Bearbeitung des Tannhäuser-Bacchanales für das dort neu hinzugefügte «Sinnlichkeits-Motiv» verwendete. Hier scheint die Mystik der Klänge wirklich undurchschaubar; und doch gibt vielleicht gerade sie uns Aufschluß über Parsifals «Torheit».

Das Motiv birgt die ethische Frage nach dem «Guten» in sich, was gleichermaßen die Frage nach dem «Bösen» bedingt. Es wird uns, wenn auch von anderen Harmonien getragen, noch des öfteren im Drama begegnen, und zwar immer dann, wenn es um die Schuldfrage einer Handlung geht. Und offenbar ist das Gute vom Bösen wirklich nur durch eines «Messers Schneide» voneinander getrennt. Parsifals Frage bedeutet jedenfalls seine erste Konfrontation mit den Begriffen «gut» und «böse». Daß er sich dieser ethischen Qualitäten bisher überhaupt noch nicht bewußt war, zeigt, wie ferne er mit seinem Wesen noch allem Irdischen ist. Als Kundry von Herzeleides «Torheit» sprach, den Knaben in der Öde und Weltabgeschiedenheit erzogen zu haben, lachte sie höhnisch auf. Weiß sie um die Vergeblichkeit dieses Mühens? Weiß sie, daß der Augenblick unausweichlich ist, in dem die Öde verlassen werden muß und der Held in das Leben eintauchen muß? Ist sie mit einer Seite ihres Wesens vielleicht selbst dieses Leben und weiß daher, daß das Erwachen ihrer Kräfte in der Entwicklung nicht aufzuhalten ist?

Mag Kundry mit diesem Wissen darin auch recht haben, so unterliegt sie dennoch einem Irrtum. Denn gerade durch diese besondere Erziehung wurde Parsifal aus dem natürlichen Ablauf dieser Entwicklung herausgehoben. Wobei dieses Herausheben aber kein *Aufheben* des natürlichen Prozesses bedeutet, sondern lediglich *Bewahrung* eines Kindheitszustandes über seine Zeit hinaus. Im Epos Wolframs wird diese Erziehung in der «Öde» in vielen Einzelheiten geschildert. Parzival, so wird uns erzählt, mußte Narrenkleider tragen, ein Bild dafür, wie er selbst noch ganz Spiegel ist für alles, was von außen an ihn herankommt; wie seine Seele noch keinen «inneren Spiegelbelag» gebildet hat, der ihm dieses Außen ins Bewußtsein heben könnte. Die buntscheckigen Narrenkleider – Farben weisen immer auf das Astral-Seelische – wollen uns die Diskrepanz erkennbar machen, die sich dadurch zwischen Wahrnehmung und Vorstellung auftut. So schildert uns Wolfram zum Beispiel, wie Parzival in der Lust des Jagens seine Pfeile nach den Vögeln schießt, doch jedesmal, wenn er sie getroffen hat, in Tränen ausbricht und sich die Haare rauft. Seine Jagdfreude ist noch reiner Spieltrieb, und den kausalen Zusammenhang zwischen Tat und Folge kann er bewußtseinsmäßig nicht fassen. Ein im Prinzip ähnliches Verhalten zeigt uns auch Wagner, wenn Kundry vom Tode Herzeleides spricht und Parsifal in heftigster Emotion des Augenblicks sich auf sie stürzt:

> Verrückter Knabe! Wieder Gewalt?
> Was tat dir das Weib? Es sagte wahr.
> Denn nie lügt Kundry, doch sah sie viel.

Parsifal steht zwar «lange wie erstarrt» und gerät «in heftiges Zittern», aber der ursächliche Zusammenhang, daß sein Fortlaufen der Mutter den Tod gebracht haben könnte, dämmert in ihm nicht auf. Es ist allein der Schmerz des Augenblickes, der gegenwärtige Eindruck, der ihn ergreift. Das Ansichtig-Werden der blitzenden Ritter, die er für «Engel» hielt und denen er folgte, weil er «ihnen gleichen wollte», war die Ursache, daß er der Mutter entlief. Daß jede Tat jedoch Folgen nach sich zieht, das kommt ihm nicht in den Sinn.

Sein Entlaufen aber ist der Beginn seines Schicksalsweges, der im höchsten Maße ein Initiationsweg sein wird. Hier gewahren wir einen grundlegenden Unterschied zu Siegfrieds Einweihung. Dessen Weg begann mit dem Gedanken an die Mutter, was eine Verbindung mit der astral-ätherischen Wesensschicht symbolisierte, die Träger der vorchristlichen Einweihung war: «Ach! möcht' ich, Sohn, meine Mutter sehen!» Die auf das «Ich» gestellte christliche Einweihung Parsifals dagegen beginnt mit dem Verlassen der ätherisch-astralen Mutterhülle.

Vorerst allerdings ist Parsifal für alles, was ihm von der Umwelt begegnet, ein «offenes Tor». Nichts hat sich in seiner Seele verfestigt, das einen Widerstand zu bilden vermöchte, an dem sich Herandringendes reflektieren könnte. Man hat diesen völlig durchlässigen, unbeschriebenen Seelenzustand durch verschiedene Vergleiche zu charakterisieren versucht. So sieht z. B. H. *Weinel* darin einen Kindheitszustand, der gleich unwissend ist «wie die ersten Menschen im Paradies.»[20] Häufig wird jedoch Parsifals Torheit mit der Mystik Meister Eckharts in Verbindung gebracht, so etwa von F. Weinhandl, K. Grunsky und A. Lorenz. In ihrer Sicht bedeutet sie ein Leben «sunder warumbe», ein unwillkürliches

Leben, unwillkürliches Wirken und Tun. Das könnte uns an die «unwillkürliche» Kreatur gemahnen. Meister Eckhart verbindet damit aber ganz andere Perspektiven: «Wie Gott ohne Warum wirkt und kein Warum hat, in der Weise wie Gott wirkt, so wirkt auch der Gerechte ohne Warum.»[9] Alle diese Charakteristiken lassen das «offene Tor» seiner Seele, das Fehlen eines inneren, reflektierenden Spiegelbelages erkennen.

Hier übertrifft Parsifal den jungen Siegfried, dem ja ebenfalls das reflektierende Verstandeselement fehlte, der aber, gereizt durch die Existenz Mimes, viel rascher den Weg zu sich fand als Parsifal. Aber gerade in dieser «Zurückhaltung» liegt der Kunstgriff der Entwicklung, um Außergewöhnliches zu ermöglichen. Denn durch das bewußtseinsmäßige Nicht-Ergreifen seiner Umwelt bleibt seine Seele auch unberührt von Begehrung. Das Leben in seiner «Dumbheit» bedeutet naturhafte Unwillkür und gottsuchenden Tatendrang zugleich. Und gerade diese beiden Kriterien verschmelzen in dem Frage-Motiv zu geheimnisvoller Einheit.

Wie Siegfried sich seine Kindheit bewahren konnte, so wird auch Parsifal als «kindischer Sproß» benannt, dem «der Torheit Schild» genauso Schutz verleiht, wie einstens Siegfried durch die «liebende Brunst» vor dem Fluch des Ringes bewahrt wurde. Ein gewaltiger Unterschied liegt allerdings in der Wesenssubstanz ihrer beider «Gotteskindschaften». Bei Siegfried war sie einzigartige Zusammenfassung einer einstigen paradiesischen Welt, *Nachklang* der in der *Vaterschöpfung* wurzelnden *Baldur*-Sphäre. Parsifals kindhafte Gottesnähe ist gnadenweise und unbewußte *Vorwegnahme* eines künftigen, von *Sohneskräften* erfüllten Zustandes, dessen tatsächliche Realisierung nur der *reinen* und zu vollem Bewußtsein gereiften Ich-Kraft möglich ist.

Eine rätselvolle Wandlung aber vollzieht sich mit *Kundry*, nachdem sie Kunde gab von Herzeleides Tod. Gleich als Parsifal, von Schmerz überwältigt, niederzusinken drohte, eilte sie zur Quelle, um den Verschmachtenden zu laben. Das Ritt-Motiv mit jenen seufzerartigen Vorhalten, die wir als Umkehrung der Mitleids-Melodik erkannten, begleitete ihr Tun. Doch Gurnemanz' gütige Worte:

> So recht! So nach des Grales Gnade:
> Das Böse bannt, wer's mit Gutem vergilt –,

bei denen sich das Motiv der dienenden Kundry mit dem Grals-Thema verflicht, wies sie traurig zurück:

> Nie tu ich Gutes ...

Wer ist dieses rätselhafte Wesen, das in seiner Wildheit immer wieder die Gralswelt sucht, ihr helfend dient und doch, im Banne Klingsors, sie gleichzeitig ins Verderben stürzt? Kundry, die von allem weiß, was tief verborgen die Menschenseele durchdringt, deren Motive gleichermaßen mit dem Thema Parsifals wie des Liebesmahls geheimnisvoll verbunden sind? Unbemerkt von Gurnemanz schleppt sie sich einem Waldgebüsch zu, wobei im dunklen Holzbläser- und Bratschen-Ton das Zauber-Motiv aufklingt:

> ... Nur Ruhe will ich.
> Nur Ruhe, ach, der Müden! –
> Schlafen! – Oh, daß mich keiner wecke!

Mit jähem Aufschrei jedoch versucht sie von sich zu scheuchen, was sich wie magische Schlingen um sie legt: die dämonisch sich bäumende Schlangenlinie des Klingsor-Themas:

> Nein! Nicht schlafen! – Grausen faßt mich!
> Machtlose Wehr! Die Zeit ist da.
> Schlafen – schlafen –: ich muß.

Ein heftiges Zittern überfällt sie. Was ist es für eine «machtlose Wehr», der sie ausgeliefert scheint? Von welcher Zwangsgewalt wird sie ergriffen und welche Zeit ist da? Wenn man die Verwandtschaft der Motive – ihr Ritt-Motiv und Parsifals Melos der «wilden Knabentaten» – als Richtungsweise für eine Antwort erkennt, dann muß man ihr Verhalten als einen Vorgang verstehen, der sich unbewußt auch in Parsifal zu regen beginnt. Denn wie die Knabentaten-Melodik ihr Ritt-Motiv in sich trägt, so birgt Parsifals Wesen auch Kundry in sich, mag dies auch noch weitab von seinem Wissen liegen.

Damit aber haben wir die andere Seite Kundrys angesprochen. Daß sie Züge der Wolframschen Gralsbotin trägt, ist uns bereits bekannt. Nun zeigt sich – und Amfortas' Wunde ist dafür das eindringlichste Zeugnis –, daß ihr auch Züge der «Orgeluse» eigen sind. Das Begierdenhafte, Kreatürlich-Sinnliche, die Triebgewalt des Blutes, das sind die Kräfte, die sie überwältigen, die sie in sehrendem Verlangen zu Parsifal ziehen, denn «die Zeit ist da», wo die Zwangsgewalten der menschlichen Sinnes-Natur in Parsifal erwachen werden. Deshalb auch konnte sie Herzeleide eine Törin nennen, die meinte, in weltabgeschiedener Öde dieses Erwachen verhindern zu können.

Als «Gralsbotin» aber weiß sie gleichzeitig um das Verderben, das über den Menschen hereinbricht, wenn diese Kraft ihres Wesens in ihm erwacht. So wehrt sie sich mit aller Macht gegen ihre eigene Natur, der sie doch immer folgen und erliegen muß. Als «Hervorbringungskraft der Natur» erkennt sie Rudolf Steiner, «die beides, keusch und unkeusch sein kann, aber ungeleitet». Beidem, «dem Keuschen und dem Unkeuschen» liegt ein Einheitliches zugrunde, eben jene «Reproduktionskraft der Natur», die sich im Blütenkelch der Pflanzen als keusch erweist, in der Triebgewalt des Blutes sehr unkeusch erscheinen kann.[21]

Damit erhalten die vielen Motiv-Entsprechungen eine noch tiefere Sinngebung; damit wird aber auch das mystische Dunkel jener Frage-Akkorde erhellt, deren Melos uns gleichermaßen zum Eva-Motiv wie zum Venusberg-Bacchanale führte. Kundry ist wie die Natur amoralisch; sie repräsentiert die Zeugungskraft der Natur, und ihr Leben ist, wie alles kreatürliche Dasein, ein immer gleiches Werden und Vergehen. Im Klingsor-Reich wird sich uns ihr Geheimnis voll enthüllen.

Im Erfahren seiner eigenen untergründigen Kundry-Natur steht Parsifal noch am Anfang. Wie Siegfried einst, findet auch er zunächst den Weg über die Schwelle, ehe er mit jenen Erdenkräften konfrontiert wird. Das nunmehr in markanter Rhythmik einsetzende *Schritt-Motiv*, mit dem sich

Schritt-Motiv

nach dem Überschreiten der Schwelle zum Tempel das feierliche Geläute der Gralsglocken verbinden wird, läßt uns die «Bewegung» empfinden, von der Parsifals ganzes Wesen ergriffen und zur dritten Frage geführt wird, die den sich anbahnenden Bewußtseinsprozeß bereits empfinden läßt. Bereits die zwei Fragen an Kundry: «Wer fürchtet mich?» und: «Wer ist gut?» leiteten ihn ein. Nunmehr ist es Gurnemanz, der in ihm die dritte Frage erweckt: «Wer ist der Gral?» Der «Weckruf» des Grals-Themas erklingt im zarten Pianissimo der Streicher. Die beiden ersten Fragen stellte er mit staunender Verwunderung; was wird er von der dritten begreifen?

> Das sagt sich nicht;
> Doch bist du selbst zu ihm erkoren,
> Bleibt dir die Kunde unverloren. –
> Und sieh! –
> Mich dünkt, daß ich dich recht erkannt:
> Kein Weg führt zu ihm durch das Land,
> Und niemand könnte ihn beschreiten,
> Den er nicht selber möcht' geleiten.

Hier wird die *Berufung* zum Gral klar ausgesprochen. Parsifal hat ohne sein Zutun – gnadenweise – den Weg zu ihm gefunden. Haben wir diese Berufung als Prädestination zu verstehen, oder ist auch sie die Folge aus «früheren Leben»? Die Frage bleibt vorerst offen.

Für Parsifal scheint alles irdische Raum-Empfinden zu schwinden:

> Ich schreite kaum, –
> Doch wähn' ich mich schon weit.

Gurnemanz lehrt ihn, daß er nunmehr in eine Sphäre dringt, in der irdische Raum- und Zeitdimensionen zu einer ganz neuen Seins-Art verschmelzen.

> Du siehst, mein Sohn,
> Zum Raum wird hier die Zeit.

Was besagt dieses Weisheitswort? Man kann sich den Raumcharakter der Zeit vielleicht am besten klarmachen, wenn man sich das Nacheinander des irdischen Zeitablaufes als ein gleichzeitiges Geschehen vorstellt. Ins Bild gebracht, könnte man etwa an den Entfaltungsprozeß der Pflanze denken, der, ausgedehnt über den Jahreslauf im Nacheinander von Blatt, Blüte und Frucht, sich nunmehr in einem Augenblick vollziehen würde. Jede Phase dieses Wachstums stünde dann als ein gleichzeitiges Ganzes im Raum. – Tritt das menschliche Bewußtsein an jene Schwelle heran, wo die Zeit zum Raume wird, dann wird diese Gleichzeitigkeit Realität. Nur sind es jetzt die eigenen, in der Zeit ausgebreiteten Taten, Gedanken und Gefühlsimpulse, die sich vor die menschliche Seele stellen. Die Esoterik nennt dieses Ansichtig-Werden der eigenen Wesenheit die Begegnung mit dem «Hüter der Schwelle». Oscar Wilde hat dieses Erlebnis in seinem Roman «Das Bildnis des Dorian Gray» symbolhaft gefaßt. Dort prägen sich alle Laster, Taten und Untaten, Begierden und Leidenschaften des Dorian Gray, die er zeit seines Lebens hegte und setzte, in sein Porträt ein. Am Ende steht er einem fratzenhaft verzerrten, zerstörten Greisen-Antlitz gegenüber. Als er den Dolch gegen das Bild zückt, um die Leinwand zu durchbohren, ersticht er sich selbst.

Was hier bloß Symbolcharakter hat, zeigt uns Rudolf *Steiner* in «Wie erlangt man Erkenntnisse der höheren Welten?» als wesenhafte Geistrealität. In unsere Sprache übersetzt, drückt der «Hüter» dort seine Bedeutung etwa mit folgenden Worten aus: «Über dir walteten bisher Mächte, welche dir unsichtbar waren. Sie bewirkten, daß während deiner bisherigen Lebensläufe jede deiner guten Taten ihren Lohn und jede deiner üblen Handlungen ihre schlimmen Folgen hatten . . . Du hast in deinem Charakter manche schöne Seiten, manche häßliche Flecken . . .

Nun aber sollen dir selbst offenbar werden alle die guten und alle die schlimmen Seiten deiner vergangenen Lebensläufe. Sie waren bis jetzt in deine eigene Wesenheit hineinverwoben, sie waren in dir, und du konntest sie nicht sehen, wie du physisch dein eigenes Gehirn nicht sehen kannst. Jetzt aber lösen sie sich von dir los, sie treten aus deiner Persönlichkeit heraus. Sie nehmen eine selbständige Gestalt an, die du sehen kannst, wie du die Steine und Pflanzen der Außenwelt siehst. Und – ich bin es selbst, die Wesenheit, die sich einen Leib gebildet hat aus deinen edlen und üblen Verrichtungen.»[22]

Auch Parsifals Weg zur Gralsburg ist eine solche Hüter-Begegnung, nur daß hier die Kunde des Geschehens dem «inneren Wort» der Musik anvertraut ist. Vielsprechend ist dafür auch die Regieanweisung, die Wagner dazu gibt: Gurnemanz «hat Parsifals Arm sich sanft um den Nacken gelegt, und hält dessen Leib mit seinem eigenen Arme umschlungen; so geleitet er ihn bei sehr allmählichem Schreiten.» Diese Gebärde will mehr als bloß Stütze und Geleit sein. Es ist, als würde Parsifal damit die eigene Schwere abgenommen und sein Schreiten in einen anderen Seinszustand übergeführt werden.

Um diesen Schwellen-Vorgang aber restlos zur Anschauung zu bringen, schuf Wagner die heute so oft geschmähte «Wandeldekoration», die nicht eine Verwandlung im Sinne eines bloßen Bühnenbild-Wechsels vor den Augen der Zuschauer sein will, sondern *Wandel* im echten Sinne des Wortes: die «Konturen» lösen sich auf, das «Feste» wird von Bewegung ergriffen, es wandelt und verwandelt sich. Wichtiger als das Schreiten der Darsteller – Parsifal sagt ja ausdrücklich: «Ich schreite kaum» – ist die Weitengewinnung als *inneres* Erlebnis: «doch wähn' ich mich schon weit». Gerade dieses geheimnisvoll-wunderbare Schwinden aller irdischen Orientierung soll die Wandeldekoration deutlich machen. Wagner gibt uns dafür selbst die Bestätigung: «In diesem Interesse hatte die Vorüberführung einer wandelnden Szene durchaus nicht als, wenn auch noch so künstlerisch ausgeführter, dekorativ-malerischer Effekt zu wirken, sondern, unter der Einwirkung der die Verwandelung begleitenden Musik, sollten wir, wie in träumerischer Entrückung, eben nur unmerklich die ‹pfadlosen› Wege zur Gralsburg geleitet werden, womit zugleich die sagenhafte Unauffindbarkeit derselben für Unberufene in das Gebiet der dramatischen Vorstellung gezogen war.»[23]

Das eigentliche Schwellenerlebnis aber wird uns durch die Musik vermittelt. Ihren Ausgang nimmt die musikalische Entwicklung von dem bereits erwähnten Schritt-Motiv, einer fallenden Quarte, verbunden mit einer aufsteigenden Sekund, das sich zu immer gewaltigeren Klangdimensionen weitet. Den Kern des Geschehens bildet dann das Mitleid- bzw. Sündenqual-Thema, das sich jetzt zum erstenmal in voll ausgeprägter melodischer und harmonischer Gestalt zeigt. Die Harmonik, die diesem

Thema ihre einzigartige Ausdruckskraft verleiht, wurzelt in jenem kleinen Septakkord, den wir als den «mystischen Akkord» bezeichnet haben. Er ist es, der jenes Sündenqual-Thema, das in Parsifals Seele beim Anblick des toten Schwanes zum erstenmal aufklang, ergreift und es zu immer schmerzlicheren Dissonanzen auftürmt. Ohne Zweifel liegt darin eine Steigerung von Parsifals Schuldempfinden. Doch kann sich darin sein Schwellenerlebnis nicht erschöpfen, denn die Übergewalt der Klänge steht in keinem Verhältnis zu dem Schulderlebnis, das Parsifals «reine Torheit» im gegenwärtigen Augenblick zu erleiden überhaupt fähig ist. Ist ihm ein wirkliches Wissen von Schuld und Sünde doch noch völlig fremd. Der getötete Schwan und Gurnemanz' Vorwurf bedeuteten den ersten Auflaut eines Schuldempfindens, und schon die Kunde von Herzeleides Tod erweckte in ihm zwar heftigsten Schmerz, aber kein Schuldgefühl. Was also könnte ihm bei dieser «torhaften» Durchlässigkeit seiner Seele als mahnendes Abbild seiner «Taten» erscheinen? Oder besser: was, wenn nicht seine *eigenen* Taten, erlebt er? Denn die übermächtige «Sündenqual», die aus diesen Klängen spricht, kann keiner Seele erwachsen, die noch so gut wie schuldlos ist. Worin also liegt das Geheimnis dieses Schwellenschrittes?

Das Thema selbst weist uns den Weg. Es hat sich im Vorspiel aus dem Liebesmahlspruch heraus entwickelt; es hängt somit innig mit der Christussphäre zusammen. Die «Sündenqual», als die wir den Empfindungsgehalt des Themas bisher erlebten, wird erweckt, weil bei seinem Erklingen diese göttliche Liebestat im Hintergrund steht. Auch für dieses Geisterlebnis ist seine Seele ein «offenes Tor» und daher imstande, diese Liebes-Opfertat in aller Intensität, ohne trennendes und schwächendes Selbstempfinden mitzuleiden. Es ist die «Heiland-Klage», die unbewußt vor Parsifals Seele steht. Mit diesem Namen wird er das Thema selbst benennen, wenn er die Urschuld des Egoismus bewußtseinsmäßig begreifen wird.

Aufschlußreich ist die Tatsache, daß die Arie «Buß und Reu'» in der Matthäuspassion Bachs in ihrer harmonischen Struktur ebenfalls auf dem von Septakkorden durchsetzten Quintfall der Schmerzens-Motivik beruht. Zwar sind diese Septakkorde noch nicht zum «mystischen Akkord» gepreßt, doch weisen sie den gleichen Gefühlsinhalt auf, der durch den Text «knirscht das Sündenherz entzwei» besondere Akzentuierung erfährt. Man könnte den Bachschen Schmerzensgesang mit A. Lorenz als «Vorahnung» der Wagnerschen «Heiland-Klage» empfinden.

Hier liegt aber auch das wesentliche Kriterium der Raumwerdung der Zeit, das gleichzeitig eine Bestätigung für die Unmittelbarkeit von Parsifals unbewußtem Christus-Erlebnis ist. Denn in dem Augenblick, in dem die Zeit zum Raum wird, gibt es kein Vergangenes mehr; alle Vergangenheit wird unmittelbares Gegenwarts-Erlebnis. Das bedeutet, daß sich auch das Mysterium von Golgatha als ein im Erdendasein fortwirkendes, stets gegenwärtiges Opfergeschehen enthüllt. Es offenbart sich als ein immerwährendes Hereinsterben des Christus in das Leben des Menschen. Dies ist es in letzter Sicht, das Parsifal zwar unwissend, aber bis in die tiefsten Gründe seiner Seele mit Schmerz erfüllt. Ohne es zu wissen, leidet er die Heiland-Klage und die mit ihr verbundene Menschheitsschuld mit. Wir werden das Thema daher, wenn es in dieser voll entwickelten Form erklingt, künftig auch mit diesem Namen bezeichnen.

Im Schlußteil der Verwandlungsmusik klingt in die Heiland-Klage des vollen Orchesters das Liebesmahl-Thema hinein, von sechs Posaunen feierlich getragen, und führt die dornenvolle Chromatik einem alle Schmerzen überstrahlenden C-Dur entgegen, der eigentlichen Tonika dieses Aktes. Gleichzeitig vollendet sich das bisherige Schritt-Motiv zum *Gralsglocken-Thema,* indem sich seiner großen Sekund ein zweiter Quartschritt nach abwärts anschließt.

> Nun achte wohl, und lass' mich sehn,
> Bist du ein Tor und rein,
> Welch Wissen dir auch mag beschieden sein.

Gralsglocken

Auch das Bühnenbild hat metaphorische Bedeutung. Parsifal wurde in einen «mächtigen Saal» geleitet, «welcher nach oben in eine hochgewölbte Kuppel, durch die einzig das Licht hereindringt, sich verliert.» Nicht eine «Burg» im irdischen Sinne haben wir zu erkennen, sondern einen *Innenraum,* der einzig von jener «Höhe» erhellt wird.

In feierlichem Zuge schreiten die Ritter in den Saal und reihen sich «nach und nach an zwei überdeckten langen Speisetafeln», auf denen jedoch nach Wagners Anmerkung «nur Becher, keine Gerichte» stehen. Der tiefe Sinn dieser Anweisung wird sich am Ende der Gralsenthüllung erweisen.

> Zum letzten Liebesmahle
> Gerüstet Tag für Tag,
> Gleich ob zum letzten Male
> Es heut ihn letzen mag . . .

Musikalisch ist der Einzug der Ritter und Knappen von allen Haupt-
motiven des Werkes getragen. Besonders das Gral- und Glaubens-Thema
wird von Wagner immer wieder in genialer Weise aufgegriffen, gewandelt
und zum Chorsatz verarbeitet. Es würde den Rahmen unserer Betrachtung sprengen, würden wir auf jede diesbezügliche Kostbarkeit eingehen
wollen. Nur auf Wesentlichstes sei verwiesen. So etwa auf das Melos der
ersten Ritterverse «zum letzten Liebesmahle», das den Sextengang des
Grals-Motives in seiner Umkehrung bringt, während in den Bässen weiter-
hin das Schritt-Motiv bzw. Glocken-Thema den Rhythmus pocht.
Einzigartig auch die vier Orchestertakte zwischen zweitem und drittem
Vers. In der Oberstimme erklingt eine Melodik, die uns in ihrem Rhythmus an die Heilands-Klage gemahnt, ohne Zweifel auch von ihr abgeleitet
ist, sich in der reinen Diatonik aber – zur größten Überraschung – als das
Melos von Walthers Preislied entpuppt. Ein wundervolles Zeugnis, wie
sehr die «Meistersinger» die Vorverkünder der Parsifal-Schöpfung sind.
Der Gesang der Jünglinge, «von der mittleren Höhe des Saales her
vernehmbar», bringt die Heiland-Klage in ureigenster Entfaltung:

> Den sündigen Welten
> Mit tausend Schmerzen
> Wie einst sein Blut geflossen,
> Dem Erlösungshelden
> Sei nun mit freudigem Herzen
> Mein Blut vergossen.

Und schließlich tönt von der «äußersten Höhe der Kuppel» das Glau-
bens-Motiv, das, von Knabenstimmen gesungen, uns in die *As*-Dur-
Harmonie der Gralsfeier geleitet:

> Der Glaube lebt,
> Die Taube schwebt,
> Des Heilands holder Bote.

Die Taube weist uns auf das Herabsteigen des Christusgeistes bei der
Jordantaufe hin als ein sich immer wieder vollziehendes Ereignis im
Gralsmysterium.

> Alljährlich naht vom Himmel eine Taube,
> Um neu zu stärken seine Wunderkraft . . .
>
> (Lohengrin, Gralserzählung)

Feierliche Stille senkt sich auf die Ritterschaft, die an den Tafeln ihre
Sitze einnahmen. «Vom tiefsten Hintergrunde her vernimmt man, aus
einer gewölbten Nische hinter dem Ruhebett des Amfortas, wie aus einem
Grabe die Stimme des alten Titurel»:

> Mein Sohn, Amfortas! Bist du am Amt?
> Soll ich den Gral heut noch erschaun und leben?

Wir geben ganz bewußt den szenischen Anweisungen breiteren Raum. Denn nur durch sie können wir den Vorstellungen Richard Wagners wirklich nahe kommen und seine Intentionen verstehen. Titurels Stimme dringt *wie* aus dem Grabe zu uns. Wie soll man diese merkwürdige Verbindung von Tod und Leben verstehen? Wir sprachen es schon aus, daß Titurels «Heiligkeit» eine unmittelbarste und ausschließliche Kommunikation mit der geistigen Welt bedeutet. Titurel lebt eigentlich nur in dieser göttlichen Welt. Seine irdische Menschenhülle offenbart dagegen bloß das der Vergänglichkeit Unterworfene; sie ist ihm «wie ein Grab». Die «gewölbte Nische», aus der seine Stimme dringt, kann uns Metapher dieser Erdenwelt sein. Wir leben mit unserem unsterblichen Wesensteil eingesargt in unseren verweslichen Körper, und wenn uns nicht *geistige* Nahrung zuströmt aus den Sphären unseres ewigen Seins, dann sind wir dem Tode preisgegeben.

> Muß ich sterben, vom Retter ungeleitet?

Die Melodik dieser Worte schreitet in der Gegenrichtung – nach abwärts – dieselben Intervallschritte aus, wie sie der Beginn des Liebesmahlspruches nach aufwärts vollzieht. Sie bringt damit den polaren Gegensatz zur lebenspendenden Heilandstat zum Ausdruck und bestätigt das eben Gesagte.

Eine Erweiterung dieses Aspektes verbindet sich mit der Titurel-Gestalt, wenn man in ihr den Repräsentanten des Vater-Prinzipes in umfassendstem Sinne schaut. Die dem Tode ausgelieferte Stoffeswelt ist ja tatsächlich das Ende dieser Vater-Schöpfung. Und sie müßte restlos dem Tode verfallen sein, wenn ihr die ewige Lebenskraft des Sohnes nicht zufließen würde.

Die große Amfortasklage, die sich hemmend vor die erwartete Gralsenthüllung schiebt, formt einen «vollkommenen Bogen» (Lorenz), der uns Schuld und Tragik des Amfortas-Schicksals in ganzer Tiefe enthüllt.

> Wehe! Wehe mir der Qual! –
> Mein Vater, Oh! noch einmal
> Verrichte du das Amt!
> Lebe! Leb' und laß mich sterben!

Doch Titurel ruft ihn zu seiner Pflicht:

> Im Grabe leb' ich durch des Heilands Huld:
> Zu schwach doch bin ich, ihm zu dienen,
> Du büß' im Dienste deine Schuld! –
> Enthüllet den Gral!

Die letzten Worte zeichnen melodisch die Schmerzensfigur des Liebesmahlspruches nach und mahnen damit, die «Nachfolge Christi» mit all
ihren Konsequenzen auf sich zu nehmen. Aber gerade dagegen wehrt sich
Amfortas. Wie ein zurückgestauter Strom bricht in wilder Flut das
unsagbare Elend, die Qual und Verzweiflung hervor, denen er preisgegeben ist:

> Nein! Laßt ihn unenthüllt! – Oh! –
> Daß keiner, keiner diese Qual ermißt,
> Die mir der Anblick weckt, der euch entzückt!
> Was ist die Wunde, ihrer Schmerzen Wut,
> Gegen die Not, die Höllenpein,
> Zu diesem Amt – verdammt zu sein!

Trotz und das Aufbäumen gegen sein Schicksal prägen die Härte dieser
Worte. Mehr als die Wunde peinigt ihn sein Amt. Verhehlen wir es uns
nicht: es ist Trotz und Auflehnung gegen sein ihm auferlegtes Schicksal.
Amfortas will durch seine Weigerung erzwingen, was ihm nicht beschie-
den ist: den *Tod*, von dem er glaubt, daß er ihn von diesem Amt befreien
würde, zu dem ihn das Schicksal «verdammt»:

> Wehvolles Erbe, dem ich verfallen,
> Ich, einziger Sünder unter allen,
> Des höchsten Heiligtums zu pflegen,
> Auf Reine herabzuflehen seinen Segen!

Das Melos dieses «wehvollen Erbes» bestätigt unsere vorhin ausgespro-
chenen Gedanken, indem es Titurels absteigende Klage-Melodik «muß
ich sterben . . .» wiederholt. Es ist die ins Grab gesunkene Vater-Welt, die
Amfortas' Sohnschaft als Erbe zu tragen hat. Die Tragik dieses Loses
erlebt er in dem unvereinbaren Gegensatz, daß er, «der einzige Sünder
unter allen», kraft seines «Königtums» auf die «Reinen» den Segen des
Grales herabflehen muß; er, dem der Anblick des Grales nicht Leben,
sondern die nie endende Qual des Nicht-Sterben-Könnens beschert.

> Oh, Strafe! Strafe ohnegleichen
> Des – ach! – gekränkten Gnadenreichen!

Die Heiland-Klage, immer wieder von dem abstürzenden Kundry-
Motiv durchsetzt, das Speer-Motiv und das sein Siechtum so eindringlich
malende Amfortas-Thema sind die musikalischen Träger dieses Klageru-
fes. Wagner hat diese Tragik in einem Brief an Mathilde Wesendonk
schon im Jahre 1859 ausgesprochen: «Es ist mein Tristan des dritten
Aktes mit einer undenklichen Steigerung. Die Speerwunde, und wohl
noch eine andre – im Herzen, kennt der Arme in seinen fürchterlichen

Schmerzen keine andere Sehnsucht als die, zu sterben; dies höchste Labsal zu gewinnen, verlangt es ihn immer wieder nach dem Anblick des Grals, ob der ihm wenigstens die Wunden schlösse, denn alles andre ist ja unvermögend, nichts – nichts vermag zu helfen –: aber der Gral gibt ihm immer nur das *eine* wieder, eben daß er *nicht* sterben kann; gerade sein Anblick vermehrt aber nur seine Qualen, indem er ihnen noch Unsterblichkeit gibt . . . Er lebt, lebt von neuem, und furchtbarer als je brennt die unselige Wunde ihm auf, *seine* Wunde! Die Andacht wird ihm selbst zur Qual! Wo ist Ende, wo Erlösung? Leiden der Menschheit in alle Ewigkeit fort! – Wollte er im Wahnsinn der Verzweiflung sich gänzlich vom Gral abwenden, sein Auge vor ihm schließen? Er möchte es, um sterben zu können. Aber – er selbst, er ward zum Hüter des Grales bestellt; und nicht eine blinde äußere Macht bestellte ihn dazu, – nein! weil er so würdig war, weil keiner wie er tief und innig das Wunder des Grales erkannte, wie noch jetzt seine ganze Seele endlich immer wieder nach dem Anblicke drängt, der ihn in Anbetung vernichtet, himmlisches Heil mit ewiger Verdammnis gewährt! – »[5]

Amfortas' Schicksalslast übersteigt die Ausweglosigkeit einer antiken Tragödie. Der vorchristliche Held durfte noch sterben, Amfortas kann den Tod nicht finden, da ihm der Anblick des Grales unversiegbares Leben verleiht. Für den antiken Helden konnte der Tod noch Erlösung bedeuten, in der das Tragische seine Entsühnung fand. Auch Siegfrieds Tod hat diese Entsühnung gebracht. Für Amfortas ist dieser Weg jedoch verschlossen. Seine Wunde ist heil-los; denn die Macht, die sie schlug, endet nicht mit dem Tod. Wir sind dieser Macht, die kein Tod bezwingt, bereits im Tristan-Drama begegnet: es ist die Macht des nie versiegenden *Sehnens*.

> Nach Ihm, nach Seinem Weihegruße
> Muß sehnlich mich's verlangen;
> Aus tiefster Seele Heilesbuße
> Zu ihm muß ich gelangen.

Die Musik läßt uns miterleben, wie Amfortas von dieser Sehnsucht nach dem Höchsten und Heiligsten ergriffen wird. War seine Wehklage bisher von seiner eigenen Siechtums-Thematik, der Heiland-Klage und dem Kundry-Motiv begleitet, so formt sich jetzt immer klarer das Grals-Motiv heraus. Zu Anfang ist es noch von einem synkopierten Triolenrhythmus unterwühlt, ein Nachklang seines «wehvollen Erbes», das er nicht bereit ist in Geduld zu tragen. Dieser Rhythmus wird seltsamerweise auch im zweiten Akt aufklingen und Klingsors Begehren nach dem Gral anfachen. Da diese Parallelität angesichts des bewußten Schöpfertums Richard Wagners kein Zufall sein kann, müssen wir daraus die

Erkenntnis ziehen, daß etwas von dem Egoismus Klingsors auch in Amfortas rege ist.

In Amfortas Gesang verliert dieser Rhythmus allerdings immer mehr an Kraft, schwindet schließlich ganz und gibt dem Grals-Motiv in einem reinen, ungetrübten C-Dur Raum:

> Die Stunde naht: –
> Der Lichtstrahl senkt sich auf das heilige Werk;

Wir stehen im Mittelpunkt der Amfortasklage. Sein Sehnen läßt ihn in innerer Verzückung den Gral erschauen, durchglüht von der «unendlichen Liebe» des Erlöser-Blutes:

> Des Weihgefäßes göttlicher Gehalt
> Erglüht mit leuchtender Gewalt;
> Durchzückt von seligsten Genusses Schmerz,
> Des heiligsten Blutes Quell
> Fühl' ich sich gießen in mein Herz.

Ein viermaliges, dicht gedrängtes Ertönen der Schmerzensfigur aus dem Liebesmahlthema, immer höher aufwärtssteigend, bildet den Höhepunkt dieser Leidens-Imagination, in der Amfortas sein Herz durchflutet fühlt von der Liebeskraft dieses Blutes.

Da setzt erneut sein eigenes Siechtum-Thema ein, mehr und mehr umflort von den sich ineinander verschlingenden Zauber- und Klingsor-Motiven.

> Des eignen sündigen Blutes Gewell'
> In wahnsinniger Flucht
> Muß mir zurück dann fließen,
> In die Welt der Sündensucht
> Mit wilder Scheu sich ergießen;
> Von neuem sprengt es das Tor,
> Daraus es nun strömt hervor . . .

Auch jetzt treibt ihn sehrende Sehnsucht, doch weiß er, daß sie ihn in eine gegenteilige Welt jagt und ihn jene verlieren läßt, der er eben noch so inbrünstig verbunden war: Sehnsucht nach der Welt der Sinne, Wissen, daß er dem Kuß Kundrys erneut erliegen muß.

> Hier durch die Wunde, der Seinen gleich,
> Geschlagen von desselben Speeres Streich,
> Der dort dem Erlöser die Wunde stach . . .

Die Zweischneidigkeit der menschlichen Ich-Kraft steht erbarmungslos vor seiner Seele. Eben noch jenseits alles irdischen Begehrens, hingegeben seiner ewigen Geistnatur, erlebt er sich im nächsten Augenblick hinabstürzend in die Blutsgewalt seiner irdischen Egoität. Wissend, aber ohnmächtig ihn zu bannen, erlebt er immer wieder diesen Sturz aus dem Paradies; wissend, daß diese furchtbare Macht des egoistischen Blutes jener Speer ist, der ihm wie dem Gekreuzigten die Wunde schlug.

> Ewig erneut aus des Sehnens Quelle,
> Das ach! keine Büßung je mir stillt!

Sehnen nach dem Höchsten und die Sinneslust unseres Geschöpf-Seins, beides ist mit gleicher Gewalt in unsere Seele versenkt. Mit erschütternder Eindringlichkeit läßt uns die begleitende Symphonik diesen Kampf miterleben, in der sich nach der Heiland-Klage immer wieder das Grals-Motiv verwirklichen will, jedoch von dem in den Bässen tobenden Klingsor-Thema daran gehindert, stets dem grell abstürzenden Kundry-Motiv weichen muß. Erneut das jagende Pochen der Synkopen-Rhythmen, ein greller Aufschrei des Kundry-Themas und dann der Zusammenbruch in Elend, Qual und Verzweiflung:

> Erbarmen! Erbarmen!
> Du Allerbarmer, ach! Erbarmen!
> Nimm mir mein Erbe,
> Schließe die Wunde,
> Daß heilig ich sterbe,
> Rein dir gesunde!

Vom Speer-Motiv getragen, verhallen die Erbarmungsrufe schließlich in dem kleinen Sekundschritt der Schmerzensfigur. «Amfortas sinkt wie bewußtlos zurück», Parsifal steht in erstarrter Regungslosigkeit. Nur die heftige Gebärde zum Herzen bei Amfortas' Erbarmungsrufen läßt erkennen, wie sehr er mit erleidet, was er nicht fassen kann. Aus der höchsten Kuppel ertönt tröstend der Verheißungsspruch. Das sich anschließende Gral-Motiv führt uns nach As-Dur zurück, und Titurels Stimme mahnt erneut den Widerstrebenden, seines Amtes zu walten:

> Enthüllet den Gral!

Da Wagner Amfortas mit dem Tristan des dritten Aktes gleichsetzt, müssen wir uns fragen, wodurch nun diese «unendliche Steigerung» der Tragik bewirkt wird. Die Antwort kann nur in dem einschneidenden Geschehen des Mysteriums von Golgatha zu finden sein. Der Held vor dieser Zeitenwende konnte gewissermaßen noch als einzelner Mensch leiden und sterben. Er konnte deshalb der heidnischen Welt auch noch kein «Erlöser» sein, denn immer war er – wie Siegfried – bloß Träger seiner eigenen in sich erweckten Ich-Kraft. – Anders der Held *nach* Golgatha! Das Blut, das vom Kreuze floß, war Träger des «Welten-Ich» und seine Opfertat umfaßte die ganze Menschheit: «Das Blut des Heilands, von seinem Haupte, aus seinen Wunden am Kreuze fließend, – wer wollte frevelnd fragen, ob es der weißen, oder welcher Rasse sonst angehörte? Wenn wir es göttlich nennen, so dürfte seinem Quelle ahnungsvoll einzig in dem, was wir die Einheit der menschlichen Gattung ausmachend bezeichneten, zu nahen sein, nämlich in der Fähigkeit zu bewußtem Leiden.»[24] Das Blut Christi bedeutet für Wagner «den Inbegriff des bewußt wollenden Leidens», das als «göttliches Mitleiden durch die ganze menschliche Gattung, als Urquell derselben, sich ergießt.»[24] In diesem Willen zum Leiden, als Nachfolge Christi, sieht Wagner das «Heldentum» der nachchristlichen Zeit: «Wir sehen von dann ab den Heiligen in der Ertragung von Leiden und Selbstaufopferung für andere den Helden noch überbieten; fast unerschütterlicher als der Stolz des Helden ist die Demut des Heiligen, und seine Wahrhaftigkeit wird zur Märtyrer-Freude.»[24]

Diejenigen aber, die seine Nachfolge antreten wollen, stehen nicht mehr für sich allein, wie der vorchristliche Held, sie sind in dieser Nachfolge ebenso mitverantwortlich für diese Menschheit. Die Demut des christlichen Heldentums läßt keinen Raum für persönliche, dem eigenen Ego dienenden Wünsche und Begehrungen. Durchstoßen sie dennoch den der selbstlosen Liebe sich hingebenden astralen Wesensbereich, dann ist der Seele die Wunde geschlagen, durch die sie unheilbar in den Zwiespalt ihres eigenen Wesens gerissen wird. Und deshalb, weil er trotz seines tiefen, umfassenden Wissens um die Geheimnisse des Blutes nicht imstande ist, sein selbstisches Begehren in selbstlose Liebe zu wandeln, wird und muß sich Amfortas immer wieder aufs neue verwunden. Daher ist für Wagner weder die Wunde noch Parsifals mitleidvolle Frage nach ihr das Primäre und Entscheidende, sondern die Wiedergewinnung des Speeres, d. h. die restlose Befreiung des Ich aus dem egoistischen Sinnenbereich Klingsors.

Wie aber sollte dies je Verwirklichung finden, wenn es Amfortas – dem Würdigsten – nicht gelang? Außerdem kann es uns widersprüchlich erscheinen, daß Wagner diesen «Würdigsten» von sich selbst sagen läßt, er sei «der einzige Sünder unter allen». Wie kann er der Würdigste sein, wenn die Qual seines Amtes darin besteht, daß er, der «Sündigste», auf «Reine» den Segen des Grales herabzuflehen, ausersehen ist? Des weiteren könnte man fragen: warum beruft man nicht einen aus der Schar der «Reinen» und «Sündelosen»? Aber auch darauf hat uns Wagner bereits die Antwort gegeben: «Weil keiner wie er tief und innig das Wunder des Grales erkannt hat.» Dies besagt nichts Geringeres, als daß überhaupt erst diese Bewußtseinsreife, die Amfortas errungen hat und die den unheilbaren Zwiespalt, in den der Mensch gestoßen ist, offenbart, die Würde zu diesem «Königtum» verleiht. All jenen «Reinen» und «Sündelosen» ist die Tragik dieser Entzweiung des eigenen Selbstes noch gar nicht bewußt geworden.

Das Furchtbare ist, daß alles Wissen und alles Sehnen danach diesen Zwiespalt nicht zu überwinden vermag. Denn immer wieder wird das niedere Ego dieses Sehnen affizieren, es ins Gegenteil kehren und das hohe Ich verwunden.

Die astrale Wesensschicht des Menschen ist durch das Hereinwirken Luzifers ein «Egoist» geworden, d. h. sie ist sich selbst der Nächste, alles Interesse, das die Seele erfüllt, wird auf dieses Ego bezogen. Soll der Astralleib wirklich frei werden, um sich nach seiner göttlichen Urbildlichkeit entfalten zu können, dann müssen sich seine Interessen von der eigenen Ich-Bezogenheit lösen und weltumfassend werden. Denn die Ursubstanz der Seele, noch unberührt vom Zugriff des Widersachers, ist reine Liebe. «Es muß aufhören das Interesse, irgendwie an Persönliches nur anzuknüpfen; es muß alles, was den Menschen betrifft, nicht nur in unserer Zeit, sondern was den Menschen jemals in der ganzen Erdenentwicklung betroffen hat, unser tiefstes Interesse erregen; wir müssen in die Lage kommen, nicht nur diejenigen, die mit uns blutsverwandt sind, nicht nur das, was für Haus und Hof und Feld mit uns zusammenhängt, wie eine Fortsetzung unseres Eigenen zu betrachten, sondern alles, was die Erdenentwicklung ausmacht, zu unserer Angelegenheit machen.» [25]

Die Korrumpierung unseres Astralleibes durch Luzifer bringt es mit sich, daß wir immer mehr und mehr irdische Belange in den «Egoismus» einbeziehen müssen. Wenn uns einmal alles, was Erde und Menschheit betrifft, mit gleicher Intensität berührt, wie es die höchst persönlichen Dinge tun, dann *darf* unser Astralleib Egoist sein; denn dann sehen wir unser Ego über die ganze Schöpfung ausgedehnt, sehen es mit Erde und Menschheit identifiziert. Dann ist Egoismus zur Liebe geworden, und der Astralleib hat zu seiner Urbildlichkeit zurückgefunden. Gerade dieses aber ist es, was Amfortas nicht vermag, obwohl er durch sein hohes Wissen ein Amt verwaltet, für das diese Verwandlung Voraussetzung wäre. «Des Amfortas Grundfehler besteht darin, daß er in die Sphäre, wo der Astralleib sich die Berechtigung erworben haben sollte, Egoist zu sein, daß er in diese hinaufträgt dasjenige, was noch an persönlichen Begierden und Wünschen im Menschen sein kann. In dem Augenblick ist es heillos, wenn man in die Sphäre, wo der astralische Leib von den persönlichen Interessen sich lösen sollte, persönliche Interessen mitnimmt; dann ist man der verwundete Amfortas.» [25]

Dieses Urteil über Amfortas, so wahr und berechtigt es ist, steht freilich in einem anscheinend unerreichbaren Konjunktiv; denn sein Spruch sagt aus, wie es sein *sollte* und wie Amfortas auf Grund seiner tiefen Erkenntnis um die geistigen Weltenzusammenhänge handeln *müßte*. Tatsache aber ist, daß er es nicht vermag. Und wie auch sollte der sieche, heillos verwundete Mensch je den «Speer» zurückgewinnen? Scheint es für jeden einzelnen, allein auf sich gestellt, doch unmöglich zu sein. Wie eine Bestätigung dafür kann uns die Botschaft dünken, die nach Amfortas' ohnmächtigem Niedersinken aus der Höhe der Kuppel heruntertönt:

> Durch Mitleid wissend,
> Der reine Tor:
> Harre sein,
> Den ich erkor.

Die Tragik hat durch Golgatha eine «unendliche Steigerung» erfahren, so sagten wir. Es ist ihr aber auch eine unendliche Hilfe zuteil geworden. Gewiß: das Ich allein schafft es nicht; wo aber ein zweites, helfendes, mitleidendes hinzutritt, da manifestiert sich diese «unendliche Hilfe» durch die Wahrheit des Wortes: «Wo zwei in meinem Namen vereinigt sind, bin ich mitten unter ihnen, gleichgültig, wo in der Erdenentwicklung diese zwei sich finden.» [25]

Und übersehen wir nicht, daß dieses *andere* Ich bereits anwesend ist, d. h. es ist dort, wo sich die Zeit zum Raume wölbt, allgegenwärtig. Tragik und Erlösung verschmelzen in der Dauer des Seins. Im Zeitenstrom irdischen Daseins freilich muß diesem Auserwählten erst das *Wissen* um seine Berufung erwachsen, damit die Wahrheit dieses Wortes sich erweisen kann.

Die weltweite und menschheitliche Dimension der Amfortas-Klage findet auch im formalen Aufbau ihren Ausdruck, insofern der ganze Bogen, der sich von der ersten Mahnung Titurels: «Enthüllet den Gral» bis zum Verheißungsspruch aus der Höhe über die Szene wölbt, in sieben Abschnitte gegliedert ist, die im Sinne des kosmischen Entwicklungsgeschehens spiegelbildliche Entsprechungen aufweisen. Der erste Abschnitt ist gleichsam der einführende Rahmensatz und beginnt mit der Stimme des *Vaters* Titurel. Ihm entspricht der ausklingende siebente Abschnitt, der auf die *geistige* Sohnschaft, auf den durch Mitleid wissend gewordenen Heiler hinweist.

Der zweite Periodenteil hebt mit dem Aufschrei des Amfortas an: «Nein! Laßt ihn unenthüllt!» und umfaßt die Klage um das «wehvolle Erbe», das ihm durch seine *leibliche* Sohnschaft erfließt. Dem entsprechen die Erbarmungsrufe im sechsten Abschnitt: «Du Allerbarmer, ach! Erbarmen! Nimm mir mein Erbe . . !»

Die dritte Periode des Bogens wird erfüllt von dem Hinweis auf den

«Gnadenreichen» und von der Sehnsucht nach dem Anblick des Grales: «Nach Ihm, nach Seinem Weihegruße muß sehnlich mich's verlangen ...» Sie wird durch die furchtbare Erkenntnis über die eigene Unfähigkeit, ihm zu dienen, im fünften Absatz beantwortet: «Des eignen sündigen Blutes Gewell', in wahnsinniger Flucht muß mir zurück dann fließen ...»

Die einmalige Mitte und Achse dieser Siebengliedrigkeit bildet der vierte Abschnitt. Er bringt, wie dies auch im menschheitlichen Evolutionsgeschehen der Fall ist, das Christus-Ereignis selbst: die Gralsenthüllung: «Die Stunde naht: – ein Lichtstrahl senkt sich auf das heilige Werk.» Im ganzen genommen, ein grandioser Evolutionsbogen, der hier aus dem Abendmahls-Thema, der Heilands-Klage, dem Amfortas- und Kundry-Motiv gewölbt wird, der uns den ganzen Menschheitsweg widerspiegelt und Amfortas tatsächlich als Repräsentanten dieser Menschheit erkennen läßt.

Die Amfortas-Klage hat die durch den Knabenchor bereits eingeleitete Gralsfeier unterbrochen. Titurels neuerliche Mahnung: «Enthüllet den Gral!» stellt das ursprüngliche *Es*-Dur wieder her, das ganz im Gleichklang mit der Handlung – die Knaben nehmen die heilige Schale aus ihrem goldenen Schrein und stellen sie enthüllt vor Amfortas hin – als Dominante von *As*-Dur die Tore zu dieser Mysterientonart öffnet:

> Nehmet hin meinen Leib,
> Nehmet hin mein Blut
> Um unsrer Liebe Willen!

Das Liebesmahl-Thema ist nun ganz zum «Wort aus der Höhe» geworden. Aus der höchsten Kuppelregion, wie aus dem Kosmos selbst hereintönend, senkt sich der Liebesspruch feierlich hernieder, taucht ein in die aufschwellenden *As*-Dur-Harmonien des Orchesters. «Während Amfortas andachtsvoll in stummem Gebet sich zu dem Kelche neigt, verbreitet sich eine immer dichtere Dämmerung im Saale.»

> Nehmet hin mein Blut,
> Nehmet hin meinen Leib,
> Auf daß ihr mein' gedenkt!

Bei der Wiederholung der Liebesspruch-Melodie, wie im Vorspiel ebenfalls nach *c*-Moll gerückt, trifft beim Erklingen der Schmerzensfigur ein blendender Lichtstrahl die heilige Schale und läßt sie purpurn erglühen:

> Oh! Heilige Wonne!
> Wie hell grüßt uns heute der Herr!

Die Heilands-Klage begleitet mit ihrer schmerzvollen Chromatik Titurels Verzückung und macht uns bewußt, daß der Sühnungstod am Kreuze der Lebensquell des erlösten Menschen ist.

Allmählich entschwindet die Dämmerung wieder, der Gral erblaßt immer mehr. Die Knaben verschließen ihn in den Schrein und unter feierlichem Glockengeläute tritt die «frühere Tageshelle wieder ein».

Hier ergibt sich nun eine Diskrepanz zwischen der ursprünglichen Szenenanweisung und der heutigen, in den Textbüchern und Klavierauszügen üblichen. Sie festzuhalten ist für das Verständnis von Wagners Intentionen wesentlich. Die heute gebräuchliche Regiebemerkung lautet: «Die vier Knaben, nachdem sie den Schrein verschlossen, nehmen nun die zwei Weinkrüge sowie die zwei Brotkörbe, welche Amfortas zuvor durch das Schwenken des Gralskelches über sie gesegnet hatte, von dem Altartische, verteilen das Brot an die Ritter und füllen die vor ihnen stehenden Becher mit Wein . . .» – Diese Handlung steht aber im Widerspruch mit der zu Beginn der Szene gegebenen Anweisung, derzufolge auf den Tafeln «nur Becher, keine Gerichte» stehen. Weder ist von zwei Weinkrügen, noch von Brotkörben die Rede. Im Textbuch der Leipziger Ausgabe 1883 fehlt auch die Anweisung zur «Segnung von Brot und Wein»; die Szenen-Notiz nach der Gralsenthüllung hat folgenden Wortlaut: «Mit dem Wiedereintritte der vorigen Tageshelle sind auf den Speisetafeln die Becher, jetzt mit Wein gefüllt, wieder deutlich geworden, neben jedem liegt ein Brot. Alles läßt sich zum Mahle nieder . . .»

Es ist ganz offensichtlich, daß die ursprüngliche Fassung das *Wunder* der Gralsspeisung viel unmittelbarer akzentuiert als die spätere. Denn das plötzliche Vorhandensein von Brot und Wein nach dem Erglühen der heiligen Schale zeigt den Gral als den Spender dieser Speisung in viel eindringlicherer Direktheit auf und entspricht viel exakter dem überlieferten Mysteriengut, in welchem ebenfalls der Gral als *unmittelbarer Nahrungsquell* genannt wird. Daher betrifft das eigentliche Wandlungsgeheimnis, auf das es Wagner ankommt, auch nicht Brot und Wein – sie sind Symbol für die vom Gral dargereichten Christuskräfte –, es drückt sich vielmehr durch die Chöre aus, die auf die Speisung folgen. Sowohl der Knabenchor wie jener der Ritter erweisen sich als Umgestaltungen des Liebesmahlspruches.

Der Knabenchor, von schwebenden Holzbläser-Triolen begleitet, läßt das Liebesmahl-Melos noch ganz deutlich erkennen und behält auch noch seinen ätherisch-überirdischen Charakter bei.

> Wein und Brot des letzten Mahles
> Wandelt' einst der Herr des Grales
> Durch des Mitleids Liebesmacht
> In das Blut, das er vergoß,
> In den Leib, den dar er bracht'.

Hier spricht sich Wagners Auffassung klar aus. Transsubstantiation bedeutet für ihn nicht den Wandlungsakt von Brot und Wein, den Amfortas im Gedenken an das Mahl im Coenaculum vollzog. Brot und Wein sind durch den Heiland bereits zu «Leib» und «Blut» gewandelt, sie sind die physischen «Träger» dieser Christuskräfte, denn dieser Wandlungsakt ist *allgegenwärtig*, wo die Zeit zum Raume wurde. Wir lesen darüber in «Religion und Kunst»: «Unter den Ärmsten und von der Welt Abgelegensten erschien der Heiland, den Weg der Erlösung nicht mehr durch Lehren, sondern durch das Beispiel zu weisen: sein eigenes Blut und Fleisch gab er, als letztes höchstes Sühnungsopfer für alles sündhaft vergossene Blut und geschlachtete Fleisch dahin, und reichte dafür seinen Jüngern Wein und Brot zum täglichen Mahle: – ‹solches allein genießet zu meinem Angedenken›.»[26]

Nicht Wein und Brot bedürfen der Wandlung; sie erfuhren diese Transsubstantiation dadurch, daß Christus sein letztes Liebesmahl in den Kreuzestod «verwandelt» hat, wie es die Knabenstimmen verkünden. Der Wandlung bedürfen jedoch diese Christuskräfte nunmehr im Menschen. Der Mensch muß die vom Gral empfangenen Christuskräfte in sich lebendig werden und auferstehen lassen. Davon kündet der Ritterchor, der das Liebesmahl-Melos zu einer marschartig rhythmisierten Melodik verdichtet und damit das Durchdrungenwerden mit den Lebenskräften des Grales bis in die physische Leiblichkeit hinein zum Ausdruck bringt. Der eherne Posaunenklang, der die Worte trägt, die energische Gegenstimme in den Bässen und der helle Rhythmus des Schritt-Motives verstärken den Eindruck dieser «Wandlung» der Christuskräfte in menschliche Tatkraft und Stärke:

> Nehmet vom Brot,
> Wandelt es kühn
> In Leibes Kraft und Stärke;
> Treu bis zum Tod,
> Fest jedem Mühn,
> Zu wirken des Heilands Werke.

In zarten Doppelchören hallen die Worte des Glaubens und der Liebe von dem hohen Kuppelgewölbe des Tempels wie ein Echo des Kosmos hernieder. Die Ritter verlassen die Halle. Nur Parsifal und Gurnemanz bleiben zurück.

Stumm und regungslos war Parsifal Zeuge dieses Mysteriums, in dem ihm zum dritten Mal die Heilands-Klage entgegentönte und er durch Amfortas' Schmerzensnot das Siechtum der Menschheit erlebte. Mißmutig tritt Gurnemanz zu ihm:

> Was stehst du noch da?
> Weißt du, was du sahst?

Über den uns bekannten treibenden Triolen-Synkopen klagt traurig der Torenspruch im Englisch-Horn. Parsifal faßt sich krampfhaft ans Herz – und schüttelt das Haupt.

Wieder zeigt sich, daß Wagner alles in die Sphäre des Bewußtseins stellt. Bei Wolfram liegt die Schuld des Helden in dem Unterlassen der Frage: «Oheim, was wirret dir?» Sitte und Erziehung sind in ihm noch stärker als das überströmende Mitgefühl am Schicksal des anderen Menschen. Man hatte Parzival gelehrt, nicht viel und nichts Falsches zu fragen. Daher fragt der Wolframsche Held weder nach den Wunden des Königs noch nach dem Heiligen Gral. Dieses Fragen aber «gehört zu den Erfahrungen, die im göttlichen Leben zu machen sind.»[15] In Parzivals Seele müßte die Sehnsucht danach aufkeimen und ihn zur Frage drängen. «Wir müssen in der Seele den Trieb fühlen nach diesem Heiligen Gral, dem inneren Heiligtum, dem göttlichen Lebensfunken in der menschlichen Seele. Wir müssen den Trieb haben, nach ihm zu fragen.»[15]

Warum ist in Parzival dieser Trieb nicht rege? – In einem anderen Zusammenhang sagt Rudolf Steiner, daß Parzival noch zu wenig Weltinteresse hätte, daß er «noch zu naiv, zu wenig fühlend ist mit dem allgemeinen Welteninteresse.»[25]

Um wirkliches Weltinteresse zu fühlen, dafür genügt der eingeborene naturhafte Liebestrieb nicht mehr. Weltinteresse ist bereits eine höhere Form der Liebe, die sich erst entfalten kann, wenn sich der Mensch seines eigenen Selbstes bewußt geworden ist und in dieser Selbstbewußtheit der Welt gegenübersteht. Denn nur aus einem Eigen-Bewußtsein kann wirkliche Liebe erfließen, wie wir dies bereits in der Tristan-Besprechung ausgeführt haben. Um dieses Eigen-Wissen aber zu erlangen, muß der Mensch alle Naturbindungen vorerst abstreifen, d. h. Parzival muß die Mutterhülle verlassen. Damit freilich tötet er die ursprünglich von der Natur in ihn gelegte Liebeskraft so ab, daß der «Trieb» zur Frage in seiner Seele nicht mehr stark genug ist. Das ist für die mittelalterliche Seelenhaltung, in der dieser Trieb durchaus noch lebendig war, «*Sünde*»; ist aber im Hinblick auf das kommende Bewußtseinsseelen-Zeitalter, in das Parzival ja hinüberführen soll, eine *Notwendigkeit*, um zu jenem höheren Liebesempfinden – dem Weltinteresse – aufzusteigen.

Noch einmal erklingt die Sündenqual-Motivik, dann weist ihn Gurnemanz barsch seines Weges:

> Du bist doch eben nur ein Tor!
> Dort hinaus, deinem Wege zu!
> Doch rät' dir Gurnemanz,
> Laß du hier künftig die Schwäne in Ruh',
> Und suche dir Gänser die Gans!

Die Bratsche streut in diesen barschen Abschied mit unwirschen Akzenten das Toren-Motiv hinein. Den «Gänser» hielt Gurnemanz für den ersehnten «Schwan». Enttäuscht und ärgerlich stößt er Parsifal hinaus und mit einem rasselnden Skalenlauf fällt das Tor hinter ihm zu; die geistige Welt, zu der er so selbstverständlich den Weg gefunden hatte, schwindet dem «Toren».

In dem verwaisten Saal singt eine Altstimme aus der Höhe die Verheißungsworte. Dann schwebt noch einmal in klarem *C*-Dur-Klang das Gral-Motiv von der höchsten Höhe der Kuppel durch den Raum:

Selig im Glauben!

ZWEITER AUFZUG

Die düsteren, unheimlichen Harmonien des Klingsor-Motives führen uns in das fahle, von dämonischem Glutschein angestrahlte zwielichtige Reich des schwarzen Magiers. Flimmerndes Glühen, ruhelose Hast der Bewegung, ein Brodeln in der Tiefe des Orchesters erfüllen die h-Moll-Harmonie seines Reiches, die als «Tonika» Anfang und Ende des Aktes beherrscht.

Mit dem Namen «Klingsor» verbinden sich alle im Mittelalter noch bestehenden Dekadenzprodukte alten profanierten Mysteriengutes. Klingsor ist der Antipode zur lichten Magie des Heiligen Grals. Auch dieses Gegenzentrum zum Gralstempel ist daher in einer zweifachen Sicht zu sehen: in seiner magischen Wirksamkeit ist es eine geistige Realität, die aber gleichermaßen im Menschen einen irdischen Träger und Vermittler finden kann, wie wir dies bei den Grals-Impulsen bereits erkannt haben. Von diesem Doppelaspekt her ist auch die h-Moll-Tonart zu verstehen. Als Moll-Parallele von D-Dur, in der Oberdominantsphäre der Kreuztonarten stehend, liegt der Akzent vor allem auf dem irdischen Sinnesbereich. Als *geistiges* Gegenzentrum zum Gral muß man die Harmonie jedoch als ein ces-Moll verstehen, als die düstere, dritte Unterdominante der Gralstonart As-Dur. Diese Behauptung erscheint vorerst willkürlich, allein aus der Tatsache geschöpft, daß h-Moll zu As-Dur in keiner direkten tonalen Beziehung steht. Einen ersten Hinweis auf diesen enharmonischen Zusammenhang kann man in der Brücke erkennen, die der «Balsam-Akkord» zwischen h-Moll und der Gralstonart baute. Das Drama selbst wird erst am Ende des Aktes Aufschluß darüber geben.

Der formale Aufbau dieser ersten Szene, welche die Beschwörung Kundrys durch Klingsor zum Inhalt hat, entbehrt markanter Konturen, ist «undeutlich, zackig und unsymmetrisch»[9], ein Abbild des unfruchtbaren, zerstörerischen Wesens Klingsors.

Nach Wagners Bühnenbild-Anweisung befinden wir uns in dem «inneren Verliese eines nach oben offenen Turmes». Finsternis herrscht in der Tiefe. Sie mag uns an die Finsternis der Erdenklüfte gemahnen, denen einst Alberich aus den Tiefen des Rheins entstieg. Die Architektur haben wir uns im arabischen Stil zu denken, wie es die späteren Angaben Wagners über den Zaubergarten erschließen lassen. «Zauberwerkzeuge und nekromantische Vorrichtungen» sind allenthalben zu erblicken. Über die legendäre Klingsor-Gestalt und ihr tief in das physische Leben ausstrahlendes Wirken sagt Rudolf Steiner: «Einst haben sich an diesem Orte abgespielt, man möchte sagen, ganz im physischen Leben vor sich gehende böse Künste, von denen ausgestrahlt haben die Angriffe auf den unbewußt gewordenen Teil der Menschenseele ... Das alles gliedert sich um eine Gestalt herum, die sagenhaft aus dem Mittelalter herüberschimmert, die aber der mit dem Mysterienwesen Bekannte ganz gut kennt, um eine Persönlichkeit, die eine reale war um die Mitte des Mittelalters, um Klinschor, den Herzog von Terra de labur, einer Gegend, die wir zu suchen haben, örtlich in dem heutigen südlichen Kalabrien. Von dort aus erstreckten sich die Streifzüge des Feindes des Gral besonders hinüber nach Sizilien.» Heute noch sind auf diesem Boden «die bösen Nachwirkungen Klinschors» wahrzunehmen, «der einstmals sich verbunden hat von seinem Herzogtum Terra de labur aus über die Meerenge hinüber mit jenen Feinden des Grals, die dort seßhaft waren in jener Feste, die man im Okkultismus und in der Legende nennt Kalot bobot.»[10]

In der dämonischen Einleitungsmusik nimmt das Klingsor-Motiv eine unbedingt herrschende Stellung ein, doch mischen sich in seine folgenden Sechzehntelrhythmen immer wieder die chromatischen Terzengänge des Sündenqual-Themas sowie das gellende Lachen des abstürzenden Kundry-Motives. Und wie ein Spinnengeflecht breitet am Ende das Zauber-Motiv seine lauernden, unentrinnbaren Fäden aus. So wird uns schon durch diese düstere Orchester-Introduktion der wilde Kampf angedeutet, der nunmehr zwischen den beiden Mächten «Klingsor» und «Kundry» anhebt.

> Die Zeit ist da, –
> Schon lockt mein Zauberschloß den Toren,
> Den, kindisch jauchzend, fern ich nahen seh'. –
> Im Todesschlafe hält der Fluch sie fest,
> Der ich den Krampf zu lösen weiß. –
> Auf denn! Ans Werk!

Was mag es für ein Fluch sein, der Kundry in einem todesähnlichen Schlaf festhält und der sie bewußtseinsdumpf an Klingsor bindet? Bereits im Ring haben wir erkannt, daß ein Fluch im Drama Wagners nicht einfach eine Verwünschung bedeutet, daß er vielmehr als Vorausverkündigung eines mit dem jeweiligen Wesen eng verbundenen, notwendigen Geschehens zu verstehen ist. Dies ist, wie der Verlauf des Dramas zeigen wird, auch bei diesem Fluch der Fall.

In seinen Beschwörungsrufen gibt Klingsor zunächst eine allgemeine Charakteristik des Kundry-Wesens:

> Herauf! Herauf! zu mir!
> Dein Meister ruft dich Namenlose:
> Urteufelin! Höllenrose!

Das allumfassende, universelle Wesen Kundrys haben wir bereits im ersten Akt aufgezeigt. Wir erkannten in ihr die «Hervorbringungs-» und «Reproduktionskraft» der Natur, die namenlose Triebgewalt, die von Luzifer ergriffen und egoisiert im Blut des Menschen zur «Urteufelin» und «Höllenrose» wird. Die jedoch draußen in der Natur, fern jeglichen Erlebens der Egoität in Keuschheit alles Leben erfüllt.

Mit der namentlichen Benennung: «Herodias warst du, und was noch? Gundryggia dort, Kundry hier» werden wir vor allem auf eine Individualität verwiesen, in der diese Triebgewalt des Blutes in besonderer Intensität wirksam war: auf *Herodias*. Ihre Bedeutung wird sich im Dialog zwischen Kundry und Parsifal ergeben. Rätselvoller ist die Gundryggia-Gestalt. Cosima notiert über sie am 14. März 1877 in ihr Tagebuch: «R. dichtet am Bühnenweihspiel; bei Tisch sagt er mir, ‹sie wird Gundrigia, Strickerin des Krieges heißen›, dann aber meint er, wird er bei ‹Kundry› bleiben.»[6]

Nach einer Äußerung Wolzogens an I. H. Löffler hat sich für Wagner der Name aus dem nordischen «Gunn» = Kampf und «dryggia» = rüsten, betreiben, ergeben. Das Verbum «dryggia» wird in der Edda ganz speziell für die Tätigkeit der Walküren gebraucht. Im Lied von Völunder – «Völundarkridha» – heißt es:

| Meyjar flugu sunnan | Mädchen flogen südwärts |
| orlög dryggja | Kampf zu rüsten |

Der Notiz Cosimas ist zu entnehmen, daß der Name «Gundryggia» die ursprüngliche Benennung für die weibliche Dramengestalt hätte sein sollen und Wagner somit von Anbeginn in ihr ein umfassendes, dem Makrokosmischen verbundenes Wesen sah. Außer diesen beiden Hinweisen von Cosima und Wolzogen ist uns nichts bekannt, was uns die Absicht Wagners verdeutlichen könnte. Mit Gewißheit dürfen wir jedoch annehmen – das ergibt sich aus Klingsors Charakteristik von der «Urteufelin» und «Höllenrose» –, daß wir Gundryggia nicht als ein Walküren-Wesen im Sinne von Brünnhilde auffassen können, sondern daß sie in der Vorstellung Wagners als eine jenseits des Moralischen stehende kosmische Wirkenskraft zu verstehen wäre, die als ihre natürliche Aufgabe empfand, den «Krieg zu rüsten», mit ihrem Wesen jedoch in einer *widergöttlichen*, dämonischen Welt verwurzelt war. In der Herodias-Inkarnation Kundrys wird diese widergöttliche Dämonie dann ins Menschliche heruntergetragen, wodurch gleichzeitig erkennbar wird, in welch unerreichbare Ferne die abgefallene Natur zu ihrem Ursprung geraten war.

Somit ergibt sich folgendes Charakterbild Kundrys: Diese namenlose, von Luzifer ergriffene und korrumpierte Welt des Geschöpfseins ist die ihres Ursprungs verlustig gegangene Freya-Sphäre, eine Sphäre des Lebens, die in den «Äpfeln» der heidnischen Göttin noch den Nachklang paradiesischen ewigen Lebens besaß, in der Folge jedoch von Todeskräften erfaßt, in das ewige Rad von Vergehen und Wiedererstehen gestoßen wurde. So ist Kundry Repräsentantin einer nach Erlösung sich sehnenden Kreatur, auf der der Eva-Fluch lastet, der sie immer wieder in ihr eigenes, triebhaft-luziferisches Wesen zurückstürzen läßt. Das ist der weltweite, menschheitliche Hintergrund der Kundry-Gestalt. In jedem Menschen west Kundry, sofern er Geschöpf, Kreatur ist. Auch Amfortas birgt sie in sich; sie ist es, die ihn in den Triebkräften seines eigenen Blutes festhält. Und auch Parsifals Geschöpf-Natur ist von Kundry-Kräften erfüllt, von denen er freilich noch nichts weiß.

Neben diesem universellen Seins-Charakter Kundrys haben wir in ihr aber auch noch eine bestimmte Individualität zu erblicken, die sie zu einer selbständigen Dramengestalt macht. Und in ihrer Herodias-Inkarnation, das Haupt Johannes des Täufers fordernd, zeigt sie sich bis in das Bild hinein als furchtbares Werkzeug der Gegenmächte Christi.

In Herodias und Johannes steht sich diese Lebenssphäre in ihrer völligen Entzweiung gegenüber. Denn wie Herodias erfüllt ist von den korrumpierten und dekadent gewordenen Kräften des Blutes, so ist zwar auch Johannes aus den mondenhaften Kräften des Erbstromes entsprossen, allerdings in lichtester, dem luziferischen Zugriff sich entziehender Art. Das spricht das Christus-Wort aus: «Ich sage euch, einen größeren Propheten als Johannes gibt es nicht unter denen, die *vom Weibe geboren sind*» (Luk. 7, 28). In Johannes ist die Ursprungsnähe dieser Schöpfung bewußt geblieben. Deshalb kann er auf jene paradiesischen Lebenskräfte hinweisen, die *jener* zur Erde bringt, der nach ihm kommt, Kräfte, die nicht mehr dem Mondenerbe unterliegen: «Aber der kleinste Teil desjenigen, was nicht vom Weibe geboren ist, der sich mit dem Menschen aus dem Reiche Gottes verbindet, ist größer als Johannes» (Luk. 7, 28).

Das Haupt des Johannes, auf einer Silberschüssel dargereicht, ist in grauenhaftester Verzerrung das entsetzliche Gegenbild jener unvergänglichen Lebenskräfte des Reiches Gottes, die einmal der heiligen Gralsschale entströmen werden.

In ihrer Kundry-Inkarnation trägt diese Individualität die ganze Schicksalslast jener Entzweiung. Von den Triebgewalten einer Herodias erfüllt, weiß sie auch von dem Ruf nach Erlösung. So wird sie immer wieder Klingsor verfallen, über den ihre Triebgewalt keine Macht hat, und ihn gleichermaßen fliehen.

> Hierher! Hierher denn, Kundry!
> Dein Meister ruft: herauf!

Ein unheimlich leiser *es*-Moll-Satz begleitet das Erscheinen der «Schlafenden», in dem das Zauber-Motiv in eine absinkende Akkordkette verhaltener Weherufe eingebettet ist. Mit einem gräßlichen Schrei erwacht sie aus ihrer Bewußtseins-Dumpfheit, in die sie die eigenen Triebgewalten hinabstießen. Wir erinnern uns ihrer Worte im ersten Akt, die sie sprach, ohne ein Auge von Parsifal zu wenden:

> Machtlose Wehr! Die Zeit ist da.
> Schlafen – schlafen –: ich muß.

Von dem gegenwärtigen Augenblick ihres Erwachens können wir diese rätselvollen Worte besser verstehen. Wir erkannten aus der entsprechenden Motivik, daß wir dieses merkwürdige Verhalten Kundrys gleichzeitig als einen unbewußten Vorgang in Parsifals Seele anzusehen hätten. «Die Zeit ist da», wo in Parsifal das *irdische* Leben seiner Geschöpfnatur erwachen wird. Alles triebhafte Sprießen der Natur aber ist ein *Lebensprozeß*, der kein Bewußtsein hat; alles pflanzenhafte Sprossen bedeutet Bewußtseinsschlaf. Wenn Kundry bei den Rittern weilt, wenn die Terzenmelodik der «dienenden Kundry» erklingt, hat sie sich durch ihr Sehnen nach Erlösung über ihre eigene Triebeswelt erhoben und ist «wach». Der Anblick des jungen Helden aber stößt sie in ihre Kundry-Natur zurück.

Wenn sie zu dieser Triebnatur ihres Wesens erweckt wird, dann bedeutet dies Bewußtseinsschlaf für die geistige Welt. Liegt das Wesen des Fluches, der sie bannt, vielleicht in dem Zwang, immer wieder hinabtauchen zu müssen in die eigene Begierdenwelt, um in dem anschließenden Erwachen daraus, sich qualvoll nach Erlösung zu sehnen?

In diesem Zustand, wo Kundry den Triebgewalten ausgeliefert ist, wo ihr individuelles Dasein keine freie Entscheidung mehr hat und sie sich selbst hörig ist, kann Klingsor sie als Werkzeug mißbrauchen.

> Erwachst du? Ha!
> Meinem Banne wieder
> Verfielst du heut zur rechten Zeit.

Klingsor selbst weist hämisch auf jenes andere Wachsein, in dem sie sich von sich selbst zu befreien sucht:

> Sag', wo triebst du dich wieder umher?
> Pfui! Dort, bei dem Rittergesipp',
> Wo wie ein Vieh du dich halten läßt!
> Gefällt's dir bei mir nicht besser?
> Als ihren Meister du mir gefangen –
> Ha ha! den reinen Hüter des Grales, –
> Was jagte dich da wieder fort?

Bei den Worten «Pfui! Dort, bei dem Rittergesipp' . . .», erklingt im Orchester das Motiv jener «ethischen Frage», das zum erstenmal bei Parsifals Worten auftönte: «Wer ist gut?», wobei die Spitzentöne des Motives fis, g, b hier noch durch schleiferartige Anläufe besonders hervorgehoben werden. Das Orchester stellt damit Klingsors Hohn in die umfassende Perspektive von Gut und Bös', von Schuld und Sühne. Welche Kraft jagte Kundry nach Amfortas Erliegen wirklich fort und hieß sie Klingsors Reich fliehen, erneut die Ritterschaft suchen?

Oh! – Sehnen – Sehnen!

Höhnisch verlacht sie Klingsor:

Ha ha! – Dort nach den keuschen Rittern?

Kundry spricht aus, was sie vor Gurnemanz nicht zugeben wollte:

Da – da – dient' ich.

Das absinkende Kundry-Motiv mündet in den chromatischen Terzengang der Sündenqual-Thematik. Wie in der Amfortasklage vor der Grals-Enthüllung, so tönt auch aus Kundrys Mund das Motiv des *Sehnens* auf. Wie Amfortas sich nach dem «Höchsten» sehnt und gewahren muß, daß diese Sehnsucht eine furchtbare Umkehrung zur Sinneswelt in ihm erfährt, so treibt die Sehnsucht auch Kundry immer wieder in die Grals-Nähe, um zu sühnen, was sie in der Verkehrung dieser Sehnsucht an Übel über die Welt gebracht hat:

Ja, ja! Den Schaden zu vergüten,
Den du ihnen böslich gebracht?
Sie helfen dir nicht:
Feil sind sie alle,
Biet' ich den rechten Preis;
Der festeste fällt,
Sinkt er dir in die Arme,
Und so verfällt er dem Speer,
Den ihrem Meister selbst ich entwandt.

Ein wunderbarer Motivzusammenhang eröffnet sich bei Klingsors Worten: «der festeste fällt, sinkt er dir in die Arme . . .». Begleitete seine vorhergehenden Worte noch die Leidensgebärde des Sündenqual-Themas *(fis, f, e, dis)* als einziges greifbares Motiv, so erklingt dieses Urmotiv des Leidens nunmehr in seiner Umkehrung und entpuppt sich dabei als das Sehnsuchts-Thema Tristans *(b, h, c, des)*. In sanftem Posaunenklang aber ertönt die Ich-Gebärde des Speer-Motives, während in den tiefen Bässen die Leidenschromatik der «Sündenqual» aufklagt. All diese Motiv-Aussagen beziehen sich ja auf Kundry und finden ihre stärkste Konzentration in ihrer verzweifelten Abwehr:

Ich – will nicht!

Im Orchester tritt bei dem Wort «will» allerdings eine trugschlußartige Fortschreitung ein, die Kundrys Willensenergie stark in Frage stellt. Klingsor wie Kundry wissen, worum es geht:

Den Gefährlichsten gilt's nun heut zu bestehn:
Ihn schirmt der Torheit Schild.

Klingsor kennt den Zwang nur zu gut, unter dem Kundry steht:

Wohl willst du, denn du mußt.

Halten kann Klingsor Kundrys Wesen nicht. Die Sehnsucht nach dem «Höheren», durch die ihr ein Ahnen von Erlösung dämmert, wird sie immer wieder sein Reich fliehen und die Gralsritterschaft aufsuchen lassen. Aber zu *fassen* vermag er sie in der Hörigkeit ihrem eigenen Wesen gegenüber; als Werkzeug muß sie ihm dienen, weil ihre Macht einzig an ihm nichts vermag. Grell lachend höhnt Kundry:

Ha! ha! – Bist du keusch?

Dieses Dreiton-Motiv von Kundrys Frage ist das treibende musikalische Element dieses Abschnittes. Das Urmotiv der Frage umfaßt gewöhnlich einen kleinen Terzen-Aufstieg. Wird die Frage jedoch heftig, kann sich der Intervallschritt erweitern. Kundrys Spott dehnt ihn bis zur Septime aus. Klingsor versinkt darob in finsteres Brüten:

Furchtbare Not!
Ungebändigten Sehnens Pein!
Schrecklichster Triebe Höllendrang,
Den ich zu Todesschweigen mir zwang,
Lacht und höhnt er nun laut
Durch dich, des Teufels Braut?

Ein Schimmer von Tragik fällt durch diese Worte auch auf die Klingsor-Gestalt. Auch in ihm war Sehnsucht nach Reinheit, nach dem Heiligen. Aber wie wir bereits bei der Gurnemanz-Erzählung im ersten Akt ausführten: Klingsor wollte sich diese Reinheit erzwingen. Sein Sehnen war ein Fordern, nicht hingebungsvolle Erwartung, «Schrecklichster Triebe Höllendrang»; Klingsor weiß um das «Böse», in ihm haben sich diese Triebe in höchster Potenz manifestiert.

Eine grundsätzliche Frage kann sich uns hier stellen, deren Beantwortung noch mit größerer Klarheit alles erhellen würde, was wir bisher im Zusammenhang mit dem «Speer» ausgeführt haben: die Frage, wie es überhaupt möglich ist, daß die menschliche Seelensphäre von derartigen Triebgewalten ergriffen werden kann?

Aus den geisteswissenschaftlichen Darstellungen Rudolf Steiners ergibt sich, daß die Seelensubstanz dem Menschen zunächst bloß als eine von Empfindungen erfüllte *Leibeshülle* gegeben worden ist, die ihn aus einem pflanzenhaft-schlafenden Zustand zu einem sich erfühlenden, mit einer gewissen Innerlichkeit begabten Wesen aufsteigen ließ. Diese Einverleibung einer «astralen» Wesensschicht erfolgte während des alten Mondenzustandes der Erde und bedeutet, von der Quelle her betrachtet, Emanation göttlicher Wesenssubstanz, – ein Götteropfer, dessen Liebeskraft die Seele in ihrer Ursprünglichkeit voll erfüllte. Die menschliche Seele ist in ihrer Ursubstanz aus *Liebe* gewoben.

Nun ist aber die Tatsache ins Auge zu fassen, daß während dieses alten Mondenzustandes auch jenes kosmische Ereignis stattfand, das uns als «Streit im Himmel», als Auflehnung und Sturz Luzifers überliefert ist. Diese Auflehnung bestand – prinzipiell gesprochen – darin, daß Luzifer das ihm aus dem göttlichen Umkreis zustrahlende «Licht», d. h. seine von der Gottheit ihm verliehene hohe Bewußtseinskraft als *«Eigenlicht»* für sich behielt. Durch Luzifer wurde diese kosmische Sternensphäre, diese Weltenastralität durchsetzt mit Eigen-Empfindung, mit der Tendenz, sich von der Umwelt abzuschließen und die von ihr zuströmenden Gaben für sich zu behalten. Diese «egoistische Tendenz» strömte natürlich auch in die astrale Wesensschicht des Menschen ein, so daß wir bereits auf diesem alten Mondenzustand den menschlichen Astralleib in dieser luziferischen Tingierung zu denken haben.

Als die Entwicklung unseres Planeten dann in den eigentlichen Erdenzustand eintrat und sich auf dieser neuen Daseins-Ebene die alte Mondenzeit als «lemurische Epoche» in metamorphosierter Weise wiederholte, da wurde dem Menschen durch die Elohim, bzw. durch «Jahwe», jener *Geistteil* eingehaucht, der seinem Menschendasein eigentlich erst die wahren menschlichen Züge verlieh. Die Übersetzungen der Genesis sprechen diesen «göttlichen Odem» als die «unsterbliche Seele» an. Das ist mißverständlich; denn nicht ein Seelisches, im Sinne eines fühlenden, empfindenden Elementes, wurde zu diesem Zeitpunkt dem Menschen verliehen – das besaß er ja schon –, sondern ein *Geistig-Ichhaftes*. Dieser «göttliche Odem», der damals dem Astralleib eingehaucht wurde, birgt die göttliche Ebenbildlichkeit des Menschen in sich. Er ist jener «Tropfen» aus dem göttlichen Meer, jener unvergängliche Wesensteil, den die östliche Esoterik «Manas» nennt und dem Rudolf Steiner die Bezeichnung «Geistselbst» gegeben hat. Dieses Geistselbst verleiht der Seele die Möglichkeit, sich als ein *Ich* im Sinne der göttlichen Ebenbildlichkeit empfinden zu können. Es wahrt uns die Individualität; daher soll dieser «entelechische Wesenskern» mit seinen göttlichen Geistimpulsen auch die menschliche Astralität erfüllen. Dies freilich bedeutet nun einen auf lange Zeiträume ausgedehnten Prozeß der Bewußtwerdung.

Hier stoßen nun zwei Kräftewirksamkeiten aufeinander, die scheinbar verwandt, in Wahrheit aber schärfste Gegensätze sind. Der Impuls des Geistselbstes ist ein Ich-Impuls, d.h. eine Wirkenskraft, die das *Geistige* verselbsten, *individualisieren* will. Indem dieser Ich-Impuls nunmehr in den menschlichen Astralleib eintaucht, stößt er dort auf die luziferische Egoisierungs-Tendenz, die das gleiche Ziel zu haben scheint: Selbstheit zu gewinnen. Zwangsläufig wird sich daher dieses «Ich», das sich in diesem Seelenbereich seiner selbst ja noch gar nicht bewußt geworden ist, dieser Egoisierungs-Tendenz überlassen, weil es ja gerade dadurch sein Eigenwesen zu erfühlen beginnt. In der Bildsprache der Genesis heißt dies: der Mensch erliegt der Verführung Luzifers; das dadurch erhaltene Eigen-Empfinden führt zum «Paradieses-Sturz».

Man muß also klar zwei Formen des Selbst unterscheiden: Das Eigenempfinden wurzelt in der Egoitätstendenz des «Astralleibes» und hat vorerst mit dem eigentlichen *«Ich»* gar nichts zu tun. Wohl aber kann das Ich daran erwachen. Und je intensiver dieses wahre Ich-Bewußtsein im Seelenraum des Menschen sich entfaltet, desto schmerzlicher muß sich dieser Astralleib in sich selbst entzweit erleben: als der Teil, der erfüllt ist von der Sehnsucht nach jener Göttlichkeit, von der ihm dieser «Manas-Funke» kündet, aber gleichzeitig auch als jener, der sich in seiner egoistisch-luziferischen Triebnatur erlebt. Das Wort «Triebnatur» ist deshalb angebracht, weil die luziferische Tendenz nach «Eigensein» das ursprüngliche mit der Umwelt sich eins fühlende Liebesempfinden der Seele zur Selbstliebe verkehrt, d. h. sie im Zwang ego-bezogener Ausschließlichkeit hält.

Unter diesem Zwang steht auch jedes naturhafte, kreatürliche Liebesempfinden. Als zeugende Reproduktionskraft der Natur ist es einfach ein auf die Erhaltung des Lebens, der Art oder Gattung gerichteter Wille, ohne jegliche ethische Färbung. Im Bewußtsein des Menschen wird auch dies in den Egoismus miteinbezogen und offenbart sich dann als Verlangen, das andere Wesen für sich zu besitzen, oder durch dieses Wesen den Begehrungen Erfüllung zu verschaffen. Wie immer auch die Äußerung sein mag, immer ist es die Ausschließlichkeit des Ego-Bezuges, der den zugrunde liegenden Willen zu einer Zwangsgewalt, d. h. zu einer Triebkraft werden läßt.

In Klingsor konzentrieren sich nun die korrumpiertesten, schwärzesten Astralkräfte dieses alten «Mondenerbes». Indem er ihre Zwangsgewalten aber zum «Todesschweigen gezwungen» hatte, beraubte er sich auch der Möglichkeit, diese egoistische Astralität einer Wandlung durch die wahren Ich-Kräfte zuzuführen. Solange Egoismus als Trieb und Leidenschaft wirkt, sucht er immer noch das andere Ego; Liebe, wenn auch zu reiner Sinneslust erniedrigt, verbindet die Wesen. Aber gerade darin liegt die Wandlungs-Möglichkeit, indem eine immer größere Zahl solcher begehrter Wunsch-Objekte in den Egoismus miteinbezogen werden. Wir haben dies im ersten Akt im Zuge der Amfortas-Klage dargestellt.

Indem nun Klingsor diesen Begehrungen die physisch-sinnliche Grundlage entriß, machte er ein Ausleben derselben und eine damit verbundene eventuelle Wandlung unmöglich. Er *verhärtete* gleichsam in dieser unausgelebten Begierdenwelt. Für ihn gibt es daher auch kein sinnliches Liebesband mehr zum anderen Ego. In seinem Reich fällt es der Verachtung anheim, sobald es seinen Zweck erfüllt hat. Hier gibt es einzig und allein nur das Lusterlebnis der eigenen Seele. Man liebt sich selbst im anderen. Klingsor kennt nur «Eigenholde». Indem er Luzifer in sich zum Schweigen zwang, erstarrt er in ahrimanischer Kälte. Deshalb haßt er auch alles Männliche und Weibliche, d. h. jene Geschlechter-Polarität, die das Spannungsfeld aller Triebgewalten erzeugt. Bereits bei Wolfram lesen wir als Folge seiner Entmannung: «Die Folge seiner Schändung war, daß er weder Mann noch Weib mehr Gutes gönnte. Ich meine, wenn er denen, die wohlangesehen waren, eine Freude rauben konnte, so tat das seinem Herzen wohl.» [27]

Gleich Hagen haßt Klingsor die «Frohen», gleich Alberich wird er zum Widerpart alles Lichten, wird ebenfalls zum Repräsentanten eines *ahrimanischen* Prinzips. Aber trotz dieser Zerstörungslust wider alles Echte, Edle und Liebegetragene wollen wir den Schatten der Tragik nicht übersehen, der sich gleichermaßen über Alberichs ursprünglichen Wunsch legte, in das Spiel der Rheintöchter mit einbezogen zu werden, wie er Hagen die düsteren Worte sprechen ließ:

Gab die Mutter mir Mut,
Nicht mag ich ihr doch danken,

und wie er sich schließlich auch über Klingsors Rache wider Amfortas breitet:

Hüte dich!
Hohn und Verachtung büßte schon einer,
Der Stolze, stark in Heiligkeit,
Der einst mich von sich stieß.

Darin liegt nicht allein Hohn und Vergeltungswut; das Wissen um die eigene Unfähigkeit, jemals diese Heiligkeit zu erlangen, verleiht diesen Worten echten Klang. Daß Amfortas auch von Klingsor als der «Heilige» bezeichnet wird, ist erschütternd, und um so schrecklicher die Tat, gerade an ihn die Verführung in höchster Intensität heranzutragen. Gewiß ist Amfortas' Ohnmacht seinen Begehrungen gegenüber, die Unfähigkeit, dort selbstlos zu sein, wo einzig Selbstlosigkeit walten darf, seine eigenste, als heilloses Siechtum auf ihm lastende Schuld. Aber ist er auch der Irrende, Leidende und Schuldig-Gewordene, so blieb er doch immer der *liebende Mensch* und ist trotz seines Sturzes «stark in Heiligkeit». Um so schwerwiegender die Tat des Verführers, von dem es heißt, es wäre besser, «daß ihm ein Mühlstein an seinen Hals gehängt und er ins Meer geworfen würde» (Mark. 9, 42).

Klingsors Zynismus, mit dem er sich bereits als Herr des Grales wähnt, überlärmt in Wahrheit nur die Tragik des eigenen Verdammtseins:

> Sein Stamm verfiel mir,
>   Unerlöst
> Soll der Heiligen Hüter mir schmachten;
> Und bald – so wähn' ich –
> Hüt' ich mir selbst den Gral!

Die bei seinem letzten Wort neuerlich einsetzende Terzenchromatik des Sündenqual-Themas, an die sich in den Bässen das Amfortas-Motiv schließt, läßt Klingsor sich wieder Kundry zuwenden und leitet gleichzeitig den zweiten Versuch ihrer Gegenwehr ein:

> Ha! Ha!
> Gefiel er dir wohl, Amfortas der Held,
> Den ich dir zur Wonne gesellt?

Kundrys zweite Weigerung ist von einer eigentümlich stockenden Triolenbewegung begleitet, die A. Lorenz in Anbetracht des Textes «Schwäche-Triolen» nennt. Da sie im Dialog mit Parsifal ebenfalls von Bedeutung sind, wollen wir zur besseren Verständigung diese Bezeichnung festhalten:

> Oh! – Jammer! Jammer!
> Schwach auch Er! Schwach – alle!
> Meinem Fluche mit mir
> Alle verfallen! –

Deutlich lassen diese Worte erkennen, daß der Fluch, der Kundry verfolgt, anderswo urständen muß denn in der Klingsor-Sphäre.

> Oh, ewiger Schlaf,
> Einziges Heil,
> Wie, – wie dich gewinnen?

Gleich Amfortas wähnt auch sie, durch «ewigen Schlaf», d. h. durch den *Tod*, Befreiung und Erlösung zu finden. Aber die Zeugungs- und Reproduktionskraft der Natur ist zwar an ein Vergehen gebunden, in dem sich das Leben jedoch nur neue Kraft ansaugt, um im immer gleichen Durst nach Dasein zu einem neuen Werden hervorzubrechen. Ein plötzliches Ahnen mag uns aufblitzen, ob dieser Fluch vielleicht nur ein anderes Bild für jene Schicksalslast ist, die sich im Tristan-Drama als der «verfluchte Trank» offenbarte, den sich das Ich selbst gebraut hatte? Wie Tristan deshalb im Tode keine Ruhe finden konnte, so gibt es auch für Kundry keinen Tod, der sie als «ewiger Schlaf» von dem Fluche befreite.

Klingsor weiß es anders:

> Ha! Wer dir trotzte, löste dich frei;
> Versuch's mit dem Knaben, der naht!

So weit sind dem Widersacher die Zusammenhänge durchschaubar: wer Kundrys Macht widersteht, kann sie aus der luziferischen Verstrickung lösen. Wer aber sollte dies vermögen? Amfortas, der dafür Berufene, erlag. Und Parsifal?

> Du da, kindischer Sproß!
>   Was auch
> Weissagung dich wies,
>   Zu jung und dumm
> Fielst du in meine Gewalt:
> Die Reinheit dir entrissen,
> Bleibst mir du zugewiesen!

Mit dieser selbstischen Sicherheit blickt Klingsor Parsifals Begegnung mit Kundry entgegen. Es dürfte ein leichtes sein, dem Toren seine Reinheit zu entreißen, sobald in seiner Seele jenes luziferische «Eigenlicht» zum Aufblitzen käme, das der Menschheit das Paradies kostete. Auch Parisfal wird diesem «Sündenfall» erliegen müssen. So ist nur *eine* Macht, die Kundrys Begierdenwelt zu widerstehen weiß: er selbst, Klingsor, der ihr «trotzen» kann, weil er davon nicht ergriffen wird.

Noch einmal, eindringlicher als zuvor, schleudert ihm Kundry ihr «Ich will nicht!» entgegen. Aber wieder liegt im Orchester eine Trugschlußwendung und stellt in Frage, was so vehementer Wille scheint.

Im gedämpften Hornklang von *B*, dominantische Vorbereitung des kommenden *Es*-Dur, klingt das Parsifal-Thema an.

Parsifal stürmt gegen die Burg.

> Ha! – Er ist schön, der Knabe!

Die bereits erwähnten «Schwäche-Triolen» und ihr abstürzendes Namens-Motiv malen den Schmerz Kundrys:

> O Wehe! Wehe!
> Erwachte ich darum?
> Muß ich? – Muß?

Mit satanischer Lust ruft Klingsor seine Ritter zum Kampf:

> Ho! Ihr Wächter! Ho! Ritter!
> Helden! Auf! Feinde nah!
> Ha! – Wie zur Mauer sie stürmen,
>   Die betörten Eigenholde,
>   Zum Schutz ihres schönen Geteufels!

Unentwegt jagt Parsifals «Knabentaten-Motiv» dahin, das so viele Parallelen zu Kundrys Ritt-Motiv aufweist.

Schadenfroh verfolgt Klingsor den Kampf, bei dessen orchestraler Schilderung sich in die Knabentaten-Motivik immer eindringlicher die abgerissene Melodik des «Torenspruches» mengt:

> Seine Wunde trägt jeder nach heim!
>   Wie das ich euch gönne!
>   Möge denn so
> Das ganze Rittergezücht
> Unter sich selber sich würgen!

Es muß uns beachtenswert erscheinen, daß die durch Kundry in das Klingsorreich verlockten Ritter ihr «schönes Geteufel» nunmehr mit solcher Vehemenz verteidigen. Man kann diese Ausschließlichkeit nur aus einem völligen Vergessen ihres eigenen Ursprungs erklären. Sie halten die Scheinwelt der Sinne, die Maja, für das einzig Echte und Erkämpfenswerte. Einer ähnlichen Blendung erlag Siegfried durch den Trank Hagens; nur daß wir jetzt viel tiefer im Reich des Egoismus' stehen.

Im heldischen Glanz von *Es*-Dur erstrahlt im vollen Orchester das Parsifal-Thema.

> Ha! Wie stolz er nun steht auf der Zinne!
> Wie lachen ihm die Rosen der Wangen,
>   Da kindisch erstaunt
> In den einsamen Garten er blickt!

Schon während der Schilderung von Parsifals jugendkräftigem Kampf geriet Kundry «in unheimliches ekstatisches Lachen», das sich bis «zu krampfhaftem Wehegeschrei» steigerte. In der Finsternis, die immer stärker die Tiefe des Turmgemaches erfüllt, schwindet sie unseren Blicken. Als sich Klingsor zu ihr wendet, ist sie ihren eigenen Zwangsgewalten bereits erlegen:

> He! Kundry! Wie? Schon am Werk?
> Haha! Den Zauber wußt' ich wohl,
> Der immer dich wieder zum Dienst mir gesellt!

Was immer auch die Weissagung dem Toren wies, Klingsor zweifelt nicht, daß es gelingen würde, ihm die Reinheit zu entreißen. Unter den hektisch dahinjagenden Figurationen des Klingsor-Themas versinkt der Turm, «zugleich steigt der Zaubergarten auf» und erfüllt die ganze Bühne, «tropische Vegetation, üppigste Blumenpracht». Das Bühnenbild soll demnach die Vorstellung einer Hypertrophie des Sprießens und Sprossens, eines Übermaßes pflanzenhaften Lebens erwecken. Der seitwärts sichtbare Schloßbau mit seinen Mauern und Zinnen wird von Wagner in arabischem Stil gedacht. «Auf der Mauer steht Parsifal, staunend in den Garten hinabblickend. Von allen Seiten her, zuerst aus dem Garten, dann aus dem Palaste, stürzen, wirr durcheinander, einzeln, dann zugleich immer mehrere schöne Mädchen herein: sie sind mit flüchtig übergeworfenen zartfarbigen Schleiern verhüllt» und gleichen damit selbst der üppigen Blütenpracht, die der Garten birgt. Ihr Wogen und Fluten, ihre Hast, das Erstaunen, den Zorn und die Sorge dieser zauberischen Gestalten malt das Orchester mit unruhig drängenden Triolenfigurationen, aus denen erneut das Motiv der «ethischen Frage» herauszuhören ist und das im Verein mit dem auf die Tonalität G-Dur abzielenden «Balsam-Akkord» ein neues Thema formt: die *Mädchen-Klage*.

> Hier war das Tosen,
> Waffen, wilde Rufe!
> Wehe! Wo ist der Frevler?
> Auf zur Rache!
> Mein Geliebter verwundet . . .
> Wo sind unsere Liebsten?

Mädchen-Klage

In dem graziösen Lärm behauptet das Parsifal-Thema allein seine Ruhe. Immer noch in *Es*-Dur stehend, strahlt es seinen heldischen Glanz über das Gewoge des aufgestörten Blumenzaubers. Das Klage-Motiv mit seinem aufsteigenden und absteigenden Linienzug und die daraus resultierenden reizvollen Dissonanzen, die unermüdlichen flatternden Triolen der Geigen, all das verleiht dem zwölfstimmigen Chorsatz trotz Aufregung und Hektik den Charakter eines funkelnden Scherzos. Wagner hat noch während der Komposition dieser Chorszene eine «Neubearbeitung des Textes» vorgenommen, wie er dies übrigens auch bei der musikalischen Ausarbeitung der Prügelszene in den «Meistersingern» tat. Sein künstlerischer Sinn sagte ihm, daß die ursprünglich konzipierten Textworte nicht ausreichen würden und deren ständige Wiederholung die Lebendigkeit des Satzes erschlagen müßte. Nach Glasenapp soll sich Wagner darüber geäußert haben: «Niemand im Publikum würde diese Feinheiten in den Abweichungen der Textworte beachten, aber die Sängerinnen doch anders singen, sich als Individuen fühlen, wenn sie im Ensemble nicht bloß unsinnige Wiederholungen zu bringen hätten, und das trüge zur Gesamtwirkung bei, wie z. B. auch im Gesang der Walküren.»[17]

Immer noch in staunender Verwunderung befangen, «springt Parsifal etwas tiefer in den Garten hinab».

> Ha! Kühner! Wagst du zu nahen?
> Was schlugst du unsre Geliebten?

In kindhafter Unbefangenheit antwortet Parsifal:

> Ihr schönen Kinder, mußt' ich sie nicht schlagen?
> Zu euch, ihr Holden, ja wehrten sie mir den Weg.

Die Schwelle zur Sinneswelt ist überschritten, der erste Schritt ins Reich der «Maja» ist getan. Wer jedoch erwartet, für Parsifal würde sich nunmehr schlagartig eine luziferisierte Astralsphäre offenbaren, ein Feld der Sinnenlust und Erotik, der würde die Absichten Wagners arg mißverstehen. Findet sich in den bisherigen Ereignissen des Aktes doch auch kein Geschehen, das als diesbezüglicher Hinweis angesehen werden könnte. Im Gegenteil! Wagner greift zu keinen symbolischen Tiergestalten, durch die der Mythos, das Märchen, Sage und Legende die ungeläuterte Astralität bildhaft zum Ausdruck bringen. Der Meister bleibt bewußt in der Ätherwelt des pflanzenhaften Lebens stehen. Cosima notiert darüber in ihr Tagebuch am 12. Februar 1877: «Er sagt mir heute, daß er die Frauen bei Klingsor als Baumpflanzen behandeln wird, die Melodie seines Chores habe ihm das eingegeben; er wolle sie vergehend, nicht als Teufelinnen auffassen.»[6]

Mit der Vorstellung von «Baumpflanzen» verbindet sich wohl ein rankendes Element, und man könnte darin eine gewisse Akzentuierung des Triebhaft-Sprießenden, vielleicht sogar Schmarotzerhaft-Egoistischen erblicken, doch darf man auch hier nicht zu vorschnell eine Symbolik *seelischer* Triebhaftigkeit erkennen wollen. In seinen Betrachtungen über «Das Bühnenweihfestspiel in Bayreuth 1882» schreibt Wagner ergänzend dazu: «Diese Kostüme mußten in Übereinstimmung mit dem Zaubergarten Klingsors selbst erfunden werden, und nach vielen Versuchen mußte es uns erst geglückt erscheinen, des richtigen Motives für diese der realen Erfahrung unauffindbare Blumenmächtigkeit uns zu versichern, welche uns die Erscheinung lebender weiblicher Wesen ermöglichen sollte, die dieser zaubergewaltigen Flora wiederum wie natürlich entwachsen zu sein schienen. Mit zweien jener Blumenkelche, welche in üppiger Größe den Garten schmückten, hatten wir das Gewand des Zaubermädchens hergestellt, das nun, galt es seinen Schmuck zu vollenden, nur eine der buntbauschigen Blumen, wie sie rings her zerstreut anzutreffen waren, in kindischer Hast sich auf den Kopf zu stülpen hatte, um uns, jeder Opern-Ballet-Konvention vergessend, als das zu genügen, was hier einzig dargestellt werden sollte.»[23] Wohl betont Wagner die «Blumenmächtigkeit» und «zaubergewaltige Flora» des Gartens und deutet auf Blumenkelche von «üppiger Größe», doch spricht er gleichzeitig von der «kindischen Hast», mit der sich die Mädchen schmücken. Die Blüte ist jener Grenzbereich, in dem die Ätherwelt der Pflanze in unmittelbare Berührung mit der kosmischen Astralität gerät. Je intensiver und üppiger die Blüte erscheint, desto stärker ist die Berührung durch die Astralsphäre. In diesem Sinne könnte man an die Blütenpracht der Orchideen denken, bei denen das astrale Element den Blütenkelch in einer vielleicht überintensivierten Weise umspielt. Dadurch erhalten diese Blüten einen gewissen süchtig-astralen Akzent, ohne jedoch, dies darf man nicht übersehen, ihr ätherisches Pflanzensein zu verlieren. Die Blumenmädchen sind keine Metaphern für *seelische* Begierden, sie sind das, was sie darstellen: eine blühende *Pflanzenwelt*. In der Pflanze aber ist alles Triebhafte noch unbewußt, fern von irgendeinem Eigenempfinden, menschlich gesprochen: kindhaft-naiv. In diesem Sinne hat Wagner auch die Einstudierung des Chores vorgenommen. Er schreibt darüber: «Sogleich ward ich von unseren Freundinnen verstanden, und alsbald gewann ihr Vortrag der schmeichelnden Weisen das kindlich Naive, welchem, wie es andererseits durch einen unvergleichlichen Wohllaut rührte, ein aufreizendes Element sinnlicher Verführung, wie es von gewissen Seiten als vom Komponisten verwendet vorausgesetzt wurde, gänzlich fern abliegen blieb. Ich glaube nicht, daß ein ähnlicher Zauber des anmutigst Mädchenhaften durch Gesang und Darstellung, wie er in der betreffenden Szene des ‹Parsifal› von unseren künstlerischen Freundinnen ausgeübt wurde, je sonst wo schon zur Wirkung kam.»[23]

Somit stellt sich uns ein Zweifaches dar: eine Pflanzenwelt, in der das Triebhaft-Sprießende so stark von Astralität affiziert wird, daß eine «Blumenmächtigkeit» ersteht, die gleichsam wie von selbst aus den Blüten «lebende weibliche Wesen», d. h. Seelenhaftes, erstehen läßt. Andererseits aber lebt in diesen Wesen die reine, kindliche Unbewußtheit der Pflanzenwelt. Für Wagner bleiben die Blumenmädchen, trotz ihrer «zaubergewaltigen Flora» reine Naturkinder, die in ihrem naiven Triebleben jenseits von «Gut und Böse» stehen, amoralisch sind wie die Natur selbst. Dies bestätigt auch Hans von Wolzogen in seinem «Thematischen Leitfaden» zur Parsifal-Musik: «Dies alles geschieht, wie ein leichter lächelnder Kinderscherz und ganz ohne den Charakter beabsichtigter verführerischer Sinnlichkeit. Es ist die Anmut der Natur in ihrer vollen, wie spielend berauschenden Macht, die den Zauber eines innig wohltuenden Staunens auf den unkundigen Gefangenen ihrer Wunder ausübt.»[28]

Dies gilt es besonders zu beachten. Denn auch für Parsifal ist alles noch unschuldiges Spiel. Daß in diesem Spiel eine Welt rege ist, die über das reine Pflanzendasein hinausreicht, daß dieses berückende Getändel der «Wunderblumen» von der Seele auch als ein «süchtiges Umranken» erlebt werden kann, dessen wird Parsifal erst inne werden, wenn ihn sein Schicksalsweg ans Ziel geführt haben wird. Da erst wird er sich bewußt werden, wie ganz anders auf die Seele wirken kann, was in der Natur unschuldiges Spiel bedeutet. Da wird er den geheimnisvollen Zusammenhang zwischen der menschlichen Seele und dieser Blütenwelt durchschauen und das Grals-Mysterium erkennen, das sich darin verbirgt. Wagners reifes Wissen um dessen Zusammenhang zeigt sich im Vergleich zu Ausführungen Rudolf Steiners über dieses Mysterium: «Unzählige Male wurde dieses Bild in den Rosenkreuzerschulen wiederholt: Schaut Euch die Pflanzen an mit dem Kopf nach unten, mit den Befruchtungsorganen nach oben, die sich dem Sonnenstrahl entgegenstrecken. – Diesen Sonnenstrahl nannte man die heilige Liebeslanze, welche die Pflanze zu durchdringen hat, damit der Same zum Wachsen und Reifen kommen kann. Nun sagte man dem Schüler: Richte den Blick hinauf bis zum Menschen, sieh dir die Pflanze und dann den Menschen an, vergleiche des Menschen Materie und Stoff mit denen der Pflanze. Der Mensch ist die umgekehrte Pflanze, er ist es geworden, weil er seinen Stoff, sein Fleisch durchdrungen hat mit physischer Begierde, mit Leidenschaft und Sinnlichkeit.» – Die Seele des Menschen wird wieder zum reinen Blütenkelch werden, wenn «er die Begierde vollkommen geläutert haben wird, so daß er in eine Zukunft hineinblickt, die ihm die Erfüllung des Ideals bringen wird: Du bist so keusch und rein wie der Blütenkelch der Pflanze . . . Der

Blütenkelch der Pflanze wird auf höherer Stufe neuerdings erstehen.» Dies ist «das Geheimnis des heiligen Gral, das höchste Ideal, das vor den Menschen hingestellt werden kann.»[29]

Die künstlerische Schöpfung der «Blumenmädchen» weist uns somit unmittelbar auf diesen geheimnisvollen Zusammenhang zwischen Menschenseele und Pflanzenwelt. Aber noch steht Parsifal am Anfang seines Weges durch den Zaubergarten. Noch weiß er nichts davon, daß der Mensch das sprießende und sprossende Leben dieser Pflanzenwelt in sich verkehrt und mit Begierde durchdrungen hat. Deshalb darf hier alles nur Spiel sein, jenseits jeglichen bewußten Verlangens. Auch in der Klingsorwelt steht Parsifal vorerst an der «Peripherie», wie er im ersten Akt im Umkreis der Gralsburg stand, als er den Schwan erlegte.

Wie sehr aber in Wagners Bewußtsein diese Zusammenhänge des Grals-Geheimnisses rege waren, das läßt uns am eindringlichsten wieder die Musik erkennen. Wenn wir die Hauptharmonie und die wichtigste Melodik dieser Kose-Szene ins Auge fassen, ergibt sich uns ein merkwürdiges und wunderbares Bild. Die «Tonika» dieses Chores ist nämlich As-Dur, also die Mysterientonart des Heiligen Grales. Glasenapp berichtet, wie Wagner einmal während einer der üblichen Abendvorlesungen im Haus Wahnfried plötzlich ausgerufen hätte: «Ein Trugschluß, es wird As-Dur!»[17] Gemeint ist die Chorstelle:

> Bist du uns hold
> So bleib nicht fern von uns,

an der sich das von seiner Triolenfiguration immer stärker ergriffene Parsifal-Thema von F- nach As-Dur wendet. Lorenz bemerkt dazu, daß der Akzent bei diesem Ausruf auf dem Wort «Trugschluß» gelegen haben müsse, da nämlich As-Dur als Grundharmonie des Blumenchores längst feststand. In Wagner muß in jenem Augenblick blitzartig die Idee aufgeleuchtet haben, dieses As-Dur trugschlußartig einzuführen, wobei ihn die künstlerische Inspiration mit genialer Sicherheit leitete. Die Harmonie des Gesangs zeigt nämlich einen deutlichen Zug zur Oberdominant-Region, und das durch zwei Takte im Sopran gedehnte «fis» auf dem Wort «fern» läßt das erstrebte G-Dur beinahe schon mit Händen greifen. Ein Ziel, das auch dem die Szene eröffnenden «Balsam-Akkord» vorschwebte. In diesem Augenblick aber vollzieht sich eine völlig überraschende enharmonische Verwandlung, das «fis» wird zu «ges» und an Stelle des erwarteten G-Dur-Klanges tritt ein Nonenakkord auf As ein, der sich zu G-Dur in ein «neapolitanisches» Harmonieverhältnis stellt*. Mit einem Schlag ste-

---

* Die neapolitanische Stufe ist die erniedrigte zweite Stufe. Für G-Dur statt a-c-e demnach: as-c-es.

hen wir somit tief im Unterdominant-Bereich. Verstehen wir die Bedeutung dieser Enharmonik aus der gleichen Sicht wie bei der Klingsor-Tonart *h*-Moll bzw. *ces*-Moll, so haben wir auch in dieser Trugschluß-Wendung ein Sichtbarmachen der geistigen Realitäten zu sehen, die hinter dieser Scheinwelt stehen. Die Blumen singen:

> Wir spielen nicht um Gold,
> Wir spielen um Minnes Sold.

Die Harmonie ihres Gesanges festigt dabei aber immer deutlicher die Gral-Harmonie *As*-Dur. Dieser harmonische Gleichklang zur Gralssphäre erfährt durch die Melodik ihres Lock-Gesanges noch eine ungeahnte Steigerung. Der ansteigende große Sekundschritt des ersten Taktes der *Kose-Melodie*:

> Komm'! Komm'! Holder Knabe,

stellt nämlich eine Umkehrung des Schwan-Motives dar, während die Hinzufügung des anschließenden Terzschrittes *b-c-es* den ersten Takt des Grals-Motives ergibt. Dessen aufsteigender Sextengang findet sich in der Fortführung der Kose-Melodie:

> Lass' mich dir blühen!

fast notengetreu wieder. Während uns der Anklang an das Schwan-Motiv auf ein ähnliches Dahinstürmen des jugendlichen Toren gemahnen könnte, wie es im ersten Akt der Fall war, als er den frevelhaften Pfeilschuß tat, weist uns der melodische Gleichklang zum Grals-Thema

Kose-Motiv

und die *As*-Dur-Harmonie auf den nicht zu übersehenden Zusammenhang, der zwischen den von der sprossenden Natur ausstrahlenden Wirksamkeit und jenen des Heiligen Grales besteht. In beiden Fällen haben wir es mit ätherischen Lebenskräften zu tun. Und die Musik offenbart uns, was in den Gralsmysterien immer gewußt wurde: daß hinter den *Lebenskräften der Natur* und *jenen des Heiligen Grales* dieselbe Göttlichkeit steht: der «Lebensgeist» des zweiten Paradiesesbaumes, der in vorchristlicher Zeit als paradiesischer Nachklang in den Wirkenskräften der Göttin Freya verehrt wurde, durch die Menschwerdung Christi aber zur Erde gebracht, nunmehr dem Heiligen Gral entströmt. Mysterienwissen aber war es ferner, daß auch diese «kosmische Astralität», die den Blütenkelch der Pflanzen umspielt, nicht sündhaft und unkeusch sein kann, da sie *jenseits* von aller Moralität wirkt. Dieses alte Wissen begleitete Wagners Schöpfungsakt, und nichts wäre dem Geistgehalt dieser Szene widersinniger, als würde man bereits hier in der bühnenbildlichen Darstellung ein luziferisiertes, erotisches Element zum Ausdruck bringen wollen. Für Parsifal aber bedeutet dieses «Spiel» mit den Blumenmädchen, trotz aller Naturhaftigkeit und Unwissenheit, ein allmähliches Hineinsteigen in die Sinnessphäre. Auch diesen «Verdichtungsprozeß» gestaltet in zartester Weise das musikalische Geschehen. Schon Parsifals Frage weist auf den Auflaut einer ersten Ahnung hin, hier einem bisher Unbekannten gegenüberzustehen:

> Wie duftet ihr hold;
> Seid ihr denn Blumen?

Die Antwort der Mädchen wandelt die bisherige Kose-Melodik zur *Schmeichelfigur*, bei der die erregten Begleittriolen des Anfangs dem

Schmeichel-Motiv

Melos sein Gepräge geben. In seiner voll ausgeprägten Gestalt kann uns das Thema an den Rheintöchter-Gesang zu Beginn des dritten Aktes der «Götterdämmerung» erinnern. In die duftende Schwüle dieser Melodik wird außerdem eine zierliche Harfenfigur hineingeworfen, deren vorhalteartige Biegung ihrer beiden letzten Töne im Hintergrund lauernd das Klingsor-Motiv erkennen läßt.

Der Zank der Mädchen, in dem sich jede als die «Schönste» erkennen will, zieht Parsifal immer tiefer in den «Garten». Parsifal, halb ärgerlich die Mädchen abwehrend, will ihnen entfliehen, als er aus dem Blumenhage plötzlich Kundrys Stimme vernimmt und betroffen innehält:

> Parsifal! – Weile!

Stand zu Beginn der Szene, am Anfang des Blumen-Chores das *Motiv* Parsifals, so erklingt am Ende sein *Name*... In dieser fast unbemerkten Steigerung des reinen *Tones* zum *Wort* zeichnet sich Parsifals langsames Erwachen zu seinem eigenen Selbst bereits zart ab.

> Parsifal ...?
> So nannte träumend mich einst die Mutter!

Erinnerung als erste Erkenntnisfrucht dieses Hinabsteigens in den Klingsor-Garten.

Die Melodik dieser Namensgebung entspricht überdies exakt dem dritten Takt des «Torenspruches», was bedeutet, daß mit dem Namen gleichzeitig Parsifals Mission angesprochen wird. Das ist deshalb so bedeutungsvoll, weil die Musik dadurch vermittelt, was man in den Mysterien durch die Verleihung des Einweihungs-Namens zum Ausdruck brachte, der ja keine persönliche Benennung bedeutete, sondern die Menschheitsmission offenbaren sollte, die seinem Träger auferlegt war.

Das durch den «Balsam-Akkord» schon zu Beginn erahnte und durch die trugschlüssige Enharmonik des Blumenchores vermiedene *G-Dur* ist nunmehr verwirklicht. Mit schmeichelnd-wiegenden, nach abwärts geneigten Sextschritten wehrt Kundry die Mädchen ab:

> Ihr kindischen Buhlen, weichet von ihm;
> Früh welkende Blumen,
> Nicht euch ward er zum Spiel bestellt!

Parsifal wendet sich scheu nach der Seite, von wo ihm die Stimme ertönte, und gewahrt nunmehr Kundry in ihrer zu luziferischer Schönheit verwandelten Gestalt, «auf einem Blumenlager» ruhend, «in leicht verhüllender, phantastischer Kleidung – annähernd arabischen Stiles.»

> Dies alles – hab' ich nun geträumt?

Es ist bemerkenswert, daß die Melodik seiner Worte nicht sein Namensmotiv, sondern den Quintschritt des Verheißungsspruchs aufnimmt.

> Riefest du mich Namenlosen?

Diese Frage ist Beweis, daß Parsifal erst im Begriff ist, die Identifikation zwischen sich und seinem Namen herzustellen, wobei sich Name und Mission von Anbeginn in ihm untrennbar verbinden. Darüber hinaus weist Kundrys rätselvolle Antwort auf ein noch viel umfassenderes Selbsterleben hin:

> Dich nannt' ich, tör'ger Reiner
> ‹Fal parsi›, –
> Dich, reinen Toren ‹Parsifal›.

Was soll diese Namensverkehrung? Ist es nur wirksames Wortspiel, wie bereits Hanslik einst hämisch bemerkte, um dessentwillen Wagner sogar von der üblichen Schreibung des Namens abging und eine Ableitung wählte, die nach Meinung der Etymologen unhaltbar ist? Die Banalität dieses Gedankens erübrigt jede diesbezügliche Antwort.

Was aber spricht sich in dieser Namens-Umkehrung wirklich aus. Begegnen wir ihr doch nicht zum erstenmal. Bereits im Tristan öffnete sie uns – den Namen zu «Tantris» verkehrend – den Blick in die «Vergangenheit», von deren «Mutterkräften» Tristan im Kampf mit Morold verwundet wurde. Sollte sich hier ein Ähnliches vollziehen? Dann würde in diesem Augenblick des Überganges, da Parsifal aus der Unbewußtheit seiner in ihm lebendig gebliebenen Kindheit heraustritt, etwas hereinleuchten, was sich naturgemäß verschließen muß, wenn der Mensch sich mit seinem Namen als Ich identifiziert: die Erinnerung an eine Vergangenheit, die er selber war.

Noch ist dieser Gedanke nicht mehr als vage Vermutung. Aber allein schon die Verkehrung des dem Namen zugrunde liegenden Sinngehaltes zeigt uns, daß es sich nicht um ein einfaches Wortspiel handeln kann. Denn ein «tör'ger Reiner» ist etwas anderes als ein «reiner Tor». Das Wort «Tor» ist eine Aussage über einen *Bewußtseinszustand*; der «Reine» weist auf eine *Seelenhaltung*. Parsifal – der reine Tor – ist nicht töricht. Seine Torheit liegt vielmehr in der Durchlässigkeit und Offenheit seiner Seele, in dem Fehlen jeglichen reflektierenden «Spiegelbelages». «Falparsi» aber ist der törichte Reine, der in seiner Seele zwar ein Unberührter, aber Wissender ist und wider dieses Wissen handelt. Denn das Wort «töricht» setzt zwangsläufig ein bestimmtes Wissen voraus, was dem Begriff «Tor» völlig fehlen kann. Deshalb muß der «reine Tor» durchaus nicht töricht sein.

Bedeutet diese Namensverkehrung aber nun tatsächlich eine Blickwendung in die Vergangenheit, dann erhebt sich die Frage, ob uns der Mythos oder die Legende einen solchen törichten Reinen erkennen läßt, den wir durch ein im Parsifal-Drama angesprochenes Motiv tatsächlich mit unserem Helden in Verbindung bringen können. So ein «törichter Reiner» findet sich, und das gemeinsame Motiv ist jene «Frage», die der Wolframsche Parzival in seiner Torheit unterließ, doch jener «Reine» einst «töricht» gestellt hat. Oder im Sinne von Wagners Drama gesprochen: das beide Gestalten verbindende Element ist das Eindringen in das Mysterium bzw. dessen Erkennen, das der reine Tor Parsifal noch nicht vollziehen konnte, nach dem jedoch ein weit in der Vergangenheit stehender «törichter Reiner» voreilig griff. Die Legende nennt ihn den «Jüngling zu Sais», der unerlaubt und unreif den «Schleier der Göttin» hob. Die voreiligtörichte Tat dieses «Reinen» bedeutete für ihn den Tod. In Parsifals

Nicht-Erkennen des Mysteriums wird uns das Spiegelbild gegeben: weil er angesichts des leidenden Amfortas *nicht* zu dieser Erkenntnis bzw. nach Wolfram zur «Frage» erwachte, wird er in die Wirrsale der Sinneswelt hinausgestoßen. Daß Wagner die Legende des Jünglings zu Sais bekannt war, können wir zweifelsfrei annehmen. Allein das herrliche Gedicht Friedrich Schillers, sowie Novalis' Fragmente über «Die Lehrlinge zu Sais» zeigen, wie vertraut diese Legende dem deutschen Geistesleben war.

Für unsere Betrachtung stellt sich jedoch die Frage, ob wir darin nur ein poetisches Motiv zu erblicken haben oder ob Wagner diese Rückschau in die ägyptische Mysterienwelt ganz im verborgenen im Sinne jener Reinkarnationsidee verstanden hat, wie er sie an der Kundry-Gestalt aufzeigte. Daß sich Wagner bereits 1857/58, zur Zeit der Arbeit am «Tristan», intensiv mit dem Gedanken der Wiederverkörperung beschäftigt hat, das lassen nicht nur die Briefe an Mathilde Wesendonk aus jener Zeit erkennen. Eindringlichstes Zeugnis dafür ist der Entwurf zu dem buddhistischen Drama «Die Sieger», der ebenfalls in diese Jahre fällt. In diesem Drama war nämlich tatsächlich an ein derartiges karmisches «Gegenbild» als Kern der Handlung gedacht: «Das Tschandalamädchen Prakriti ist in heftiger Liebe zu Ananda, dem Lieblingsschüler des Meisters, entflammt, der als Buddha diese Leidenschaft nicht teilen darf, sie aber aus Mitleid des letzten Heiles teilhaftig werden lassen will. Prakriti hatte in einer früheren Geburt als stolze Brahmanentochter die Liebeswerbung des Tschandalakönigs abgewiesen und den Unglücklichen verhöhnt. Dies muß sie nun, selbst ein Tschandalamädchen, büßen und die Qualen hoffnungsloser Liebe empfinden.»[30] Der Entwurf wurde zwar nicht ausgeführt, aber gerade der Gedanke der Reinkarnation war ein Handlungs-Motiv, das Wagner innerlich stark beschäftigte und das später in das Parsifal-Drama einbezogen wurde. Wie subtil, fast müßte man sagen, «keusch», Wagner an dieses Problem heranging, macht eine Stelle aus Cosimas Tagebuch (1. Mai, 1870) deutlich: «Abends spricht R.: ‹Wenn ich die Sieger einst im Alter dichte, so werde ich ihnen ein Vorspiel geben, worin der erste Teil der Handlung (worin das Tschandala-Mädchen den Ananda verschmäht) vorgehen sollte. Nur die Musik vermag das wiederzugeben, das Geheimnis der Wiedergeburten›.»[6] Es läge somit durchaus in der Auffassung Wagners, wenn wir die gestellte Frage im Sinne eines karmischen Zusammenhanges beantworten.

Betrachten wir diesen Zusammenhang genauer, stoßen wir gleichzeitig auf ein Schicksalskriterium, das wir zwar bereits ausführlich erwähnt haben, für dessen Vorliegen uns jedoch eine wirkliche Erklärung noch fehlte. Es ist jene beinahe als Prädestination anzusprechende Selbstverständlichkeit, mit der dieser «reine Tor» die Gralsburg fand, und jenes

119

Übermaß an Herzenskräften, das seine Seele erfüllt. Wohl sprachen wir in diesem Zusammenhang von einem «Kunstgriff» der Entwicklung, durch den sich ein reiner Kindheitszustand über den gewöhnlichen Zeitraum hinaus ausdehnen und erhalten konnte. Und Parsifals kindhafte Gottesnähe war uns «die gnadenweise und unbewußte Vorwegnahme eines künftigen, von ‹Sohneskräften› erfüllten Zustandes». In seinen Herzenskräften erkannten wir jene «Buddhi-Sphäre» wieder, die durch das Mysterium von Golgatha zur Erde gebracht wurde. Diese an Prädestination grenzende Ausschließlichkeit von Parsifals Gralssuche läßt sich nur damit erklären, daß diese Individualität irgendeinmal mit dem Christentum, ja vielleicht sogar mit der Christus-Wesenheit selbst in eine besonders innige Beziehung getreten ist, die sie dann dazu «prädestiniert» hat, jenes reine Seelentum auszubilden, – eine Begegnung, durch die in dieser Seele die Bereitschaft erwuchs, sich ganz zum Träger dieses Christus-Impulses zu machen.

Aus der ägyptischen Inkarnation des «Jünglings zu Sais» können wir jedoch diese Bereitschaft folgerichtig nicht ableiten und verstehen. Es müßte sich eine Inkarnation finden lassen, die uns direkt von dieser Christus-Begegnung spricht und die doch wenigstens andeutungsweise auf die vorchristliche Mysterienwelt Bezug nimmt. Ein derartiger, nur in zartesten Konturen greifbarer Zusammenhang ließe sich im Evangeliumtext tatsächlich finden. Doch werden dergleichen Rückschlüsse unserem Verstandesdenken wohl immer als Spekulation erscheinen müssen, und wir dürften ihnen daher nicht folgen, wenn uns die Geistesforschung Rudolf Steiners nicht aus ihrem erhöhten und umfassenderen Bewußtsein heraus die Bestätigung für die Richtigkeit dieser okkulten Zusammenhänge gäbe.

Welche «Andeutungen» sind es nun, denen wir zu folgen haben? Die ägyptischen Eingeweihten, zu denen als Neophyt auch der «törichte Reine» von Sais gezählt werden muß, wurden in der Mysteriensprache als «Söhne der Witwe» bezeichnet, da sie der Isis dienten, die nach dem Tode ihres Gemahls Osiris zur «trauernden Witwe» wurde. Dieser Tod des Osiris und die Tatsache, daß die Isis-Eingeweihten zu «Söhnen der Witwe» wurden, läßt uns erneut den «Abstieg» erkennen, den die Menschheit aus der einstigen sonnenhaften Gottesnähe in die dichtere Materie hinein vollziehen mußte. Nun ist auch die mit dem Mysterien-Namen «Parzival» benannte Individualität der «Sohn einer Witwe». Und in gleicher Weise spricht das Evangelium von einem Jüngling, der durch Christus vom Tode erweckt wurde: dem «Jüngling zu Nain». Die Worte aber, mit denen Christus die Auferweckung vollzieht: «Jüngling, ich sage dir, stehe auf!» sind Hierophanten-Worte. Mit ihnen wurde in den vorchristlichen Mysterien der Myste durch den Priester aus seinem dreitägigen, todesgleichen Schlaf erweckt. Das bedeutet, daß sich bei dieser Auferweckung des Jünglings zu Nain eine Einweihung gleichsam offen vor allem Volk vollzogen hat. Das Heranführen an die Todesschwelle, wie es bisher hinter Tempelmauern geübt wurde, hat hier das Lebensschicksal dieses Jünglings als ein reales, bis in den tatsächlichen Tod führendes Geschehen vollzogen. Die *Erweckung* vollbringt Christus selbst. Damit wurde dieser Individualität, die uns im Evangelium als «Jüngling zu Nain» genannt wird, eine Initiation besonderer Art zuteil:

«Es gibt verschiedene Arten von Initiation oder Einweihung. Die eine Art besteht darin, daß der Betreffende, der eingeweiht worden ist, unmittelbar nach dem Einweihungsvorgang in sich aufleuchten sieht die Erkenntnisse der höheren Welten, daß er hineinschauen kann in die Vorgänge und Gesetze der geistigen Welten. Eine andere Art der Initiation kann aber so stattfinden, daß zunächst in die betreffende Seele nur der Keim hineinversenkt wird, so daß sie dann noch eine Inkarnation abzuwarten hat; dann tritt dieser Keim heraus, und es wird dann in der späteren Inkarnation der Betreffende ein Initiierter im ausdrücklichen Sinne.» [13]

Eine derartige Initiation wurde mit dem Jüngling zu Nain vollzogen. «Damals wurde seine Seele bei dem Ereignis von Palästina umgewandelt; da hatte sie noch nicht das Bewußtsein, hinaufgestiegen zu sein in die höheren Welten. Erst in der nächsten Inkarnation keimten die Kräfte heraus, die damals in diese Seele gelegt waren ... Es kann nur darauf hingewiesen werden, daß später in einem gewaltigen Religionslehrer diejenige Individualität erwachte, welche der Christus Jesus in dem Jüngling zu Nain auferweckt hatte, und daß auf diese Weise in späterer Zeit ein neuer Lehrer des Christentums erstehen konnte mit den Kräften, die damals in seine Seele versenkt worden waren.» [13]

Wenn wir diesen letzten Hinweis Rudolf Steiners zunächst außer acht lassen, so liegt in diesem Evangelienbericht die unmittelbare Christus-Begegnung im Schicksalsweg dieser Individualität. Mag man zu diesem Gedanken der Reinkarnation wie immer Stellung beziehen, bleibt eines doch unbestritten: was er in einsehbarer und folgerichtiger Weise zu entschlüsseln vermag, ist jene einzigartige Prädestination Parsifals zur mitleidvollen Liebe, ist die Christus-Nähe, in der er von allem Anbeginn steht.

Die Forschungsergebnisse Rudolf Steiners sind jedoch auch für die etymologische Ableitung des Namens von Bedeutung, zu der sich Wagner erst 1877 entschlossen hat. Bis zu diesem Zeitpunkt hielt er an der von Christian von Troyes bzw. von Wolfram überlieferten Schreibweise «Parzival» fest. Es kann gewiß kein Zweifel darüber bestehen, daß der ursprüngliche Sinngehalt des Namens in dieser mittelalterlichen Benennung zu erblicken ist. Wolfram, der den Helden selbst als den «Mitten-durch» bezeichnet, folgt darin Christians «Perceval». «Percer» heißt durchbohren, durchfurchen; «val» leitet sich vom lateinischen «vallis» her und bedeutet: das Tal. Perce-val ist ein Imperativ-Name und besagt demnach: «Dring durch das Tal», d. h. durchschreite das Erdental. Es ist der Leidensweg des Menschen, den dieser Name in sich birgt.

Bei der endgültigen Ausarbeitung des Dramas suchte Wagner jedoch nach einer Ableitung, die den «reinen Tor» im Namen zum Ausdruck bringen sollte. Er fand eine diesbezügliche Möglichkeit in den Arbeiten Johann Joseph von Görres', die ihn ins *Persische* verwiesen, nicht, wie mitunter zu lesen ist, ins Arabische. *«Parseh-fal»* = der *«reine Tor»*. Wenn die Sprachforschung diese Ableitung als unhaltbar verwirft, so hat sie insoferne recht, als der Ursprung dieses Namens keinesfalls im persi-schen Kulturkreis zu suchen ist und ihm ohne Zweifel jene Sinngebung zugrunde liegt, die ihm die mittelalterlichen Dichtungen unterlegt haben. Man übersehe aber nicht, daß Wagner in seinem Werk keine bloße Dramatisierung des mittelalterlichen Sagenstoffes geschaffen hat, sondern eine Neudichtung, die den Erfordernissen des Zeitalters der Bewußtseins-seele entsprechen sollte. Und diese Freiheit muß dem schöpferischen Künstler wohl zugebilligt werden, daß er das Wesen seines Helden ganz aus den geistigen Zusammenhängen *seiner* Dichtung herausholt und dies auch in der Namensgebung zum Ausdruck bringt. *Sein* Held, der Leitbild eines Zeitalters sein soll, das diesen Abstieg in die leidvollen Tiefen des Erdentales bereits vollzogen hat, wird sich daher viel intensiver mit der Frage des nunmehr ersehnten «Aufstieges» auseinanderzusetzen haben. Er kann daher kein «Mittendurch» mehr sein, der er dem mittelalterlichen Weltempfinden noch war.

Diese Erlösungstat des ersehnten Aufstieges konnte nur eine Erkennt-nis vollziehen, die mit den Liebeskräften verbunden blieb. Hierin liegt ja eine der Tragiken dieses Weges durch das «Erdental», daß, je stärker Erkenntnis und Selbstbewußtsein im Menschen erwacht, je tiefer also der Mensch in dieses Erdental hinabsteigt, die Seele ihre Liebefähigkeit zu verlieren droht. Das gegenwärtige Bewußtseinsseelen-Zeitalter ringt mit diesem Problem. Erlösung kann nur ein «Herzensdenken» bringen, d.h. eine Seele, die im vollen Maße ihrer ursprünglichen *Liebefähigkeit* ihr bewußtes Leben entfaltet. Deshalb legt Wagner auf den «reinen Toren», in dem diese Liebeskraft ungeschwächt wirkt, so großen Wert und suchte sein Wesen im Namen selbst zum Ausdruck zu bringen. Seine etymologi-sche Ableitung ist daher für ihn ebenso richtig und gültig, wie es jene ursprüngliche für Wolfram und Christian war.

Bemerkenswert aber ist, daß Wagner auch hier nicht einer Willkür verfällt, sondern ebenfalls von seiner exakten künstlerischen Phantasie sicher geleitet wird. Gerade dieses läßt sich durch die Forschungsergebnisse Rudolf Steiners erkennen. Fragen wir uns nämlich nach jener Inkarnation, in der diese im 9. Jahrhundert als «Parzival» benannte Individualität ein «gewaltiger Religionslehrer» war und in der all die Keime zum Blühen kamen, die durch die Christus-Initiation zu Nain in sie gelegt wurden, dann werden wir ebenfalls nach Persien verwiesen. Nach der Mitteilung Rudolf Steiners haben wir in ihr den Begründer des *Manichäismus* zu erblicken. Von diesem spirituellen Hintergrund fällt auf das scheinbar so unhaltbare Unterfangen Wagners, dem Namen eine persische Ableitung zugrunde zu legen, nun freilich ein ganz anderes Licht. Denn Wagner sucht nicht nach irgendeinem beliebigen Kulturkreis, der ihm die Namensverdeutlichung des «reinen Toren» ermöglicht, er wird vielmehr von seinem schöpferischen Genius in einen ganz bestimmten geistigen Kulturzusammenhang verwiesen – eben in den persischen –, mit dem jene Individualität, die im 9. Jahrhundert als «Parzival» wirkte, *karmisch* durch eine vergangene Inkarnation innigst verbunden ist. Die Wagnersche Ableitung des Namens ist dieser Individualität daher ebenso «Inkarnations-verwandt» wie die mittelalterliche des 9. Jahrhunderts.

Daß wir dieses Forschungsergebnis Rudolf Steiners zur Erhärtung von Wagners Intentionen heranziehen dürfen, findet seine Rechtfertigung in der geradezu meditativen Versenkung des Meisters in Mythos und Religionsgeschichte, die er mit höchster Intensität übte. So schreibt Guy de Pourtalès in seiner Wagner-Biographie: «Jeden Morgen um 6 Uhr begab sich Wagner an die Arbeit, die er bis 2 oder 3 Uhr nachmittags fortsetzte; am Abend vergrub er sich in seine Bücher. Er machte Randbemerkungen zu der französischen Übersetzung der ‹Bhagavat-Gita›, zu den Evangelien, zu den Briefen des Apostels Paulus und zu Renans ‹Leben Jesu›. So baute er sich eine eigene Theologie auf, versuchte, die Helden seiner eigenen Mythologie mit den großen Propheten Indiens, Ägyptens und Palästinas zu identifizieren, und belegte seine Arbeiten mit Stellen aus den Werken von Goerres, San Marte, Gervinus und vor allen Dingen aus Wolfram von Eschenbach. Wenn seine Erkenntnisse also mehr aus Dichtwerken als geschichtlichen stammten, muß man doch zugestehen, daß seine Erlösungslehre ganz bestimmt seinem eigenen Kopf entsprungen ist.»[31]

Angesichts dieses meditativen Erlebens von mythologischen Zusammenhängen kann kein Verstandesbewußtsein einschätzen, welche Bilder vor Wagners Seele standen, wenn ihn die künstlerische Inspiration ergriff. Man möge daher diesen erhöhten Bewußtseinszustand eines schöpferischen Künstlers und die durch seine Inspirationskraft geoffenbarte Wahrheit nie unterschätzen. All diese Zusammenhänge müssen, wenn auch im Unterbewußten, als mitgestaltend an der Konzeption der Parsifal-Gestalt

gedacht werden. Sie sind es daher auch, die in dem gegenwärtigen
Augenblick von Parsifals stufenweiser Bewußtseins-Erhellung als verbor-
gene Schicksalskräfte aus der Vergangenheit hereinleuchten.

Auch Parsifals Begreifen seines eigenen Wesen führt, wie einst bei
Siegfried, über ein Besinnen auf Vater und Mutter. Doch die Erinnerung
an das Mütterliche ersteht in Parsifal bei Kundrys erstem Namensruf bloß
wie im Traum. Bei Siegfried war es ein viel bewußteres Nachsinnen.
Dagegen wird das väterliche Element nunmehr bei Parsifal durch die
Namensnennung viel stärker ins Bewußtsein gerückt:

> So rief, ehe in arab'schem Land er verschied,
> Dein Vater Gamuret dem Sohne zu,
> Den er, im Mutterschoß verschlossen,
> Mit diesem Namen sterbend grüßte.

Ihm diesen Namen zu künden, so setzt Kundry fort, erwartete sie ihn
hier:

> Was zog dich her, wenn nicht der Kunde Wunsch?

Gewiß ist es der unbewußte Wille zum vollen Erkennen seines irdischen Menschseins, der Parsifal den Weg zu Kundry wies. Die Musik
jedoch spricht noch ein anderes aus, das über diesen Wunsch nach Eigen-
Erkenntnis hinausreicht. Bei Kundrys letzten Worten läßt eine Horn-
stimme im eindringlichen Markato das Speer-Motiv erklingen: die Rückgewinnung des Speeres, Parsifals ureigenste Mission ist es, die ihn in
Wahrheit leitet. Zu ihrer Verwirklichung ist das Erkennen des eigenen
Ichs freilich eine Voraussetzung und hängt innig mit dem «väterlichen»
Element der Seele zusammen.

Der Anblick Kundrys versetzt Parsifal in unerklärliches Bangen. Noch
zittert leise verhallend die Schmeichel-Melodie nach, mit der ihn vorhin
die Blumenmädchen liebkosten. Ein bisher nie gekannter Schauer erfüllt
seine Seele:

> Nie sah ich, nie träumte mir, was jetzt
> Ich schau, und was mit Bangen mich erfüllt.

Deutlich spürt er das Unbekannte, das ihm aus diesem zaubermächti-
gen Blühen entgegenströmt und ihm die Unbefangenheit lähmt. Scheu
blickt er auf Kundry. Sein eigenes ätherisch-astrales Wesen ist selbst noch
ganz reine, schlafende «Pflanze». Wäre es anders, hätte er zumindest von
dieser liebkosenden Blütenwelt «träumen» müssen. Aber in diesem Augenblick beginnt sich diese unbekannte Welt in ihm selbst zu regen, und
das erfüllt ihn mit Bangnis. Auch Kundrys blühende Schönheit wähnt er
diesem Blumenhain entsprossen:

> Entblühtest du auch diesem Blumenhaine?

Kundry verneint seine Frage:

> Nein, Parsifal, du tör'ger Reiner!
> Fern – fern ist meine Heimat!
> Daß du mich fändest, verweilte ich nur hier
> Von weither kam ich, wo ich viel ersah'.

Im leisesten Piano rankt sich das Zauber-Motiv um ihre Worte. Gerade an dieser Stelle ist es von Wichtigkeit, die aufsteigende Gebärde dieses Motives genauer ins Auge zu fassen, die zwar nicht in ihrer Intervallik und musikalischen Substanz, wohl aber im ganzen Habitus der Geste an den Beginn des Liebesmahlspruches erinnern kann. Das bedeutet, daß sich gleichsam mit vertrauten Zügen ein völlig anderes in Parsifals Seele schleicht. Und dieses Sich-Hineinstehlen in sein Bewußtsein mit Gebärden und Wendungen, die dem «reinen Toren» tief vertraut sind, findet seine Fortsetzung, wenn Kundry nunmehr in einem maienhaft-zarten *G*-Dur-Satz Parsifal von seinem eigenen Leben spricht:

> Ich sah' das Kind an seiner Mutter Brust,
> Sein erstes Lallen lacht mir noch im Ohr;
> > Das Leid im Herzen,
> > Wie lachte da auch Herzeleide,
> > Als ihren Schmerzen
> > Zujauchzte ihrer Augen Weide!

Im innigen Ton eines Wiegenliedes beginnt ihr Gesang. Allmählich schwingt sich darin erneut das Herzeleide-Thema ein und erfüllt Parsifals Herz mit tiefster Rührung. Doch immer leidenschaftlicher, in sequenzartiger Steigerung sich häufend, tönt ihm diese Mutterwelt entgegen. In diese unerklärbare Erregung mischt sich ein *Schmerzens-Motiv*, das aus

Schmerzens-Motiv

der Schlußwendung des Herzeleide-Themas herausgebildet ist und als ein zweites Motiv der Schmerzensmutter gelten kann. Es begleitet Kundrys

Erzählung von dem Weh, das Herzeleide überkam, als der Sohn sie verlassen hatte:

> Doch ihr Wehe du nicht vernahmst,
> Nicht ihrer Schmerzen Toben,
> Als endlich du nicht wieder kamst,
> Und deine Spur verstoben.

Der Fluß des Melos versiegt. Von Pausen unterbrochen, zerfällt das Thema immer mehr in einzelne Teilstücke, bis seine Klage endlich ganz verstummt:

> Sie harrte Nächt' und Tage,
> Bis ihr verstummt die Klage,
> Der Gram ihr zehrte den Schmerz,
> Um stillen Tod sie warb:
> Ihr brach das Leid das Herz,
> Und – Herzeleide – starb. –

Zum zweitenmal erfährt Parsifal vom Tode der Mutter. Aber wie ganz anders ist diesmal seine Reaktion gegenüber dem wilden Ungestüm im ersten Akt. Mit lauten Weherufen sinkt er zu Kundrys Füßen, von Reue und Schmerz überwältigt:

> Wehe! Wehe! Was tat ich? Wo war ich?
> Mutter: Süße, holde Mutter!
> Dein Sohn, dein Sohn mußte dich morden?

Was er bei der ersten Kunde ihres Todes bewußtseinsmäßig noch nicht fassen konnte, wird ihm jetzt volle Gewißheit: daß jede Tat Folgen nach sich zieht und daß sein Entlaufen den Tod der Mutter verursacht hat. Damit aber wird ihm auch die Schuld voll erlebbar, die er auf sich geladen hat. Und zum erstenmal empfindet Parsifal wirklich Schmerz. Erst wenn der Astralleib im Menschen zum Aufwachen kommt – was etwa mit dem beginnenden dritten Lebensjahrsiebent anhebt – entsteht ein wirkliches *Bewußtsein* von den erlebten Empfindungen wie Schmerz, Freude, Begehrung oder Verlangen. Man könnte dem entgegnen, daß ja auch ein Kind, ja selbst das Tier Schmerz und Freude empfindet. Diese Empfindungen sind aber in Wahrheit doch immer nur reine Lust- oder Unlusterlebnisse. Mangel an Wohlempfinden verursacht Unlust, Entbehrung. Das aber ist noch kein echtes, bewußtes *Schmerz*-Erlebnis. Denn dieses entsteht erst durch ein verpersönlichtes Eigensein-Empfinden.

Dieser Zustand, wo der astralische Leib nicht nur Empfindungsleib ist, sondern gleichzeitig Bewußtseinsträger, tritt für Parsifal in diesem Augenblick, da er Kundry gegenübersteht, ein. Daher dieser Schmerz, der ihn so

überwältigt, weil ihm gleichzeitig ein Wissen um seine Schuld aufdäm-
mert. Vorher lebte er ganz in der Empfindungswelt darinnen, ohne
Bewußtseinsdistanz. Dadurch war sein Seelenleben undifferenziert und
unbewußt:

> O Tor! Blöder, taumelnder Tor!
> Wo irrtest du hin, ihrer vergessend?
> Deiner, deiner vergessend,
> Traute, teuerste Mutter!

Durch Kundrys Nähe, durch ihre Affinität zu Luzifer erwächst ihm
dieses Bewußtsein. Dies ist auch der Grund, warum Wagner der Erzählung Kundrys einen so relativ breiten Raum gewährt. Denn es soll in
diesem episch-bildhaften Vorgang der Bewußtseinsprozeß zum Ausdruck
kommen, der sich in Parsifals Seele vollzieht. Ähnliches erlebten wir ja
bereits bei der Wanderer-Szene mit Mime, deren Dialog ebenfalls auf eine
Bewußtwerdung Siegfrieds verwies. Was Kundry erzählt, steigt in Parsifal
als lebendige Erinnerung auf.

Es ist bewundernswert, wie Wagner auch dieses Verlassen der Mutter in
den Erkenntnisprozeß organisch einfügt, der ja Parsifals Mission bedeutet. Denn die Seele muß erst zum Schmerz-Erlebnis gebracht werden, ehe
sie Leid und Schmerz des anderen wirklich mitempfinden kann.

Einen besonderen Akzent trägt dieses Verlassen der Mutter interessan-
terweise in den mittelalterlichen Epen. Dort bedeutet es nicht bloß Schuld
sondern effektive *Sünde*, die alles weitere Unheil von Parzivals Unterlas-
sungen nach sich zieht. So lesen wir bei Christian von Troyes: «Der
Eremit fragte darauf, wie er heiße, und als er den Namen Perceval hörte,
den er gut kannte, erklärte er seufzend, ihm habe eine ihm unbewußte
Sünde geschadet: Der Schmerz, den seine Mutter um ihn erlitt, als er sie
verließ. Sie fiel ohnmächtig zu Boden und starb. ‹In Folge der Sünde, die
du damit begangen hast! (Por le pechie que tu an as; V. 6399), geschah es,
daß du weder nach der Lanze noch nach dem Gral fragtest. So sind dir
manche Übel zugestoßen›.»[14]

Die Unterlassung der Frage nach Gral und Lanze ist nach Christians
Darstellung somit die Folge der Sünde, die Perceval durch das Verlassen
seiner Mutter auf sich geladen hat. Auch Wolfram legt das Schwergewicht
auf diese «Sünde» und läßt Trevrizent in Klage ausbrechen über diese
schwere Schuld.

Bei Wagner dagegen bedeutet dieses Verlassen einen ersten großen
Schritt zur Findung des eigenen Wesens. Nicht das Verlassen der Mutter
ist bei ihm die Ursache, warum Parsifal beim ersten Besuch in der
Gralsburg seine Aufgabe nicht erfüllt hatte, sondern das Fehlen jeglichen
Wissens um die geistigen Zusammenhänge und der Mangel an Erkenntnis

seines eigenen Selbstes. Um diese zu gewinnen, ist das Sich-Lösen von der Mutter aber geradezu eine Vorbedingung. Alle Ereignisse sind bei Wagner in das Licht der Bewußtseinsseele, d. h. in die Seelenhaltung des fünften nachatlantischen Zeitraumes gestellt, in dem es um volle Ergreifung des Ich geht. Ganz eindringlich spricht dies das Speer-Motiv aus, das Parsifals Schmerzensausbrüche begleitet und ihnen ihren eigentlichen Sinn verleiht:

> Die Mutter, die Mutter konnt' ich vergessen!
> Ha! Was alles vergaß ich wohl noch?
> Wess' war ich je noch eingedenk?
> Nur dumpfe Torheit lebt in mir!

Die Art, wie Wagner das Speer-Motiv über die Schmerzens-Triolen in den Bässen sich immer wieder erheben läßt, bringt eindringlich zum Ausdruck, daß dieser Schmerz einen Widerstand bedeutet, an dem sich Parsifals Ich-Empfinden stoßen und sein Erwachen bringen soll. Kundry spricht dies auch aus:

> Bekenntnis
> Wird Schuld in Reue enden,
> Erkenntnis
> In Sinn die Torheit wenden.

Damit ist aber auch der Initiationsweg klar aufgezeigt, der im Bewußtseinsseelen-Zeitalter zu gehen ist. Der Name, der Parsifal durch Kundry überbracht wurde, war als letzter Gruß des «Vaters» gesprochen. Mit ihm erhielt er erste Kunde von sich selbst. Die «Mutter» jedoch hatte Parsifal durch sein Entlaufen «getötet». Es ist gerade der umgekehrte Vorgang, den die alte Einweihung gezeigt hatte: das Sich-Verbinden mit der «Mutter», d. h. mit der ätherisch-astralen Wesensschicht, und das Zurücklassen – das «Töten» – des «Vaters» als Bild der eigenen Ich-Kraft, wie wir es im zweiten Akt des Siegfried-Dramas ausgeführt haben.

Jetzt, im fünften Zeitraum, müssen die Ich-Kräfte voll und ganz Träger des Einweihungserlebnisses werden, die in der vorchristlichen Zeit nur ausnahmsweise und, wie bei Siegfried, nur zum Teil eine gewisse Vorausnahme erfuhren. Die mittelalterlichen Epen aber sind noch aus dem Geist der vierten nachatlantischen Kulturepoche geschrieben, in der die Verbindung mit dem «mütterlichen» Element in der Seele Grundlage der Initiation war. Deshalb wird auch Parzival der schweren «Sünde» geziehen, weil er der Mutter den Tod brachte; so fehlten ihm die spirituellen Voraussetzungen, um in der Gralsburg richtig zu handeln. – Es ist die Kunst Wagners zu bewundern, mit der er es verstand, die mythologische Überlieferung des Stoffes völlig neu in den Rahmen des neuen Zeitalters zu stellen und damit all den Entwicklungen, die sich im Ringdrama bereits anbahnten, aber nicht zu Ende gebracht werden konnten, ihr in der Menschheitsevolution beschlossenes Ziel zu geben.

Dieser Prozeß der Bewußtwerdung gipfelt also zunächst in dem gänzlichen Erwachen des Astralleibes, in dem sich nunmehr die Ich-Kräfte voll manifestieren können:

> Die Liebe lerne kennen,
> Die Gamuret umschloß,
> Als Herzeleids Entbrennen
> Ihn sengend überfloß!

Das Zauber-Motiv beginnt erneut zu schwelen und überglüht mit seiner Schwüle die vertraute Melodik des Herzeleid-Themas:

> Die Leib und Leben
> Einst dir gegeben,
> Der Tod und Torheit weichen muß,
> Sie beut
> Dir heut –
> Als Muttersegens letzten Gruß
> Der Liebe – ersten Kuß.

Der Kuß, den Kundry als «Muttersegens letzten Gruß» auf die Lippen des beinahe Ohnmächtigen drückt, ruht – musikalisch gesprochen – auf dem «mystischen Akkord», dem eigentlichen Ziel der ganzen bisherigen Entwicklung. Auf seiner nicht enden wollenden Dehnung flimmert und flirrt das Zauber-Motiv in unverhüllter Gestalt. Es liegt in der Vieldeutigkeit seiner Harmonie und Melodik, daß die Herkunft dieses Akkordes ins Vergessen sinken und er als etwas völlig Gegenteiliges erlebt werden kann. Die Nähe des Liebesmahlspruches, die Parsifal bisher im Zauber-Motiv durch die Ähnlichkeit seiner melodischen Gebärde mit dem Liebesmahl-Thema empfinden mußte, droht zu entschwinden, und eine bisher unbekannte Welt drängt sich in seine Sinne. Würde dies Drohende Wirklichkeit, hieße dies auch für Parsifal: «Vergessen seiner Herkunft». Mit unfaßbarer Sicherheit gestaltet Wagner seine Dramatik aus dem Geiste der Musik. Denn die absolute Umdeutung des Akkordes und seines Motives ist gleichbedeutend mit der absoluten Umdeutung der Mission Parsifals. – Der «mystische Akkord» entspricht in seiner musikalischen Stellung und Lage genau dem «Tristan-Akkord», wie er gleich zu Beginn des Vorspieles zum Tristan-Drama erklingt. Was in Parsifals Seele gleichzeitig entbunden wird, ist also die ganze Leidens- und Sehnsuchtswelt Tristans. Die Stunde der Entscheidung ist für ihn gekommen: welcher Macht wird er folgen? Jenen Herzenskräften, die ihn beim

Anblick des Grales und des leidenden Amfortas zutiefst berührten, oder jenen so zwangvoll emporsteigenden Triebgewalten, von denen sich seine Seele plötzlich erfüllt sieht? Dem Liebesmahl-Thema oder dem Zauberspruch?

Durch ihr eigenes Verstricktsein in die luziferische Begierdenwelt muß Kundry der Wirkung ihres Kusses sicher sein und die Erwartung hegen, daß Parsifal der Zwangsgewalt sich nicht wird entziehen können. Doch das Amfortas-Schicksal findet keine Wiederholung. Schon der vehemente Einbruch der Terzenchromatik des Sündenqual-Themas läßt dies ahnen. Mit der Gebärde höchsten Schreckens entreißt sich Parsifal ihren Armen und sein ganzes Wesen bebt in dem Schrei, der aus ihm bricht:

> Amfortas!
> Die Wunde! – die Wunde!
> Sie brennt in meinem Herzen.

Über Parsifal ist mit Kundrys Kuß eine plötzliche Erleuchtung gekommen. In einer untrüglichen Intuition erhellen sich ihm die wahren geistigen Zusammenhänge, die ihn stufenweise höchste Erkenntnis gewinnen lassen. Auf einer ersten Stufe steht die Leidensgestalt des Amfortas vor seinem Seelenauge, und er versteht nun die Tragik des siechen Königs aus seinem eigenen Fühlen heraus:

> Oh, Klage! Klage!
> Furchtbare Klage!
> Aus tiefstem Herzen schreit sie mir auf.
> Oh! Oh!
> Elender
> Jammervollster!
> Die Wunde sah ich bluten,
> Nun blutet sie in mir!

In dem von uns bereits erwähnten Brief Ludwigs II. stellt der König an Wagner in diesem Zusammenhang eine Frage, die auch für uns von Wichtigkeit ist: «Nur eine Frage erlaube ich mir an meinen geliebten Freund bezüglich des Parzival zu richten. – Warum wird unser Held erst durch Kundrys Kuß bekehrt, warum wird ihm dadurch seine göttliche Sendung klar? Erst von diesem Augenblick kann er sich in die Seele des Amfortas versetzen, kann er sein namenloses Elend begreifen, mit ihm fühlen!»[7]

Sicher ist diese intuitive Einsicht Parsifals keine Gabe Kundrys. Was der Kuß tatsächlich bewirkt hat, ist das Erwachen Parsifals in seiner astralen Wesensschichte und damit die Bildung jenes «inneren Spiegelbelages», durch den das Erlebte reflektiert und ins Bewußtsein gehoben wird. Durch Kundrys Kuß schließt sich gewissermaßen das «Tor» in seiner Seele, das bislang völlig offen und durchlässig war. Dies ist es, was Kundry bewirkt; die Inhalte, die sich nunmehr spiegelnd zum Bewußtsein bringen, erfließen aber aus Parsifals eigenstem Wesen, seinem Ich, und sind der Macht Luzifers entzogen. Menschheitlich gesehen heißt dies, daß Parsifal in diesem Augenblick im «status nascendi» des Sündenfalles steht. Er lebte bisher in jenem Kindheitsparadies, das einst auch die Menschheit vor dem Sündenfall durchlebt hatte. Durch die besondere Art seiner weltfernen Erziehung zum «Toren» wurde auf den «Kunstgriff» verwiesen, den die Schicksalsführung anwendete, um diese «Kindheit» gleichsam zurückzustauen und bis ins Jünglingsalter hinein auszuweiten. In dem gegenwärtigen Augenblick aber, wo das Erblühen des Astralleibes und die Bewußtwerdung des Selbstes zusammenfallen und sich der reflektierende Spiegelbelag bildet, steht Parsifal in der Konfrontation mit der luziferischen Verführung, wie sie sich im Paradies vollzogen hat.

Amfortas trägt die Folgen dieses Paradies-Sturzes als Bluterbe in sich. Was aber vollzieht sich in Parsifal? Wie kommt es, daß die in ihm wirksam werdenden Kundry-Kräfte, die ja auch sein Blut erfüllen, scheinbar keine Macht haben, ihn zu sich herunterzuziehen? Wie sehr sie in ihm rege werden, zeigt uns die zweite Stufe der Erkenntnisleiter, die Parsifal emporsteigt:

> Nein, nein! Nicht die Wunde ist es.
> Fließe ihr Blut in Strömen dahin!
> Hier! Hier im Herzen der Brand!
> Das Sehnen, das furchtbare Sehnen,
> Das alle Sinne mir faßt und zwingt!
> Oh! – Qual der Liebe! –
> Wie alles schauert, bebt und zuckt
> In sündigem Verlangen! . . .

Das Mitleiden wird zur *eigenen* Qual. Des Amfortas Wunde brennt in ihm selbst. Er weiß nunmehr, daß diese «Qual der Liebe» genauso sehrend in Amfortas brannte, wie sie jetzt ihn mit brennendem Schmerz erfüllt. Sündenqual-Melodik, Zauber-Motiv und das immer wieder grell abstürzende Kundry-Thema bilden die musikalische Substanz dieser Bewußtseinserhellung. Auch Parsifal wird nunmehr dieses «furchtbaren Sehnens» inne, das einst Tristan quälte, das in Amfortas wütende Qualen verursacht; auch er muß erfahren, wie diese Macht alle Sinne «faßt und zwingt».

Das Motiv des Sehnens zieht sich durch alle Werke Wagners, vom «Holländer» bis zum «Parsifal». Wagner hat die *Sehnsucht* als eine *Urkraft der menschlichen Seele* erkannt, die sich in den verschiedensten

Formen und Gestaltungen zur Erscheinung bringen kann. Im «Parsifal» hat er den Vorhang vor ihrem Geheimnis völlig gehoben und ihre gegensätzliche Wirkenskraft aus der Zwienatur des Menschen aufgezeigt. Die Macht des Sehnens ergießt sich über beide Wesensbereiche, sie ergreift die Vergänglichkeit unserer Kundry-Natur gleichermaßen wie unser unvergängliches Sein. Dort ist sie sehrendes Verlangen der Sinne, hier das Sehnen nach Vollendung. Der Tod kann von diesem Zwiespalt nicht befreien. Amfortas müßte wie Tristan erfahren, daß die Macht der Sehnsucht sein Ich erneut mit Durst nach Dasein erfüllen würde:

> Sehnen! Sehnen!
> Im Sterben mich zu sehnen,
> Vor Sehnsucht nicht zu sterben!

Tristan sprach es aus; Amfortas muß es als Menschheitslos durchleiden. Und wenn Parsifal Kundrys Kuß empfängt, klingt diese Tristan-Sehnsucht im Orchester erneut auf. Es gibt kein «Urvergessen» für das, was im Menschen unsterblich ist, denn dieses manifestiert sich ja gerade durch Bewußtseinskontinuität.

Die Sehnsucht der Seele ist ein kosmisches Erbe, das Welt und Mensch seit urfernster Vergangenheit in sich trägt und dessen Gewalt Wagner sein ganzes Leben lang mit aller Macht gefühlt hat. Wo fassen wir diese «Urkraft», die scheinbar so unüberwindbar ist, die soviel Qual und soviel Seligkeit über das Menschengeschlecht gebracht hat, wo fassen wir sie an ihrer Wurzel? Wo immer wir in der Evolution glauben, den Ursprung dieser Macht der Sehnsucht suchen zu können, stoßen wir stets auf ihre Wirkungen und Konsequenzen, nicht aber auf ihren Ursprung.

Seltsamerweise stoßen wir bei dieser Suche nach der Wurzel der Sehnsucht aber noch auf ein zweites Motiv, das uns ebenfalls durch alle Werke Wagners begleitet hat, das *Motiv des Opfers,* der Resignation. Mit diesem Motiv stehen wir an einem Anfang, in dem die Sehnsucht ihre letzte und tiefste Verursachung findet. Verfolgen wir die Menschheitsevolution im Lichte der Geistesforschung Rudolf Steiners, so werden wir auf den alten Mondenzustand der Erde zurückverwiesen, auf dem sich jenes Motiv des Opfers für das intuitive Bewußtsein als ein *kosmisches Ereignis* deutlich erschauen läßt. Und dort offenbart sich auch der Urgrund der Sehnsucht in der Zurückweisung eines von höchsten Gotteswesen dargebrachten Opfers. Um den Sinngehalt dieses zweifachen Geschehens – Opfer und Zurückweisung – in aller Tiefe zu verstehen, sei festgehalten, daß die Ursubstanz dieser Weltenschöpfung wesenhafter, göttlicher Wille ist. Denn das In-die-Offenbarung-Treten der Schöpfung ist eine Willenstat Gottes. In der christlichen Esoterik werden die Träger dieses göttlichen Willens «Throne» genannt; Rudolf Steiner spricht von den «Geistern des Willens». Dieser göttliche Urwille ist der Ausgangspunkt der Schöpfung. Alles, was sich durch ihn gestaltet im Weltenlauf der Evolution, tritt in die Zeit und damit in den alles umgreifenden Rhythmus von Werden und Vergehen.

In dieser Schöpfung soll nun der seiner göttlichen Ebenbildschaft *bewußt* gewordene Mensch die «Krönung» sein. Die Möglichkeit zu dieser Selbst-Bewußtwerdung muß daher der Evolution einverwoben werden, sonst könnte der Mensch nie Eigensein erringen. War im Ring-Drama doch gerade dieser «Freie» das heißerstrebte Ziel Wotans. In dem erwähnten Götteropfer haben wir die Keimlegung zu diesem künftigen Eigensein zu sehen. Die «Throne» opferten ihre eigene Wesenssubstanz den in noch unmittelbarerer Gottesnähe stehenden «Cherubim» hin. Doch eine Anzahl dieser allerhöchsten Gotteswesen leistete Verzicht und wies das Opfer zurück.

Diese «Götter-Resignation» aber zeitigte Folgen, sowohl für die Entsagenden als auch für jene, denen ihr Opfer verwehrt wurde. Für die zurückweisenden Cherubim bedeutete diese Nicht-Annahme des Opfers ein Sich-Entziehen von allem, was dem Zeitenlauf der Evolution unterworfen ist. Damit wurde von Anbeginn eine polare Weltstruktur geschaffen, die auf der untersten Ebene auch der Mensch in sich trägt. Ein Teil der Träger göttlicher Wesenssubstanz bleibt außerhalb und unberührt von allem, was im Evolutionsverlauf immer tiefer in die Stofflichkeit der Sinneswelt und ihre Vergänglichkeit hinunterstieg; er bleibt der reinen Dauer göttlichen Allseins verbunden. (Wir verweisen in diesem Zusammenhang auf die grundlegenden Ausführungen Rudolf Steiners in den Vorträgen über «Die Evolution vom Gesichtspunkte des Wahrhaftigen».)

Die Zurückgewiesenen aber, also jene in die Zeitlichkeit eintauchenden Wesenheiten, mußten sich durch den Verzicht der Cherubim in sich selbst zurückgestoßen fühlen, sie mußten «bei sich» bleiben, mußten ihre eigene Wesenssubstanz, die sie hingeben wollten, «selbst in sich tragen». Dieses Ereignis bedeutete aber das erste Aufblitzen eines Egoitäts-Erlebnisses. Und dies zeitigte nach zwei Richtungen hin Folgen. Einerseits wurde durch den Verzicht der Cherubim überhaupt erst die Möglichkeit für ein *Eigen-Erleben* geschaffen, was in weitester Konsequenz auch die Möglichkeit für die bereits an früherer Stelle erwähnte «Empörung Luzifers» in sich schloß, die sich ja ebenfalls während des Mondenzustandes dieser Erde ereignete. Andererseits aber verbindet sich mit diesem allerersten Selbst-Empfinden auch das Erleben eines Willens, der keine Erfüllung findet. Ein derartiger Wille aber, der seine Intentionen vorerst nicht verwirklichen kann, liegt der *Sehnsucht* zugrunde. Wir sehen: Sehnsuchts-Empfinden und Egoitäts-Erleben liegen in diesem Urstadium seelischer Eigenentwicklung dicht beieinander. Der zweifache Entwicklungsverlauf fällt in diesem potentiellen Urzustand noch zusammen und läßt erkennen, daß Sehnsucht ohne Eigen-Erleben gar nicht möglich ist: «Als die Sehnsucht sehen wir den Egoismus aufblitzen in der schwächsten Gestalt, aber wir sehen ihn sich hineinschleichen in die Weltentwicklung.»[32]

Damit haben wir die Macht der Sehnsucht an ihrer kosmischen Wurzel ergriffen. Die in sich selbst zurückgedrängten Wesen wissen um den Bereich, der sich der Zeit und allem, was sich in ihr zur Erscheinung bringt, entzogen hat; sie wollen von ihm aufgenommen werden, aber ihr Wille findet keine Erfüllung. Nun ist diese von Ewigkeit erfüllte Sphäre aber auch gleichzeitig das «göttliche Meer», aus dem der «Tropfen» des menschlichen «Ich» erfließt. Das Wissen um jenen Ewigkeitsbereich wird das Ich daher mit unstillbarem «Heimweh» nach dieser Ewigkeit erfüllen. Doch Erfüllung dieses Sehnens ist nur möglich, wenn dieses Ich den einstigen Götterverzicht auf seiner eigenen Ebene wiederholt. Resignation, um ein höheres Dasein zu gewinnen –, diese Wahrheit hat Wagner während der Arbeit an den «Meistersingern» gefunden. Im «Parsifal» wird sie Nachvollzug der Erlösungstat von Golgatha.

Gleichzeitig ist aber die «Sehnsucht» auch mit der Egoität und dadurch mit den Intentionen Luzifers verbunden. Das «Verlangen» der Sehnsucht, die *Sucht* des *Sehnens* ergießt sich über den ganzen Menschen und ergreift auch seinen irdischen Wesensteil; denn gerade in ihm kann sich das «Ego» am intensivsten empfinden und erleben. Damit kehrt sich im eigenen Seeleninnern die Richtung dieses Sehnens um. In der Kundry-Welt heißt Sehnen ein Wünschen und Begehren nach allem, was die Erde den Menschen durch die Sinne darbringt. Der astralische Leib, er wird durch die Weckung irdischen Verlangens in sich selbst gespalten; wie ein Gegenbild zum Streben nach der geistigen Welt ersteht in ihm das Sehnen nach Befriedigung der Sinne. Dieses «Schwellenerlebnis», bei dem sich der Mensch als Doppelwesen erkennen muß – Amfortas hat es in seiner Klage ausgesprochen – wird nunmehr auch Parsifal zuteil:

Das Sehnen, das furchtbare Sehnen,
Das alle Sinne mir faßt und zwingt!

Nach diesem Gewahrwerden seiner egoisierten Sinnesnatur erhellt sich ihm die dritte Stufe seiner Erkenntnisleiter: der «Weckruf» des Grals-Themas, von Trompeten und Posaunen feierlich intoniert, führt ihn der göttlichen Welt entgegen:

Es starrt der Blick dumpf auf das Heilsgefäß: –
Das heil'ge Blut erglüht; –
Erlösungswonne, göttlich mild',
Durchzittert weithin alle Seelen.
Nur hier, im Herzen, will die Qual nicht weichen.

Jetzt ist es das Speer-Motiv, das mit aller Macht aufsteigt und die Sündenqual-Melodik zu ihrer vollen Entfaltung in die «Heilandsklage» hinüberführt:

> Des Heilands Klage da vernehm' ich,
> Die Klage, ach! die Klage
> Um das entweihte Heiligtum: . . .

Parsifal erlebt nun dieses allerschmerzlichste Liebesmahl, dem er beiwohnen durfte, mit vollem Wissen seiner Bedeutung. Was in seiner Seele immer gegenwärtig war, wird ihm nunmehr voll erfaßbar. Er weiß, daß des Amfortas Leiden nicht nur sein eigenes ist, daß es Menschheitsleiden, – daß es Christusleiden ist. Und daß er aufgerufen ward, Heiler diesem Leiden zu sein:

> ‹Erlöse, rette mich
> Aus schuldbefleckten Händen!›
> So – rief die Gottesklage
> Furchtbar laut mir in die Seele.

Schwer lastet die Schuld seiner Unwissenheit:

> Und ich? Der Tor, der Feige!
> Zu wilden Knabentaten floh' ich hin!
> Erlöser! Heiland! Herr der Huld!
> Wie büß' ich Sünder meine Schuld?

Speer-Motiv und die Schmerzens-Sekunden des Liebesmahlspruches tragen diese aus Parsifals hohem Selbst erfließende inbrünstige Bitte.

Parsifal ist also durch die in seinem Mitleiden der Amfortastragik aufblitzende Intuition *wissend* geworden. Der «Sündenfall», in dessen status nascens er stand, hat aber eine andere Wendung erfahren, als es bei Amfortas und dem Schicksal der Menschheit der Fall war. Parsifal bleibt von dem tatsächlichen Sturz in die Sinneswelt und ihrer Umstrickung bewahrt. Woraus ist dies zu erklären?

Ein erstes wesentliches Faktum stellt die Tatsache dar, daß im Augenblick seiner Bewußtwerdung die ganze «Erdenerfahrung» des Amfortas in Parsifal lebendig wird. Wenn wir nach Wagners eigenen Worten in Amfortas den «Würdigsten» von allen zu erkennen haben, weil «keiner wie er tief und innig das Wunder des Grales *erkannte*»[5], so leuchtet diese höchste Erkenntnisweisheit des Amfortas nunmehr in Parsifals Seele auf – wobei diese Erkenntnisweisheit des Amfortas in ihrer letzten Tiefe die Frucht eines Opfers ist: des völligen Hinabsteigens in die Sinneswelt. Ohne dieses Leidensopfer des «anderen» könnte Parsifal durch *Mit-leiden* nicht wissend werden. In seiner Seele vereinigt sich nun dieses Wissen mit der Inbrunst und Ausschließlichkeit seiner Gottesliebe, d. h. mit der Liebe zu seinem *Ursprung*, den er ja eben jetzt erst verläßt.

Urgewaltig ist daher sein Selbst-Erleben, das ihm diese Stunde beschert. Denn noch hat sich nichts von der trübenden Maja seines *Egos* dazwischengeschoben. Diese Eigenliebe, diese Liebe zu sich selbst ist ja die Ursache, daß die Liebe zur geistigen Welt und damit zum eigenen Ursprung immer mehr verblaßt und am Ende ganz vergessen wird. Die spezifisch leiblich-seelische Konfiguration Parsifals macht es vielmehr möglich, daß in dem Augenblick, in dem Bewußtheit und Selbsterlebnis in ihn hereinschlagen, sie die ganze Unberührtheit und Liebeskraft seines Herzens entzünden und Selbst-Erleben für ihn dennoch das Gewahrwerden seiner urbildlichen Ichheit bedeutet. Das Bewußtseinslicht, das ihn in diesem Augenblick erhellt und ihn sein Geschöpf-Sein gewahren läßt, wird von den Buddhi-Kräften seines Herzens gleichsam aufgefangen und getragen, so daß sich die «Heilands-Klage», die «Erlösungswonne», die «göttlich mild» weithin «alle Seelen durchzittert», stärker erweist als das in diesem Augenblick ebenfalls sich aufrichtende Ego und dessen «sündiges Verlangen». Die Liebe zum Heiland, das Mitleid mit seiner Klage ist in Parsifal so übermächtig, daß es keiner Gewaltanwendung, keiner Fesselung der Sinne bedarf, um die Geschöpfnatur zu überwinden. Hierin liegt das Wundervolle dieses Augenblicks, daß eine Seele gleichsam in ihrer paradiesischen Reinheit erhalten wurde und in dem Augenblick, da sie – mitleidend das Opfer des *anderen* – von Weltenwissen erfüllt wird, dieses Wissen mit jener paradiesischen Unberührtheit liebend verbinden kann. Um dies zu ermöglichen, bedurfte es im Schicksalslauf dieser Individualität langer Vorbereitungen.

Das Schicksal zeigt, daß Wissen und Erkenntnis nur durch intensivste Berührung mit der Sinneswelt zu gewinnen ist. Diese Erdenerfahrung aber ist es gleichzeitig, die alle Geistberührung mehr und mehr schwinden macht. Bedeutet sie doch eine immer stärkere Verbindung mit den egoisierenden und verhärtenden Kräften dieser Erdennatur. Wir alle wären stärker im Empfinden der Liebe und des Mitleids, wenn wir nicht diesen Erdenweg von der Geburt an gehen müßten in unentwegter Konfrontation dieses bitteren «Lethe-Trankes» der Materie. Da wird schließlich dieser «Schleier der Maja» ein so dichter Vorhang, daß uns von dem ursprünglichen Empfinden immer mehr verlorengeht und unsere «reine Minne» zu Gott und Welt so abgeschwächt wird, daß sie schließlich in das «sündige Liebesverlangen» zur Materie umschlägt. Bei Parsifal wurde dagegen eine Menschenhülle bereitet, die es ermöglichte, daß das uralte Erkenntnislicht Luzifers sich unmittelbar mit einer paradiesischen Liebeskraft vereinen konnte und sie von allen widergöttlichen Folgen dieser Erkenntniserringung bewahrt blieb. Parsifal ist damit ein Erstling der Zukunft, in welchem die durch Golgatha zur Erde gebrachten Paradieseskräfte voll und rein zum Erblühen kommen. – Allein, was mußte nicht alles geschehen, um dies zu ermöglichen? Der frühe Tod des Vaters, der Schmerz der Mutter, seine Erziehung zum weltfremden, reinen Toren, das Sich-Lösen von der Mutterhülle und das Finden der Gralsburg, d. h. die Bewahrung einer seelischen Durchlässigkeit für die Realitäten der geistigen Welt. Schließlich das Miterleben der Gralsfeier, das Ansichtigwerden des aufleuchtenden Erlöserblutes im Anblick der Menschheitstragik des Amfortas-Leidens.

Wagner selbst weist auf den innigen Zusammenhang zwischen der Liebesmahl-Melodie und den Leiden des Amfortas hin. Cosima notiert am 11. August 1877 in ihr Tagebuch. «. . . Heute nun ist die Hauptstelle ‹Nehmet hin mein Blut um unsrer Liebe willen, nehmet hin meinen Leib und gedenket mein' ewiglich› gänzlich da, in ihrer Milde, in ihrem Schmerz, in ihrer Einfalt und Hoheit. ‹Die Schmerzen Amfortas'› sind darin enthalten›, sagt mir R.»[6]

Als eine wesentlichste Voraussetzung aber muß uns der karmische Lebensweg dieser Individualität erscheinen, der sie in so innige Berührung mit der Christus-Sphäre brachte, daß sie sich im Ansichtigwerden auf Erden mit ihr wie mit ihrem eigenen Ich erfüllen konnte. Nur aus diesen durch Rudolf Steiner aufgezeigten karmischen Zusammenhängen ist das «Wunder» dieses Augenblicks zu erklären. Nichtsdestoweniger ist die bereits erwähnte Tatsache gewiß nicht von geringerer Bedeutung, daß die Erkenntnis-Weisheit, die nur durch den Verlust des Paradieses erworben werden kann, durch einen anderen «Menschen-Bruder» errungen wurde. Die Menschheitstragik des Amfortas mußte einmal durchlitten werden, damit ein Kommender ihre Wissensfrucht ergreifen kann, ohne selbst den Sturz erleiden zu müssen. Dies wird Parsifal bei seiner Heilstat an Amfortas selbst aussprechen.

Die Notwendigkeit eines solchen «Vorleidens» wird eindringlich durch die vierte Erkenntnisstufe erlebbar, die sich Parsifal nunmehr erringt, wenn Kundry mit leidenschaftlicher Bewunderung sich ihm erneut zu nähern versucht.

> Gelobter Held! Entflieh' dem Wahn!
> Blick' auf! Sei hold der Huldin Nahn!

Der Dämon, der in ihr wohnt, heißt sie ihre stärksten Verführungskünste einzusetzen. Das Kundry-Motiv erscheint in einer neuen, lockenden Form, ein Netz aus feinsten Maschen der Verführung gewoben. Aber der Klang ihrer Stimme, ihre liebkosenden Gebärden zerreißen den letzten Schleier, der sich noch trügend um die wahren Zusammenhänge legt.

Ja! Diese Stimme! So rief sie ihm;
Und diesen Blick, deutlich erkenn' ich ihn,
Auch diesen, der ihm so friedlos lachte.
Die Lippe, – ja – so zuckte sie ihm; ...
... So schlang um den Hals sich der Arm ...
...Das Heil der Seele
Entküßte ihm ihr Mund!

Eine wollüstige Grazie ohnegleichen liegt über dieser gleißend, hastenden Begleitmusik, die begehrt und flüstert, liebkost und voll Hingebung der Sinne ist. Parsifal beschreibt mit fliegenden Worten, mit unruhigem Atem dieses Verlangen, aber nicht die eigene Begierde, vielmehr die Wunde des Amfortas stöhnt in ihm auf. Und auch das letzte Geheimnis enthüllt sich seinem Blick: Kundry war die Verderberin des Amfortas. *Ihr* Wesen war es, das namenloses Leid auf den König, auf die Ritterschaft, den Gral, auf die Menschheit und auf den Heiland selbst gehäuft hat. Heftig stößt er sie von sich:

Ha! – dieser Kuß! –
Verderberin! Weiche von mir!
Ewig – ewig – von mir!

Das aphroditenhafte *G*-Dur ihrer Verführung ist mit dieser Schlußkadenz in das gleichnamige Moll verwandelt worden. Wie großartig offenbaren sich in dieser Tonsprache doch die tiefsten Geheimnisse. Parsifal stößt die Verderberin von sich und leitet sie damit gleichzeitig in Grals-Nähe. Denn *g*-Moll ist ja die Tonart der büßenden Kundry, in der sie im ersten Akt Gurnemanz den Balsam für Amfortas reichte. So liegt bereits in diesem Zurückstoßen ein erster Schritt zu ihrer Erlösung. Dies sprach ja auch Klingsor aus: «Ha! Wer dir trotzte, löste dich frei.»

Und dies muß seine Wirkung zeigen. Das Wesen der «dienenden Kundry» wird irgendwie zum Durchbruch kommen müssen, nachdem die «Verführerin» besiegt ist. Auch wenn Kundry in höchster Leidenschaft Parsifal beschwört:

Grausamer!
Fühlst du im Herzen
Nur andrer Schmerzen,
So fühle jetzt auch die meinen.
Bist du Erlöser,
Was bannt dich, Böser,
Nicht mir auch zum Heil dich zu einen?

Auch wenn sie immer noch glaubt, daß sie in der ihrer Natur gemäßen

Liebe zu Parsifal Erlösung finden werde, so ist es doch die Sehnsucht nach dem Heil, die aus ihr spricht. In zartesten Andeutungen läßt sich die Wandlung ahnen, die sich in ihr vollziehen wird, wie sich «die sinnliche Liebe zur opferwilligen Hingabe» veredeln, wie «Naturgewalt zur sittlichen Gottestat»[33] sich wandeln wird; das erste unmerkliche Einstrahlen des Christusprinzipes in die widerstrebenden luziferischen Naturgewalten. Zu den eindringlichsten dieser zarten Andeutungen ihrer bevorstehenden Wandlung gehört die Leidenschafts-Motivik bei den Worten: «So fühle jetzt auch die meinen.» Die absteigenden, zum Teil zu verminderten Intervallen verzerrten Quartschritte dieses Melos lassen im Hintergrund als die eigentliche Motiv-Substanz deutlich das Gralsglocken-Thema erkennen.

Diese Sehnsucht nach einer höheren Seinssphäre läßt sie jetzt vor Parsifal ein Bekenntnis ablegen, das uns das ganze Geheimnis ihres individuellen Daseins enthüllt. Während Parsifals stufenweiser Erkenntnisaufstieg eine heftige Entwicklung zeigt, ist Kundrys Lebensbeichte ein geschlossenes Seelenbild. Wie die Amfortas-Klage weist auch sie ins Weltweite und Menschheitliche und ist mit ihren ein- und ausleitenden Rahmensätzen formal ein ebenso siebengliedriger, symmetrisch sich spiegelnder «Bogen», wie ihn das Bekenntnis des Amfortas vor der Gralsenthüllung darstellte.

> Seit Ewigkeiten – harre ich deiner,
> Des Heilands, ach! So spät,
> Den ich einst kühn geschmäht.

Die Worte leiten den zweiten Abschnitt des Bogens ein, nachdem ihre leidenschaftliche Aufforderung, Parsifal möge nun auch ihr Leiden erfahren, den einleitenden Rahmensatz bildete. Geheimnisvoll kündigt sich in diesen Worten die Verbindung an ihres namenlosen urzeitlichen Wesens (die seit Ewigkeiten Harrende) mit ihrem individuellen Dasein als Herodias (als die sie den Heiland schmähte). Darin liegt auch der Fluch verborgen, der auf ihr ruht:

> Oh! –
> Kenntest du den Fluch,
> Der mich durch Schlaf und Wachen,
> Durch Tod und Leben,
> Pein und Lachen,
> Zu neuen Leiden neu gestählt,
> Endlos durch das Dasein quält!

Das über zwei Takte gedehnte Zauber-Motiv, das in seinem Endaufstieg merkwürdig an jene dem Ritt-Motiv angehängten Sekund-Seufzer gemahnt, die Terzenchromatik der Sündenqual und ihr Namensthema tragen diesen Ahasver-Fluch, aus denen die Qual des nicht endenden Daseinsdurstes gleichermaßen ertönt, wie die Sehnsucht davon erlöst zu werden.

Das von dem traurigen Klang des Englisch-Horns und der Celli getragene Liebesmahl-Thema leitet den dritten Abschnitt ein. Er führt uns unmittelbar in Kundrys Herodias-Inkarnation:

> Ich sah – Ihn – Ihn –
> Und – lachte . . .
> Da traf mich sein Blick.

Das Erschauen des Heilands und sein Blick sind musikalisch verschieden ausgedrückt. Bei dem Wort «sah» ertönt der aufsteigende Liebesmahl-Spruch, das Hinaufschauen Herodias' als Geste nachvollziehend. Aber die «Schwäche-Triolen», das Kundry-Motiv und die über zwei Oktaven abstürzende «Lach-Septime» geben diesem Emporschauen eine schreckliche Wendung. Nach einer atemberaubenden Fermaten-Stille setzt leise die Terzenchromatik der Heiland-Klage ein. Der Heiland blickt herab zu ihr: «Da traf mich sein Blick.» Hier erfahren wir das intimste Geheimnis dieses Motives: was aus ihm tönt, ist der *Blick des Christus.* Kundry selbst spricht es aus. Zum sechsten Male steht Parsifal diesem geistigen Erlebnis gegenüber: dem Gewahrwerden des Christus-Auges hinter der Erscheinungswelt. Zum erstenmal in der getöteten Kreatur, dann bei dem Gang «über die Schwelle», wo sich die Zeit zum Raume wölbte, durch das Leiden des Amfortas blickte es auf ihn, bei der Gralsenthüllung und nach dem Kuß der Verführerin, als er selbst, wissend geworden, dem Thema seinen Namen gab: Heiland-Klage.

Dieser stumme, schmerzenstief-traurige Blick voll unendlicher Liebe war der Anfang ihrer Qual: denn ruhelos sehnt sie sich nach ihm zurück und sucht ihn durch der endlosen Zeiten Lauf:

> Nun such' ich ihn von Welt zu Welt,
> Ihm wieder zu begegnen.

Auch dieser vierte Abschnitt wird von der aufsteigenden Liebesmahl-Melodik eingeleitet. Er bildet die Mittelachse des siebengliedrigen Bogens. Melodisch stellt dieser Teil eine ergreifende Umbildung der «Heilands-Klage» dar.

Der fünfte Abschnitt trägt die Signatur des dritten, führt jedoch gleichzeitig Kundrys rastloses Suchen fort:

> In höchster Not
> Wähn' ich sein Auge schon nah,
> Den Blick schon auf mir ruhn:

Das Grals-Motiv, in seiner reinen Dur-Harmonie, führt Kundry zu dem ersehnten Quell empor. Durch das Auge des Helden, der ihr als «Christus-Träger» gegenübersteht, glaubt sie dem Blick des Erlösers erneut zu begegnen. An Stelle des «Blick-Motives», d. h. der Heiland-Klage, wie sie im dritten Abschnitt erklang, steht jetzt folgerichtig der «Weckruf» des Grals-Themas. Denn der Gralsritter, der ihr nahte, ist ja nunmehr der Träger des Christusgeistes, der wahre «Christophorus».

Aber mit grauenvollem Hohn zerschneidet die stürzende Kundry-Melodik die Weihe dieses so sehr ersehnten Augenblicks:

> Da kehrt mir das verfluchte Lachen wieder,
> Ein Sünder sinkt mir in die Arme!

Von dieser Stelle aus erhält Kundrys Verführungswerk eine noch tiefere Sinngebung. Zunächst ersteht die Frage: was bedeutet ihr dieser Blick, den sie rastlos sucht «von Welt zu Welt»? Was schaute ihr aus diesem Auge reiner Liebe entgegen? Ein *Werden*, das die Vergänglichkeit nicht kennt; ein *Leben*, das den Tod überwunden hat; ein *Sein*, das der harrenden und seufzenden Kreatur die Fessel irdischen Daseins zu lösen vermag; eine *begierdenfreie Liebe*, die ihr *Befreiung* bringt aus ihrer Triebwelt und *Erlösung* ihrer Kundry-Natur bedeutet. Das ist die «*Ruhe*», die Kundry sucht von Leben zu Leben. Und dieser Erlösung glaubte sie sich nahe, oft und oft – auch damals, als Amfortas auf sie blickte. Und immer fand sie sich getäuscht, es kehrte ihr das «verfluchte Lachen wieder», immer wieder mußte sie es erleben, daß *ihr* Wesen, das triebhaft-kreatürlich *Vergängliche* in dem Helden stärker war als das *Unvergängliche*:

> Da lach' ich – lache,
> Kann nicht weinen:
> Nur schreien, wüten,
> Toben, rasen
> In stets erneu'ter Wahnsinns Nacht,
> Aus der ich büßend kaum erwacht.

Unaufhörlich peitscht sie ihr Namens-Motiv in die Wahnsinnsnacht der Verzweiflung. Die Schmähung, die in diesem selbstzerfleischenden Rasen des sechsten Abschnittes liegt, nimmt deutlich Bezug auf das «Harren» nach dem Gottgesandten, wie es der zweite Abschnitt aussprach. Auch dessen abstürzende Melodik klingt hier in einer dem Wahnsinn gleichenden Steigerung auf.

141

Mit einem ekstatischen «Lachen» schloß auch das Siegfried-Drama:

Lachend muß ich dich lieben;
Lachend will ich erblinden;
Lachend laß uns verderben –
Lachend zugrunde gehn!

Im Schlußhymnus bekundete sich ein euphorisches Sich-Finden und Einswerden:

Leuchtende Liebe,
Lachender Tod!

Die Frage nach dem Tod scheint sich in dem dionysisch-rauschenden Jubel selbst aufzulösen. In Kundrys Lachen stellt sie sich als qualvoller Verzweiflungsschrei: Welch Unterschied liegt zwischen jenem Frohlokken der heidnischen Zeit und dem Lachen in «Wahnsinnsnacht» Kundrys? Im Lachen vollzieht die Seele immer einen Prozeß der Exkarnation; lachend weitet sich die Seele von ihrem Ich-Mittelpunkt zur Peripherie. «Wir ziehen unseren astralischen Leib für einen Augenblick zurück aus dem physischen Leib, ja auch aus dem Ätherleib heraus und bewahren ihn dadurch davor, daß er sich berühren läßt von dem anderen Wesen» unserer Welt. Wir erheben uns über dieses Wesen, das uns vielleicht Ungemach bringen möchte, «indem wir unseren astralischen Leib wie eine elastische Substanz sich ausdehnen lassen.» Da nun aber alles, was im astralischen Leib vor sich geht, seinen Ausdruck im physischen Leib findet, «so drückt sich auch dieses Zurückziehen des astralischen Leibes im physischen Leibe aus; und der Ausdruck der Erweiterung des astralischen Leibes im physischen Leibe ist das Lachen oder Lächeln.» [34]
In diesem Sinne bedeutet der Schlußgesang Siegfrieds und Brünnhildes ein Aufgehen im Makrokosmischen; er bekundet den Willen, sich nicht an die Erde ketten zu wollen, und ein Sich-Erheben über deren Todeskräfte. Hingegen bringt das gellende, schreiende Lachen Kundrys nicht Befreiung und Erweiterung des Astralen. In Wahrheit vollzieht sich ein Gegenteiliges: sie lacht, weil sie nicht *weinen* kann. Weinen bedeutet «ein Zusammenpressen des astralischen Leibes». Das Ich, das einen Verlust gewahrt, «preßt sich zusammen, weil es ärmer geworden ist, weil es seine Selbstheit weniger stark fühlen kann als früher». Dadurch werden «die Substanzen des physischen Leibes» als Tränen nach außen gepreßt. [34] In diesem Augenblick, da «die Träne quillt», löst sich aber bereits der Schmerz, der dieses Zusammenpressen in der Seele verursachte. Die Träne ist eine «merkuriale» Kraft, die aus der Verkrampfung befreit. Diesen Balsam der Träne entbehrt Kundry. So findet der Schmerz keine Möglichkeit, sich aus dem Krampf zu lösen, und schlägt um in ein zwanghaftes,

selbstzerstörendes Verlachen, in ein höhnendes Herabziehen eines Höheren, zu dem man sich erheben, in dem man aufgehen möchte, das aber der eigenen Unzulänglichkeit unerreichbar ist.

Die Wurzel dieser Pein – weinen zu wollen und es nicht zu können – enthüllen Kundrys Worte: «Ich sah *Ihn* – und lachte!» Daß sie als Herodias den Heiland verlachte, ist leicht einsehbar; es erfließt einfach aus der widergöttlichen Sphäre, in die sie sich in dieser Inkarnation gestellt hatte. Aber in Herodias steckt ja auch noch das universelle Kundry-Wesen, jene Reproduktionskraft der Natur, die in Herodias zu einem Gipfelpunkt egoistischer Triebgewalt wurde. So sehen wir, daß das vergängliche Leben, das sich selbst als das niedere, als «Fluch» empfindet, das unvergängliche, höhere verlacht. Sie hat jedoch damals schon, als Herodias, dieses andere Leben erkannt. Aber aus ihrer Natur heraus konnte sie es nicht ergreifen. Als Herodias verhöhnte sie es, als Kundry muß sie es ersehnen.

Fassen wir die Szene als Ganzes und erkennen wir sie als ein Glied in der Schicksalskette Kundrys, dann sehen wir auch wieder die Notwendigkeit, die in ihrer unsagbaren Tragik liegt. Denn wann darf Kundry gewiß sein, daß sie dem *wahren* Auserwählten gegenübersteht? Nur dann, wenn ihre höchsten Verführungskünste sich dem Helden gegenüber machtlos erweisen. Um dies zu wissen, muß sie mit aller Macht ihres begehrenden Lebens den Helden berücken. Denn Überwindung kann nur dort volle Realität werden, wo das zu Überwindende mit höchster Intensität dem Überwinder entgegentritt. In diesem Verführungswerk liegt aber kein bewußt ausgeheckter Plan, es ist keine geschickte Berückungstaktik, Kundry folgt darin vielmehr der Zwangsgewalt ihres eigenen Wesens. Im letzten Abschnitt, dem ausklingenden Rahmensatz ihrer Beichte, wird dies erschaubar:

> Den ich ersehnt in Todesschmachten,
> Den ich erkannt, den blöd' Verlachten,
> Laß mich an seinem Busen weinen,
> Nur eine Stunde mich dir vereinen,
> Und, ob mich Gott und Welt verstößt!
> In dir entsündigt sein und erlöst!

Ihr Begehren ist zu höchster Leidenschaft entflammt. In ihrer Sehnsucht nach dem Höchsten wähnt sie jedoch, dies in ihrer eigenen Natur – nämlich in der irdisch-sinnlichen Vereinigung – finden zu können. Dadurch aber treibt sie ihre Verführerkunst zur höchsten Steigerung. Die Melodik ihrer Worte läßt jetzt aber ganz deutlich aufklingen, daß dahinter die unbewußte Sehnsucht nach Erlösung steht: denn sie greift, mit ungleicher Steigerung des Leidenschaftsgrades, jene Quartenmotivik erneut auf, die der einleitende Rahmensatz erklingen ließ und auf deren Zugehörigkeit zum Gralsglocken-Thema wir bereits verwiesen haben.

Hingebungs-Motiv

Wie Kundry ihr Verführungswerk zur höchsten Intensität steigern muß, um den «Echten» vom «Falschen» zu unterscheiden, so braucht auch Parsifal die Verführerin, da er nur durch sie seine echte «Nachfolge» erweisen kann. Indem sie ihm ein Wissen von seiner irdischen Sinnesnatur gab, muß er sich an einen «Kreuzweg» gestellt sehen, an dem sich Himmel und Erde scheiden. Und dies zeigt ihm die Möglichkeit auf, auch einer anderen Seelenkraft folgen zu können als jener, der er bisher in kindhafter Ausschließlichkeit ergeben war. Gerade dadurch aber kann Parsifal *bewußt* dieses Stück Himmel ergreifen, das in ihm so lebendig blieb:

> Auf Ewigkeit
> Wärst du verdammt mit mir
> Für eine Stunde
> Vergessens meiner Sendung
> In deines Arms Umfangen! –
> Auch dir bin ich zum Heil gesandt,
> Bleibst du dem Sehnen abgewandt.

Parsifal spricht von der Verkehrung des Sehnens durch die egoistische Triebnatur. Aber niemals kann aus ihr Erlösung kommen:

> Die Labung, die dein Leiden endet,
> Beut nicht der Quell, aus dem es fließt,
> Das Heil wird nimmer dir gespendet,
> Eh' jener Quell sich dir nicht schließt.

Die Quelle all des Leidens ist das an die irdischen Sinne gebundene Ich: der «Speer in Klingsors Hand». Die *Labung*, die dieses Leiden endet, kann wieder nur unser Ich sein, der aus der Fessel Klingsors entwundene Speer. Ein wahrer und ein verdorbener Quell der Sehnsucht beherrscht die Seele, und nie wird das Sehnen zur Ruhe kommen, solange der eine den anderen beherrschen oder verdrängen will. Deshalb ist Parsifals Erkenntnis so wichtig, daß die Wiedergewinnung des «Speeres» nicht

Niederzwingung oder Eliminierung jener Kundry-Natur bedeuten kann, sondern deren *Verwandlung*:

> Ein andres ist's – ein andres, ach!
> Nach dem ich jammernd schmachten sah,
> Die Brüder dort in grausen Nöten
> Den Leib sich quälen und ertöten.
> Doch wer erkennt ihn klar und hell,
> Des einz'gen Heiles wahren Quell?

Wenn an dieser Stelle im Orchester das Glaubens-Thema aufklingt, dann wird dadurch eindringlich auf den einzigen wahren Quell verwiesen, der zur «Regeneration» (R. Wagner) des Menschengeschlechtes aus den korrumpierten Blutesgewalten führen kann. Die Ritter haben es nach der Gralsspeisung ja ausgesprochen.

> Nehmet vom Brot,
> Wandelt es kühn
> In Leibes Kraft und Stärke . . .

Es ist Wagners tiefste Überzeugung, daß nur diese Christuskräfte des «Lebensbrotes» allein imstande sind, das verdorbene Blut aus den Fesseln des Egoismus zu befreien. Daher bedarf es dieses «durch Erkenntnis wiedergewonnenen Paradieses» der Glaubenskraft, mit der sich die Geschöpfnatur erfüllen muß, um ihre Wandlung und Regeneration zu erwirken. Denn diese Geschöpfnatur ist in ihrer Grundsubstanz rein wie der Blütenkelch der Pflanze. Daher darf sie nicht durch Askese abgetötet und vergewaltigt werden. Ist sie doch zum Träger eines Lebens auf Erden bestimmt, wie es dem Heiligen Gral entströmt.

> Oh, Elend! Aller Rettung Flucht!
> O Weltenwahns Umnachten:
> In höchsten Heiles heißer Sucht
> Nach der Verdammnis Quell zu schmachten!

Abtötung der Sinnes-Natur ist für Parsifals Wissen «Weltenwahn», ein Schmachten «nach der Verdammnis Quell», denn es ist letztlich der Weg Klingsors. Wagner war sich des religionsphilosophischen Schwergewichts dieser Stelle wohl bewußt. Zu Glasenapp äußerte er sich, daß sie «im Didaktischen fast die Grenze des Erlaubten übersteige; er sei nie so weit gegangen».[17]

In der Umstrickung durch ihr eigenes Wesen hört Kundry jedoch nur die Ablehnung aller die Sinnesnatur abtötenden Handlungen heraus und erkennt «in wilder Begeisterung» die «Welthellsichtigkeit» Parsifals:

So war es mein Kuß,
Der welthellsichtig dich machte?
Mein volles Liebesumfangen
Läßt dich dann Gottheit erlangen!

Bis in den Wortlaut hinein offenbart Kundry die luziferische Welt, der
sie angehört: «Ihr werdet sein wie Gott!»
Erneut drängt und lockt die ganze Zaubergarten-Motivik und kündet
von dem Unheil, das hereinbräche, wenn Parsifal ihr erliegen würde.
Kundry, in dem Wahn, ihr Kuß hätte ihm diese Welthellsichtigkeit
geschenkt, verfällt erneut dem tragischen Irrtum ihres Lebens: Erlösung
aus den Triebkräften ihres unkeuschen Leibes schöpfen zu können:

Laß' mich dich Göttlichen lieben,
Erlösung gabst du dann auch mir.

Durch Kundry hat sich für Parsifal die ganze Bedeutung des irdischen
Sinneslebens eröffnet, aber in der Art wie der Mensch es allein durch die
Begierde kennenlernt. Damit findet gleichzeitig die Frage König Ludwigs
ihre Beantwortung, warum Parsifal erst jetzt das «namenlose Elend des
Amfortas mitfühlen kann.» Indem sich dieses Wissen in Parsifal mit seiner
von reinster Gottheit durchdrungenen Seele verbindet, wird ihm aber
noch ein weit über Kundry hinausführendes Wissen: «daß dieses Sinnliche in seiner wahrsten Bedeutung erst in dem Menschen auftritt, wenn es
begierdenfrei ist.»[15] Diese Erkenntnis läßt ihn die oben zitierten Worte
sprechen und stellt das Gralsgeheimnis vom geläuterten Blütenkelch der
menschlichen Sinnesnatur klar vor seine Seele. «Groß und schön stellt nun
Richard Wagner die begierdenfreie Sinnlichkeit dar, wie sie errungen wird
durch die innere Kraft des Geistes, den Parzival-Geist, den er den
christlichen nennt. So stellt er sie dar, wie sie errungen wird auf der einen
Seite durch den Heiligen Gral und auf der andern Seite im Zauberschloß.
Also auf der einen Seite durch ihre Bezwingung, auf der andern Seite
durch ihre Abtötung. Das sind die zwei Seiten, die benützt werden, um
hinaufzukommen zum Geist. Die einen töten das Sinnliche ab, sie treiben
Askese, sie nehmen sich die Organe, um nicht der Schwäche zu verfallen.
Die andern bleiben Menschen, sie wollen nicht dadurch hinansteigen zu
der höheren Erkenntnis, sondern dadurch, daß sie das Höhere zu einer
noch größeren Stärke in sich entwickeln. Das ist der Weg, den Parzival als
den richtigen erkannt hat. Stärker werden, wie stark auch die Versuchun-
gen an uns herantreten mögen, das ist es.»[15]

Lieb' und Erlösung soll dir werden,
Zeigest du
Zu Amfortas mir den Weg.

146

Das Parsifal-Thema in Verbindung mit dem in der «Schwellentonart» *Ges*-Dur erklingenden Grals-Motiv führt bei diesen Worten die große Wendung der Gesamttonalität des Aufzuges von *g*-Moll nach der Anfangstonart *h*-Moll herbei. Bei dieser Modulation wird es auch klanglich greifbar, daß dieses *h*-Moll ein enharmonisch verwandeltes *ces*-Moll ist. Denn der hier eintretende übermäßige Quintsextakkord wird bei den Worten: «zeigest du» in den Dominantseptimenakkord von *ces*-Moll umgedeutet. Doch lautet der die Kadenz abschließende Akkord bei der Nennung des Namens «Amfortas» nicht *ces-eses-ges* sondern *h-d-fis*. Das den Akt beschließende *h*-Moll ist also eindeutig durch enharmonische Verwandlung erreicht. Da es sich dabei aber um die Klingsortonart handelt, die den Akt auch eröffnet hat, ist die Herkunft aus dem dunklen Geistbereich der Unterdominantsphäre, wie sie eingangs dieser Akt-Besprechung Erwähnung fand, aufgezeigt.

Mit der Frage nach dem Wege zu Amfortas hat Parsifal Kundrys verwundbarste Stelle getroffen. Wie soll man sich die Raserei erklären, die aus ihr aufbricht?

> Nie – sollst du ihn finden!
> Den Verfallnen, laß' ihn verderben,
> Den Unsel'gen,
> Schmachlüsternen,
> Den ich verlachte – lachte – lachte!
> Haha! Ihn traf ja der eigne Speer!

In ekstatischem Wüten hetzt sich das Kundry-Thema in immer verzweifeltere Raserei, von blindester Eifersucht getrieben: ihm, den Verfallenen, Unseligen und Schmachlüsternen, den sie mit ihrem grausamsten Spott verhöhnte, ihm soll Mitleid werden? Mitleid durch jenen, der sie zurückstieß? «Schmachlüstern» bezeichnet sie Amfortas, da sie dumpf empfindet, daß er der «Würdigste» von allen gewesen ist und keiner wie er das Geheimnis ihres Wesens hätte erkennen können. Daß sie Amfortas verspottet, ist ein untrüglicher Beweis, wie in ihr noch ein anderes Sehnen liegt, denn trüge sie nur die *eine* kreatürliche Seite in sich, müßte sie mit ihrem Sieg über ihn höchstes Genügen finden. Wir erinnern uns der Worte Klingsors: «Gefiel er dir wohl, Amfortas der Held . . .» und Kundrys Antwort: «Oh! – Jammer! Jammer! Schwach auch Er».

Nun muß sie erleben, daß Parsifal mit dem Auserkorenen und wider seine Erkenntnis Gefallenen Mitleid hat, während ihr Sehnen unerhört bleibt. Dies stürzt sie in rasende Eifersucht. Daß Parsifals Widerstehen in Wahrheit ihr eigenes, höheres Sehnen verwirklicht, vermag sie aus ihrer Natur heraus nicht zu erfassen. Aber noch ehe diese luziferische Leidenschaft in Haß umschlägt und sie restlos willfähriges Werkzeug Klingsors wird, legt Wagner durch Parsifals Frage noch einmal den ganzen Tiefsinn dieser Szene bloß:

Wer durft' ihn verwunden mit der heil'gen Wehr?

Kundrys Antwort nennt keineswegs den, den wir nach Gurnemanz' Erzählung erwarten:

Er – Er –
Der einst mein Lachen bestraft:
Sein Fluch – ...

Zu dieser überraschend unerwarteten Entgegnung schreibt A. Lorenz: «Das Lachen Kundrys ist nun durch den Blick des Heilands bestraft worden, den Amfortas aber hat Klingsor verwundet. Welch ein Tiefsinn also, Klingsor als Vollstrecker eines heiligen Willens zu erkennen!»[9] Musikalisch wird dieser tief okkulte Zusammenhang von drei tremolierten «mystischen Akkorden» getragen, die über einem Orgelpunkt chromatisch in die Tiefe sinken «und in einer unheimlich leisen *fis*-Moll-Halbkadenz verdämmern».[9]

Es kann kein Zweifel bestehen, daß durch Kundrys Antwort auf einen «höheren Willen» verwiesen wird, als ihn die Intentionen Klingsors darstellen. Vielleicht verundeutlicht die Lorenzsche Formulierung nur etwas den Ich-Bezug, in den Wagner alle Geschehnisse stellt. Die Schlußfolgerung, die Lorenz zieht, entkräftet selbst die feine Formulierung, mit der er seine Betrachtung begann. Er sagt ja nicht: Kundry werde durch Christus bestraft, sondern: «durch den *Blick* des Heilands». Aus diesem Blick spricht kein Fluch, sondern unendliche Liebe, unsäglicher Schmerz und unvergängliches Leben. Aber als Fluch mußte die Kundry-Natur ihre eigene Unzulänglichkeit erkennen. *Sie selbst richtet sich* und unterwirft sich diesem «Fluch», weil sie diesen Blick nun immer wieder suchen wird, rastlos von einer dumpfen Sehnsucht durch das Dasein getrieben. Wenn wir nun auf dieses Kundry-Wesen in Amfortas blicken, so hat auch er, indem er der Verführung zum Opfer fiel, diesen «Blick», d. h. sein hohes Ich verwirkt. Der «Speer» ist ihm entsunken und wurde zum «unheiligen Speer». Damit aber hat sich dieses Ich von selbst dem Machtbereich Klingsors ausgeliefert. Es ist ein Bild für die mit Notwendigkeit eintretende Tatsache, daß der Mensch im Banne des Widersachers steht, wenn er sein hohes Ich verliert. Christus – das Urbild dieses hohen Ich – zwingt nicht; er läßt den Menschen frei, auch wenn diese Freiheit ein Entfallen aus seiner eigenen Wesenssphäre bedeutet. Der Christus-Sphäre entfallen heißt aber, automatisch in *den* Bereich gelangen, in dem der Widersacher «Fürst dieser Welt ist». Insofern ist es letztlich diese Christussphäre selbst, die der Klingsor-Tat Raum gewährt.

Die gefallene Natur im Menschen fühlt und erkennt dies sehr genau. In Amfortas ist beides: sein Erden-Ich steht im Banne Klingsors, sein hohes Wesen schmachtet heillos verwundet im Gralsgebiet. Erfüllt von der Erkenntnis wahrer «Geist-Gesetzlichkeit» verleiht Wagner auch seiner Klingsor-Gestalt tiefere metaphysische Wertung: Klingsor, zugelassen als Vollstrecker eines «heiligen Willens».

Im Erleben von Parsifals Überwinderkraft überschäumt Kundrys Dämonie alle Regungen eines höheren Sehnens und will den ersehnten Gott wieder zu einem Menschen ihrer eigenen Kreatürlichkeit herabziehen:

> Ha! Wahnsinn! –
> Mitleid! Mitleid mit mir!
> Nur eine Stunde mein –
> Nur eine Stunde dein:
> Und des Weges
> Sollst du geleitet sein!

Da sie Parsifals Unerschütterlichkeit gewahrt, will sie nichts anderes mehr als *den* verderben, an dem ihre Macht zuschanden ward. In dieser restlosen Wahn-Verblendung gibt sie Parsifal den Fluch der *Irre* mit auf seinen Weg und ruft Klingsor zu Hilfe, gegen dessen Macht sie sich ja anfangs mit allen Kräften zur Wehr gesetzt hatte.

> Hilfe! Hilfe! Herbei!
> Haltet den Frechen! Herbei!
> Wehrt ihm die Wege!
> Wehrt ihm die Pfade!

Die Taktmetrik verkürzt sich zur Dreiteiligkeit, alle Motive steigern sich ins Unheimliche, bis endlich auch wild-wütend das Klingsor-Thema aufschäumt, über dessen drohenden Klangwogen Kundry Verwünschung und Fluch auf Parsifals Gralssuche schleudert:

> Und flöhest du von hier und fändest
> Alle Wege der Welt,
> Den Weg, den du suchst,
> Dess' Pfade sollst du nicht finden!
> Denn Pfad' und Wege,
> Die dich mir entführen,
> So verwünsch' ich sie dir.

Die Septimsprünge der letzten Takte des Klingsor-Themas gießen ihren Hohn über ihr gellendes: «Irre! Irre!»

Bei diesen Worten «ist Klingsor auf der Burgmauer herausgetreten und schwenkt eine Lanze gegen Parsifal».

Halt da! Dich bann' ich mit der rechten Wehr:
Den Toren stelle mir seines Meisters Speer!

Aber das markant aufsteigende Speer-Motiv erreicht nicht mehr seinen letzten, höchsten Ton. Es bleibt an seinem vorletzten hängen, als sei seine Spitze in Klingsors Hand stumpf geworden. Und nach Klingsors tödlichem Wurf, in dem Augenblick, in dem der Speer über Parsifals Haupt schweben bleibt, verschmilzt der letzte Ton dieses Motives mit der ersten, langgedehnten Note des Grals-Themas. Gral- und Speer-Motiv werden im Zeichen des Kreuzes eins.

Mit diesem Zeichen bann' ich deinen Zauber:
Wie die Wunde er schließe,
Die mit ihm du schlugest,
In Trauer und Trümmer
Stürz' er die trügende Pracht!

Erich Schwebsch hat zu diesem plötzlichen Eintritt von *D*-Dur, unter dessen sieghaftem Glanz der Speer «über Parsifals Haupt schweben bleibt», eine Klangähnlichkeit mit dem in der «Götterdämmerung» beim Erheben der Hand des toten Siegfried in *D*-Dur erscheinenden Schwert-Motiv festgestellt. A. Lorenz untermauert diesen Zusammenhang von seiten des Harmoniegesetzes durch den Hinweis, daß dieses *D*-Dur in beiden Fällen zur vorangehenden Harmonie im Verhältnis des neapolitanischen Sextakkordes steht. Diese Mahnung des Toten ist Bildausdruck dafür, daß Siegfrieds Wesen den niederen Egoitätskräften Alberichs, dem Fluch des Ringes nicht verfallen ist. Die gleiche Thematik, auf menschheitlich-christliche Ebene gehoben, zeigt sich hier, wenn diese irdische Egoität – der Speer in Klingsors Hand – ihre Erlösung durch Parsifal erfährt. Der künstlerische Genius Wagners läßt in unbeirrbarer Sicherheit das nämliche Klangbild erstehen. – Darin äußert sich, was Goethe die «Exaktheit» der künstlerischen Phantasie nannte.

«Wie durch ein Erdbeben versinkt das Schloß.» Der Garten ist zur Öde verdorrt, die Scheinwelt der Sinne ihres trügerischen Seinscharakters entkleidet. Verwelkte Blumen liegen zerstreut am Boden. Von der Höhe der Mauertrümmer wendet sich Parsifal noch einmal zurück zu der mit einem Schrei niedergesunkenen Kundry:

Du weißt –
Wo du mich wiederfinden kannst!

Noch ein Aufbäumen einer grellen Orchesterdissonanz, in der die schmerzhafte Chromatik der Liebesklage der Blumenmädchen heraustönt: ein letzter, staunend-wehvoller Blick Kundrys. Dann bricht sich die Kraft, versinkt in dem bebend aushallenden *h*-Moll.

Nicht nur Klingsors Zaubergarten liegt verödet; auch im Gralsgebiet lastet Verfall und Todesbangen auf Mensch und Natur. Gleich die ersten Takte des Vorspieles sprechen dies aus und unterstreichen damit die dramatische Bedeutung dieser Introduktionsmusik. Denn in ihr wird uns die Vorgeschichte zu den Geschehnissen des dritten Aktes geschildert.

Motiv der Öde

Das von einem tieftraurigen Streichersatz getragenen *Motiv der Öde* kehrt unseren Blick zunächst wieder der Gralswelt zu. Seine musikalische Gebärde gibt sich nämlich als ein «verfallenes» Gralsglocken-Thema zu erkennen, bei dem die einstigen reinen Quartschritte an eine düstere Tritonus-Intervallik gebunden sind. Gleichzeitig aber bedeutet dieses Öde-Thema auch die Umkehrung des «Torenspruches», wodurch die Stimmung der Einsamkeit und Verlassenheit auch Parsifals Gralssuche ergreift. War dieses Verheißungs-Melos bisher Hoffnung und Trost für die Ritterschaft, so wird seine Umkehrung zum Ausdruck der Trostlosigkeit, die durch den im dritten Takt einsetzenden chromatischen Sekundfall der Mittelstimmen nur noch Schmerz und Leid, keinen Hoffnungsschimmer mehr kennt.

Müde und stockend zieht das Thema seine Bahn. Diese Grundstimmung der Verlassenheit und Führerlosigkeit rahmt den eigentlichen dramatischen Gehalt des Vorspieles ein: die Irrfahrten Parsifals. Mit dem im 10. Takt in den Bässen drohend einsetzenden Zauber-Motiv rückt die Heldengestalt Parsifals in den Mittelpunkt des musikalischen Geschehens. Das mühsam sich emporquälende *Motiv der Irre*, das uns auch die ganze

Motiv der Irre

151

scheinbare Ausweglosigkeit von Parsifals Gralssuche erleben läßt, ist eine Umgestaltung von Kundrys Ritt-Motiv. Die erste Entwicklungswelle dieses mühevollen Strebens versinkt in der Öde einer pfadlosen Einsamkeit. Ein zweiter Anlauf neuerlichen Suchens gleicht die Endnoten des Motivs der Irre immer mehr dem Grals-Thema an; fast ist es, als würde das ersehnte Ziel in der Ferne leuchten, da setzt mit furchtbarer Kraft das Kundry-Motiv ein, dessen jagende Läufe alles Hoffen unter sich begraben. Dem Zusammenbruch aber antwortet eine Motivik, die eine neuerliche Umgestaltung des Verheißungsspruches darstellt: das Thema des «schwarzen Ritters». Mit ihm verbindet sich das Speer-Motiv und die aus dem Kundry-Fluch nachhallende «Zauber»-Melodik. Aber ungebrochen schreitet die «Verheißungs»-Intervallik ihres Weges. Die Heldenkraft Parsifals ist zwar erfolglos, doch unbesiegt. Am Ende des Vorspieles starrt der Blick in dieselbe Leere wie zu Beginn; unter den Klängen des Öde-Motives hebt sich der Vorhang.

Voll Zuversicht trug Parsifal den errungenen Speer aus Klingsors Reich: «Du weißt – wo du mich wiederfinden kannst!» Doch er, der jetzt so sicher weiß, wohin sein Weg ihn führen muß, kann diesen Weg nicht finden, den er unbewußt dereinst so leicht gefunden hatte. Kundrys Verwünschungszauber scheint ihm seine Spur zu bannen. Gewiß ist es für uns Miterlebende schwer zu fassen, warum Parsifal immer wieder in die Irre gestoßen wird. Was besagt denn *Kundrys Fluch* in Wahrheit? Keineswegs bedeutet er eine Aufhebung der geltenden Natur- und Geistgesetze. Was er zum Ausdruck bringt, ist der mühsame Weg, der sich zwischen einer erkannten Wahrheit und der Durchdringung der letzten Daseinstiefen mit dieser Wahrheit immer auftun wird. Der Fluch zeigt eigentlich nur die Konsequenz jener Tatsache auf, in der Parsifal von Kundry schied: Sie verwünschte ihm seinen Erdenweg; seine ganze Sehnsucht strebte dem Gral entgegen, aber dieser Weg zum Gral muß mit der irdischen Leiblichkeit, d. h. mit dieser Kundry-Welt, gegangen werden.

Was im Vorspiel seinen musikalischen Niederschlag findet, drückt der Apokalyptiker durch die Imagination des «Büchleins» aus, das im Munde süß wie Honig schmeckt, dem Leib aber bittere Schmerzen verursacht: «Und ich ging hin zum Engel und sprach zu ihm: Gib mir das Büchlein! Und er sprach zu mir: ‹Nimm hin und verschling es! und es wird dich im Bauch grimmen; aber in deinem Munde wird's süß sein wie Honig›» (Off. 10, 9). Was Johannes mit diesem Büchlein «verzehrte», war das Evangelium der *Liebe*. Johannes weiß um diese «Botschaft aus den Höhen», er nimmt sie ganz in sich hinein, und sie erfüllt ihn mit Seligkeit. Aber er lernt diese Seligkeit eben im heutigen Leibe kennen. Rudolf Steiner führt darüber aus: «Und in mancher Beziehung gibt der heutige Leib gerade dadurch, daß er dem Geist die Möglichkeit bietet, hoch hinaufzusteigen, auch die Möglichkeit zu leiden. Während also die Seele des Sehers, die der Apokalyptiker geschildert hat, in geistige Regionen hinaufsteigen kann, um das Evangelium der Liebe zu empfangen, und im Geiste die Seligkeit süß wie Honig empfinden kann, lebt der Seher doch in einem heutigen Leibe, und dementsprechend muß er ausdrücken, daß das Hinaufsteigen im heutigen Leibe in vieler Beziehung das Gegenstück jener Seligkeit hervorruft.»[35]

Alles Schmerzerlebnis, alles Empfinden der eigenen Unzulänglichkeit erfließt aus der Diskrepanz zwischen dem Geistig-Seelischen und der irdischen Leiblichkeit. «Je höher der Geist steigt, desto schwieriger wird ihm das Wohnen im Leibe. Und das ist zunächst der symbolische Ausdruck für diese Schmerzen: ‹Gekreuzigt sein im Leibe›.»[35]

Auch Kundrys Verwünschung haben wir von dieser Warte aus zu verstehen. Das Auseinanderklaffen zwischen Geistesflug und Erdenleib erfordert einen langen Prozeß der Läuterung und allmähliche Assimilierung des Irdisch-Physischen an das Geistige. Denn auf dem Weg aus diesem Erdental darf das Irdisch-Leibliche, eben «Kundry», nicht zurückgelassen werden. Eine völlige Verwandlung der Kundry-Welt fordert der Zukunftsweg Parsifals, eine Verwandlung, die Mensch und Natur bis in die physische Stofflichkeit hinein ergreift. Von diesem schmerzlichen Wandlungsprozeß kündet das Vorspiel.

Gerade in dieser Auseinandersetzung mit der Kundry-Welt aber zeigt sich erneut der grundlegende Unterschied, der zwischen den aus der Verstandes- und Gemütsseele heraus geschriebenen mittelalterlichen Dichtungen und der in der Epoche der Bewußtseinsseele wurzelnden Neuschöpfung Wagners besteht. Der mittelalterliche Held wird durch seine immer wieder in die Irre führende Gralssuche in den «Zweifel» gestoßen, – in einen Zweifel, der nicht nur die Hoffnung, das Ziel jemals finden zu können zunichte macht, sondern der die Existenz Gottes überhaupt in Frage stellt:

> Weh, was ist Gott?
> Wär er gewaltig, solchen Spott
> Gäb er uns beiden nicht fürwahr,
> Wär er nicht aller Kräfte bar.
> Ich war mit Dienst ihm untertan,
> Solang ich bin und beten kann,
> Ich will ihm künftig Dienst versagen:
> Hat er Haß, den will ich tragen![36]

Die mittelalterliche Gralssuche steht unter dem Paradoxon, daß ihr Held sie als «Atheist» antritt. Dieses Aus-der-«Dumbheit»-in-den-«Zwifel»-Treten Parzivals bedeutet aber gleichzeitig ein wichtigstes Initiationserlebnis. Rudolf Steiner spricht darüber: «Es kommt in die Parzivalseele der Zweifel, der Unglaube, die innere seelische Finsternis. Gewiß, derjenige, welcher zur Erkenntnis hinansteigen will, muß einmal die harte Schule des Zweifels durchmachen. Erst wenn man gezweifelt hat und durchgegangen ist durch die Qualen und alles das, was durch die Zweifel gebracht werden kann, erst wenn man da durchgegangen ist, hat man jene Sicherheit in seinem Innern gewonnen, daß einem die Erkenntnis niemals wieder verlorengehen wird. Es ist ein böser Bruder, der Zweifel, aber ein reinigender, ein läuternder Bruder.» [15]

Wagners Parsifal kommen zwar keine Zweifel an der Existenz Gottes, aber Verzweiflung muß ihn ergreifen, da er die Ohnmacht seines Menschseins erlebt. Das Schwergewicht von Parsifals Gralsuche bei Wagner liegt nicht nur im *Erkennen* – dieser Bereich wurde im Klingsorgarten durchschritten –, sondern vor allem im *Erleiden*. Parsifal weiß, daß er diese Auseinandersetzung mit der Kundry-Welt stets aus der Perspektive seines «höheren Ichs» zu führen hat, das nicht in dieser Kundry-Sphäre wurzelt. Im Bild gesprochen: der wiedergewonnene «Speer» darf nicht mehr Waffe des Egoismus sein und Wunden schlagen, er muß Heiler der Wunden, damit aber auch Erdulder der Wunden sein. In dieser Seelenhaltung, daß «sein Reich nicht von dieser (Kundry-)Welt ist», sucht Parsifal den Weg aus diesem «Erdental» und lernt dabei nicht nur all sein Elend und alles Leid kennen, sondern erleidet selbst Nöte ohne Zahl.

Wenn sich der Vorhang hebt, stehen wir wieder in der uns vertrauten waldigen Gralsgegend. Es ist Frühlingszeit. «Nach dem Hintergrunde zu eine sanft ansteigende Blumenaue . . . Früher Morgen. Gurnemanz, zum hohen Greis gealtert, als Einsiedler nur in das Hemd des Gralsritters gekleidet, tritt aus der Hütte und lauscht. Ein dumpfes Stöhnen, wie von einer «im tiefen Schlafe durch Träume Geängstigten» dringt an sein Ohr:

> Von dorther kam das Stöhnen. –
> So jammervoll klagt kein Wild,
> Und gewiß gar nicht am heiligsten Morgen heut.

Bei seinen Worten erblüht im Orchester die *erste Entsühnungs-Melodie*. Eine zarte Horn-Kantilene, die uns in ihrer viertonigen Motivik im

Erste Entsühnungs-Melodie

154

zweiten Takt gleichermaßen an die «Waldesmorgenpracht», wie an das «Urmotiv des Leidens» erinnern kann. Der dritte Takt des Motivs gestaltet sich zu einem einsam getragenen Gang jambisch absteigender Quarten, in deren ruhiger Schönheit mannigfaltigste Beziehungen einverwoben sind. Zunächst erklingt in ihnen fast notengetreu das Glocken-Motiv wieder. Die Fortspinnung des Ganges in ihren dissonierenden Schritten zeigt jedoch ebenso eine Verwandtschaft zum Öde-Thema auf, wie sie auch als eine etwas veränderte Nachzeichnung jenes Melos erscheinen muß, das am Ende von Kundrys Lebensbeichte voll Leidenschaft ertönt: «Und, ob mich Gott und Welt verstößt!» Nun ist es in seiner verwandelten, frühlingshaften Milde ganz in Gralsnähe gerückt.

Wenn Gurnemanz die Dornenhecke auseinanderbricht, aus der das Stöhnen drang, ist es vor allem die Seufzer-Melodik von Kundrys Ritt-Motiv, die sein Tun begleitet. Und auch die den «Frühlingsruf» tragende Triolen-Rhythmik ist ein lenzfreudiges, abgemildertes Ritt-Motiv:

> Auf! – Kundry! – Auf!
> Der Winter floh, und Lenz ist da!
> Erwache, erwache dem Lenz!

Mit einem Schrei erwacht Kundry aus ihrer Todesstarre. Nach einem jähen Absturz ihres Namens-Themas formt sich in den Klarinetten die Terzen-Melodik der «dienenden» Kundry. Aus Miene und Haltung ist die Wildheit geschwunden. Ihr einstiger trotzender Wille scheint sich zur Demut gewandelt zu haben, möchte sühnen und «dienen».

> Wie anders schreitet sie als sonst!
> Wirkte das der heilige Tag?
> Oh! Tag der Gnade ohnegleichen!
> Gewiß zu ihrem Heile
> Durft' ich der Armen heut
> Den Todesschlaf verscheuchen.

Kundry ist wirklich eine andere geworden. Oder richtiger: sie ist mehr sie selbst geworden, indem ihr kreatürliches Dasein seinem Ursprung wieder nahe steht, befreit von den Zwangsgewalten einer Widergöttlichkeit.

Das «Wunder» dieser Wandlung findet seinen Ausdruck in einem sechstaktigen Orchestersatz, dessen überwältigende Schönheit selbst an ein Wunder grenzt und sich den beschreibenden Worten entzieht. Sein Anfang ist dem Liebesmahl-Spruch entnommen, der ausklingende Teil dagegen erinnert an jene leidenschaftliche Quartenfolge Kundrys aus dem zweiten Akt. Doch durchweht der Klang der Gralsglocken die Melodik des Satzes nun schon viel ausdrucksvoller als zuvor bei der erwähnten ersten «Entsühnungs-Melodie». Faßt man den Satz jedoch als Ganzes, so kündigt sich in ihm mit einzigartigem Zauber bereits das Wiegen und Blühen der «Blumen-Aue» an. Der milde Ernst dieses Karfreitagsmorgens ist über die Natur ausgegossen. Ein «Tag der Gnade ohnegleichen!» In noch zarteren Umrissen formte sich dieses Entsühnungs-Melos bereits im ersten Akt, als Kundry dem ohnmächtig niedergesunkenen Parsifal vom Waldquell Erquickung brachte:

> So recht! So nach des Grales Gnade:
> Das Böse bannt, wer's mit Gutem vergilt.

Damals konnte man bei den Worten Gurnemanz' das Melos bereits ahnen. Aber Kundrys Abwehr: «Nie tu ich Gutes», verhinderte eine weitere Entfaltung. Auch jetzt, obwohl deutlicher in den Konturen, ist alles noch so schwebend und fließend, daß Worte die Empfindung viel zu hart umreißen würden, die sich in diesem Thema zum Ausdruck bringt. Denn alles ist in eine wiegende, alle Grenzen zum Verschwimmen bringende Synkopierung getaucht. Von diesen Takten sagte Wagner: «Es durfte nichts Ausgeführtes sein, nur wie ein leichter Dämmer – oh, wie sind Synkopen schön, wie geben sie eine leichte Bewegung.»[17]

In diesen sechs Takten liegt bereits das ganze Gralsgeheimnis verborgen. Das Geheimnis des «vergeistigten Pflanzenkelches». «Insbesondere am Karfreitag wurde dieses Heraussprießen erlebt zugleich mit der Empfindung, daß durch Christi Opfertod ein Unterpfand gegeben sei, daß der Mensch sich zum Besitz des Heiligen Grales emporringen könne.»[1] – Wie könnte nach all dem noch Zweifel bestehen, daß Parsifals Leidensweg an diesem Karfreitagsmorgen sein Ende finden sollte?

In die sanfte, mild abgedämpfte Osterstimmung tönt plötzlich ein schwerer, dumpf hallender Schritt. Ein düsterer Blechbläsersatz kündigt Parsifals Nahen an. Sein Namens-Motiv ist «subdominantisch-dissonierend auf die II. Stufe von *f*-Moll gesetzt.»[9]

> Wer nahet dort dem heiligen Quell?
> Im düstren Waffenschmucke?
> Das ist der Brüder keiner!

Parsifal ist «ganz in schwarzer Waffenrüstung: mit geschlossenem Helm und gesenktem Speer schreitet er, gebeugten Hauptes, träumerisch zögernd, langsam daher und setzt sich auf dem kleinen Rasenhügel nieder.»

Wagners Bühnenanweisung ist in zweifacher Hinsicht von Bedeutung. Erstens ist der Hinweis wichtig, daß Parsifal zur Gänze in einer schwarzen Waffenrüstung erscheint. Vom spirituellen Wesen der Farbe her verstanden, ist «Schwarz» das «geistige Bild des Todes» (R. Steiner).

156

Parsifal hat sich also ganz mit dem «Erdenkleid», d. h. mit den Todeskräften dieser Erde umhüllt.

Des weiteren aber ist die Bemerkung von Wichtigkeit, daß er «träumerisch zögernd» einherschreitet. «Träumerisch» bedeutet einerseits nicht ganz tag-wach zu sein und weist andererseits auf eine gewisse Entrückung hin. Nun steht Parsifal ja tatsächlich unmittelbar vor dem Ziel seines Weges, an der Schwelle zur Gralswelt, die nur durch einen erhöhten Bewußtseinszustand zu finden ist. Allerdings weiß er von dem endlich gefundenen Ziel noch nichts. Insoferne ist «träumerisch» eine treffende Charakteristik, da sie jene Schwebe zwischen Wachheit und Lockerung zum Ausdruck bringt. Aber sein Schreiten ist außerdem «zögernd», d. h. sein tagwaches Denken schlägt doch bis zu einem gewissen Grad in diese träumerische Entrücktheit hinein. Und so schreitet er wie einer, der sich führen lassen will und doch nicht mehr ganz daran glaubt, *recht* geführt zu werden. Wobei diese fehlende Zuversicht nicht aus haderndem Zweifel erfließt, sondern aus dem Bangen einer immer stärker dahinschwindenden Hoffnung. Wie sehr sich Parsifal andererseits aber doch geleitet fühlt, zeigt seine stumme Abwehr gegenüber Gurnemanz' freundlichen Worten:

> Heil dir, mein Gast!
> Bist du verirrt, und soll ich dich weisen?

«Parsifal schüttelt sanft das Haupt». Großartig spiegelt sich dieses halb-wissende, halb-unwissende Wandeln Parsifals in der Musik, die Gurnemanz' Worte begleitet. Im wesentlichen ist es die Motivik der Öde, aus der sich das melodische Geschehen formt, doch immer deutlicher gestaltet sich in ihr das Grals-Motiv heraus:

> Hei! – Was? –
> Wenn dein Gelübde
> Dich bindet mir zu schweigen,
> So mahnt das meine mich,
> Daß ich dir sage, was sich ziemt.

An dieser Stelle beschränkt sich das Orchester auf eine rein rezitativische Akkordbegleitung. Verfolgt man jedoch die Spitzentöne dieser Akkorde, dann wird man sehr rasch gewahr, daß sie bereits die Anfangsmelodik des Grals-Motives darstellen, das sich schließlich bei Gurnemanz' folgender Unterweisung voll zur Entfaltung bringt:

> Hier bist du an geweihtem Ort:
> Da zieht man nicht mit Waffen her,
> Geschloßnen Helmes, Schild und Speer.
> Und heute gar! Weißt du denn nicht,
> Welch heil'ger Tag heut ist?

Wieder schüttelt Parsifal verneinend das Haupt, wieder wird deutlich, wie entrückt er dem irdischen Zeitenlauf in Wahrheit ist:

> Ja! woher kommst du denn?
> Bei welchen Heiden weiltest du,
> Zu wissen nicht, daß heute
> Der allerheiligste Karfreitag ist?

Diese Unwissenheit ist aber auch für Parsifals Christuserleben von Bedeutung. Zeigt sie doch auf, daß es nicht als ein exoterisches, aus der Tradition überkommenes, sondern als ein Erlebnis zu verstehen ist, das seine Erweckung allein im Seeleninnern erfuhr.

Die Leidensgebärde der Schmerz-Sekund aus dem Liebesmahl-Spruch tönt auf und formt sich zu einem eigenen Thema: dem Karfreitags-Motiv.

> Schnell ab die Waffen!
> Kränke nicht den Herrn, der heute,
> Bar jeder Wehr, sein heilig Blut
> Der sündigen Welt zur Sühne bot!

«Parsifal stößt den Speer vor sich in den Boden» und entledigt sich seiner Waffen. Dann kniet er vor dem Speere nieder und «erhebt in brünstigem Gebet seinen Blick andachtsvoll zu der Lanzenspitze auf». Die Motivik, die jene Andacht begleitet, ist aufschlußreich. Ein von übervoller Empfindung getragenes Streichermelos leitet im zweimaligen Wellenschlag den Orchestersatz ein, wobei Anklänge an das Zauber-Motiv nicht zu überhören sind. Nach dem zweiten Aufschwung wird dessen Endton, das vorhaltartige, abschwellende *cis* sieben Takte lang ausgehalten, wobei das Parsifal-Motiv in der Düsternis des schwarzen Ritters leise hineinhallt, während in den dumpfen Staccati der Bässe das Öde-Motiv pocht. Dann erst führt uns dieses *cis* in das «Blick-Motiv» der Heiland-Klage hinüber, als dessen erster Ton es sich erweist. Zu dieser formalen Gestaltung schreibt A. Lorenz: «Es hat wohl noch kein Tonsetzer gewagt, einen Melodieton (Orgelpunkt ist etwas anderes) so lange aushalten zu lassen. Wieder ein Beweis des beispiellos mächtigen musikalischen Atems des Meisters.»[9]

Was aber sagt uns der metaphysische Hintergrund dieser Stelle? Zunächst ist zu beachten, daß dieser zweimalige Empfindungs-Aufschwung des Streichermelos, in dem sich Kundrys Zauber-Motivik erkennen läßt, das Ablegen der schwarzen Rüstung begleitet. Damit bestätigt die Musik die vorhin ausgesprochene Verbindung Parsifals mit dieser vergänglichen, den Todeskräften preisgegebenen Geschöpf-Natur. Der Mittelteil des Satzes bringt das Parsifal-Thema in der Düsternis des «schwarzen Ritters» und das Öde-Motiv, d. h. Parsifals Wandeln in dieser Welt der Geistesferne und Verlassenheit. Durchklingend aber ist jenes *cis,* das Endton der Zauber-Motivik und gleichzeitig Anfangston des nunmehr anhebenden Mitleids- bzw. Blick-Motives ist. Darin liegt musikalisch der wichtige Hinweis, daß die tragende und ungebrochene Seelenkraft dieses Parsifal-Weges das «*Mitleid*», oder genauer: die Nachfolge jener Liebeskraft ist, die durch die «Heiland-Klage» zu Parsifal spricht. Daß wir den Geistgehalt dieser 22 Takte richtig gedeutet haben, beweist der anschließende Dialog mit Gurnemanz, in dem Parsifal alles mit Worten aussprechen wird, was die Musik bereits hier empfinden läßt.

Ergriffen, mit abgewandtem Gesicht steht Kundry, in Staunen und Rührung Gurnemanz, als er den Ritter und seine «heilige Wehr» erkennt:

> Oh! – Heiligster Tag,
> An dem ich heut erwachen sollt'!

«Parsifal erhebt sich langsam vom Gebete» und reicht Gurnemanz «sanft die Hand zum Gruße»:

> Heil mir, daß ich dich wieder finde!

Es sind die ersten Worte, die Parsifal spricht, und sie lassen erkennen, daß durch die Kraft des Gebetes die träumende Entrückung einer vollen Geistes-Wachheit gewichen ist. Wieder ist es der «Weckruf» des Grals-Motives, der diesem Erwachen voranschreitet. Dem Wiedergefundenen berichtet Parsifal von den Pfaden der Irrnis und des Leidens, die er zu gehen hatte:

> Soll ich mich denen jetzt entwunden wähnen,
> Da dieses Waldes Rauschen
> Wieder ich vernehme,
> Dich guten Greisen neu begrüße?
> Oder – irr' ich wieder?
> Verwandelt dünkt mich alles.

In das Motiv des Irrens mischt sich mit mildem Glanz die Melodie der «Waldesmorgenpracht», Parsifals Frage hoffnungsvoll beantwortend. Wie lange mögen diese Leidenspfade, die Wege des Irrens gewährt haben? Das Drama gibt darauf keine Antwort. Als Bild des Menschheitsweges füllen sie wohl die ganze Weltgeschichte aus. Denn die Stunde, in der die ewig blutende Amfortas-Wunde der Menschheit geheilt sein wird, liegt in ferner, apokalyptischer Heilsverheißung. Aber auch als künstlerische Wirklichkeit können wir uns diese Irrens- und Leidenspfade Parsifals nicht schwer genug und lang genug denken, wollen wir uns ein richtiges Bild von der Größe seines Heldentums und seiner Erlösungstat malen. Was der dritte Akt im Bilde bringt, ist fernste Menschheitszukunft.

Parsifals Erzählung umfaßt zwei Kriterien, die man in ihrer inneren Verbundenheit verstehen muß. Das erste liegt in der Antwort auf Gurnemanz' Frage, zu wem er den Weg suche:

> Zu ihm, dess' tiefe Klagen
> Ich törig staunend einst vernahm,
> Dem nun ich Heil zu bringen
> Mich auserlesen wähnen darf.

Als Antwort müßte man eigentlich erwarten, Parsifal würde die «Gralsburg» als Ziel seines Suchens nennen. Doch dem ist nicht so. Nicht der Wunsch, in die Gemeinschaft der Brüder aufgenommen und selbst der Heiligung durch den Gral teilhaftig zu werden, ist der primäre Impuls seines Handelns, sondern der inbrünstige Wille, dem leidenden Amfortas Hilfe und Heilung zu bringen. *Mitleid*, diese ungeheure Liebeskraft ist es, die ihn alles ertragen ließ, was die Welt Kundrys hemmend in den Weg gestellt hatte.

> Doch – ach! –
> Den Weg des Heiles nie zu finden,
> In pfadlosem Irren
> Trieb ein wilder Fluch mich umher:
> Zahllose Nöte,
> Kämpfe und Streite
> Zwangen mich ab vom Pfade,
> Wähnt' ich ihn recht schon erkannt.

Hier bestätigt Parsifal, was uns bereits die Einleitungsmusik des Aktes erleben ließ: daß sein Weg ein unentwegtes Scheitern und immer wieder neues Hoffen war, ein den Todeskräften dieser Erdenwelt preisgegebenes Mühen, das ihm das erstrebte Ziel in immer weitere Fernen rückte:

> Da mußte mich Verzweiflung fassen,
> Das Heiltum heil mir zu bergen,
> Um das zu hüten, das zu wahren,
> Ich Wunden jeder Wehr' mir gewann.
> Denn nicht ihn selber
> Durft' ich führen im Streite; ...

Dieses ist das zweite wesentliche Kriterium, dessen bei der Besprechung des Vorspieles ebenfalls bereits Erwähnung getan wurde: daß Parsifal auf dieser Irr- und Leidensfahrt den heiligen Speer nicht entweihen durfte, daß er somit in jedem Augenblick dieses Erdenpfades seines «Ursprungs» eingedenk war und sein unvergängliches Ich von dieser Kundry-Welt nicht affizieren ließ. Beide Kriterien zusammen – das

Mitleid als tragende Kraft seiner Amfortas-Suche und die Reinerhaltung des «Speeres» – offenbaren seine Nachfolge Christi. Die Nöte und Kämpfe, die ihn «ab vom Wege zwangen», berührten allein sein vergängliches Wesen. Sie sind ein Bild für die Kundry-Kräfte, die er in sich verwandeln mußte, nachdem er sich mit dem Schicksal und Sturz Amfortas' verbunden und sie in sein eigenes Wesen hineingenommen hatte. Kundry kann alle Wege verfluchen, die von ihr ausgehen und sich in ihrer Sphäre bewegen. Aber über all diesen ihm von der irdischen Welt aufgezwungenen Nöten stand ihm ungetrübt das Ziel vor Augen, das sein höheres Ich suchte: *Amfortas*. Mit welch ungeheurer Steigerung setzt sich der Prozeß des «Durch-Mitleid-wissend-Werdens» gegenüber dem zweiten Akt fort. Denn der Wille, für den anderen zu *sühnen*, ist das Wesen des Mitleids in seiner höchsten Form. Wissend geworden und die ganze Not und Schuld des leidenden Menschenbruders als eigene Erfahrung erlebend, trug ihn das Mitleid über alle Fährnisse hinweg und ließ ihn nur das eine vor sich sehen: Amfortas Erlösung zu bringen.

Mitgefühl bedeutet, daß wir uns von uns selbst lösen, daß wir in eine Sphäre treten, die von Gedanken, Gefühlen und Schicksalen eines anderen Wesens umschlossen wird. Wir leben mit, «was in dem geheimsten Allerheiligsten in den Wesen vorgeht, leben uns hinüber von unserer Ich-Sphäre in die Sphäre des anderen Wesens.»[37] Damit treten wir aber eigentlich schon in einen *übersinnlichen* Bereich; denn mit unseren Sinnen oder dem gewöhnlichen Verstandesdenken vermögen wir ja nicht in diese Lebenssphäre des anderen zu dringen. Im Mitfühlen setzen wir den ersten Schritt zur Überwindung unserer Egoität, wie sie durch Luzifer der Seele einverwoben wurde.

Das *Mitleid* Parsifals aber ist unerdenklich mehr als bloßes Mitgefühl. Vom bloßen Mitgefühl bis zum höchsten Mitleid, wie es Christus darlebte, führt ein weiter Stufenweg, der die intimste Seelenentwicklung des Menschen umgreift. Denn das tatsächliche Miterleiden dessen, was «in dem geheimsten Allerheiligsten» der anderen Seele vorgeht, ist ein unbewußtes Initiationsgeschehen, dessen Voraussetzung erst durch das Mysterium von Golgatha möglich wurde. Das Mitleid Christi war umfassendes Welten-Schmerzerleben. Es umfing alles, was in der Welt des «Vaters» bis zum Ereignis der Zeitenwende von der Menschheit durchlitten ward. Christi Passion, sein Sühnetod schufen erst die Möglichkeit, in der Nachfolge dieses urbildlichen Erleidens, selbst zum Träger dieser höchsten Mitleidskraft zu erwachsen.

So stellt das Mitleid eine besondere Steigerung der Liebe dar, die keineswegs von Anbeginn auf der Erde zu finden war, die zu gewinnen und zu verwirklichen jedoch eines der großen Ziele dieser Erdenentwicklung ist. Als der Mensch aus dem Paradiese gewiesen wurde, war ihm durch Luzifer das *Licht* der Erkenntnis gegeben worden. Die *Liebe* hingegen war der ganzen Schöpfung als «Freya-Kraft» einverwoben. Liebe und Erkenntnislicht waren insoferne getrennt, als erstere der göttlichen Schöpfung als solcher zugrunde lag, Erkenntnis jedoch eine Gabe Luzifers war. Die Frucht vom Baum der Erkenntnis aber zeitigte notwendig den Egoismus (Ring-Drama). Aus «Freya» wird «Kundry». Damit wurde die ursprüngliche Liebessubstanz durch den Sündenfall an die Sinne gebunden und verdorben. Die Menschwerdung Christi aber bedeutete die Keimlegung einer *neuen* Liebessubstanz; denn alles Göttliche ist wesenhaft und substantiell. Diese der Erde nun neu zufließende Liebeskraft – bildhaft meist als die Frucht des zweiten, dem Menschen bisher entzogenen Paradiesesbaumes angesprochen –, kann nun vom Menschen als freie Seelenkraft empfangen und aufgenommen werden. Dadurch wird auch der ersten Schöpfung, der «Vaterwelt», Verwandlung zuteil. Damit sind aber gleichzeitig die Voraussetzungen gegeben, daß dereinst durch den Menschen *Licht* und *Liebe* – Erkenntnis- und Lebensbaum – wieder zusammenfließen können. Denn ursprünglich war es ein einziger Baum, der die verbotene Frucht trug. Erst durch die luziferische Verführung trat die Entzweiung ein: «Siehe, Adam ist geworden wie unsereiner, und weiß, was gut und böse ist. Nun aber, daß er nicht ausstrecke seine Hand, und breche auch von dem Baum des Lebens, und esse, und lebe ewiglich!» (I. Mos. 3, 22).

Die luziferische Verführung war jedoch zur Gewinnung des «Eigen-Erlebens» notwendig. Doch mit diesem Eigengefühl ist die Liebe eng verbunden. Denn wären die Menschen durch ihre physische Leiblichkeit, also durch ihr irdisches Dasein nicht voneinander abgetrennt – eine weitere Folge des Sündenfalles –, würde vielmehr ein gemeinsames Geistig-Seelisches ihr Bewußtsein durchziehen und sie zu einer gemeinsamen Einheit machen, sie könnten nie Mitgefühl oder Mitleid entwickeln. Wir entsinnen uns des im «Tristan» über das «süße Wörtlein ›und‹» Gesagten, wonach Liebe sich nur dort verwirklichen kann, wo sie von Individualitäten getragen wird. Liebe bindet *getrennte* Wesen aneinander und die Auslöschung dieses Wörtleins *«und»* würde der Auslöschung der Individualitäten und damit einem Auslöschen der Liebe gleichkommen.

So bildet das durch Luzifer verursachte *Eigengefühl* zunächst eine notwendige Voraussetzung für alles Mitleid. Da es sich dabei aber um einen über Kulturepochen ausgedehnten Werdeprozeß handelt, finden wir von diesem höchsten Liebesempfinden vorerst noch nichts auf Erden. Der Weg zu ihm läßt sich jedoch als ein historischer Stufengang genau verfolgen. Noch die griechische Götterwelt etwa entfaltete Wirkenskräfte, die, vom menschlichen Blickpunkt aus betrachtet, einen entschieden egoistischen Charakter zeigten. Die «Ilias», die «Odyssee», sie schildern

Verhältnisse zwischen Göttern und Menschen, in denen für Mitleid kein Platz ist. Wer vermöchte im «Zorn des Peleiden Achilleus» auch nur einen Funken Mitleid entdecken? Und wie stark auch die germanische Götterwelt von Egoismus ergriffen war, das hat uns die Edda in den Zankesreden Lokis gezeigt und das wurde uns durch Richard Wagner in der Ring-Tetralogie deutlich gemacht. Auch der Gott des Alten Testamentes war ein Gott des «Zornes», das Gesetz des «Alten Bundes» hieß: «Aug' um Aug', Zahn um Zahn!»

Je mehr wir in der Menschheitsgeschichte aber dem Mysterium der Zeitenwende entgegengehen, desto deutlicher läßt sich in dieser menschheitlichen Seelenhaltung eine allmähliche Wandlung erkennen. Und zu einem bestimmten Zeitpunkt, etwa um 600 vor der Zeitenwende, begibt sich in der Menschheitsentwicklung ein weltweites, völkerumspannendes Ereignis: «Die Annahme des Liebes-Begriffes.»[37]

Um diese Zeit treten in den verschiedenen Kulturkreisen Philosophen und Religionsstifter auf, die den Liebesbegriff in ihre Lehre aufnehmen. So etwa in China Lao-tse und Konfuzius, in Indien Buddha, in Persien Zarathustra, in Griechenland Pythagoras. Mag ihre Weltsicht im einzelnen auch verschieden sein, so enthalten ihre Lehren doch alle ein gemeinsames Element: die Erkenntnis, «daß Mitgefühl oder Liebe regieren muß von Menschenseele zu Menschenseele.»[37]

In künstlerischer Form klingt diese Botschaft besonders eindringlich durch Sophokles aus dem 5. vorchristlichen Jahrhundert an unser Ohr, wenn der große griechische Tragiker seine Antigone die Worte sprechen läßt: «Nicht mitzuhassen, mitzulieben bin ich da.»

Liebe und Mitgefühl in das Welterleben *aufzunehmen* war ein Anliegen der vierten nachatlantischen *Kulturperiode*. Sie setzte damit den ersten Schritt zur Verwirklichung dessen, was man «den Sinn der Erdenentwicklung»[37] nennen könnte.

In Wagners Ring-Tetralogie war es die Brünnhilde-Gestalt, die zum erstenmal im heidnischen Götterkreis *Mitgefühl* empfand, als sie todverkündend vor Siegmund stand:

> Sieg oder Tod
> Mit Siegmund zu teilen:
> Dies nur erkannt' ich
> Zu kiesen als Los!

In Siegfried und Brünnhilde hat Wagner dieses Hereinstrahlen einer die Menschheitszukunft tragenden Liebeskraft als künstlerische Wirklichkeit gestaltet.

Als Menschheitslehre aber wird dieses Liebeselement in konzentriertester Form im Buddhismus verwirklicht. Die Lehre Buddhas ist die Lehre von Mitleid und Liebe «kat'exochen.» Daß sich Wagner intensiv mit dieser Lehre beschäftigt hat, ist uns bekannt; wollte er doch in den «Siegern» ein buddhistisches Reinkarnations-Drama schaffen; alle dort gemachten Vorarbeiten und Studien fließen nunmehr im «Parsifal» als Erkenntnis ein.

Buddha hat in seiner Lehre vom achtgliedrigen Pfad einen Läuterungsweg der Seele aufgezeigt, der aus der Umstrickung der Sinneswelt befreien sollte. Wenn die Seele es vermochte, diesen achtgliedrigen Pfad in sich aufzunehmen, wenn sie imstande war, ganz ein Produkt dieses achtgliedrigen Pfades zu werden, dann hätte sie in sich jene Katharsis vollzogen, durch welche die Macht der Sinneswelt gebrochen worden wäre. Der «Durst nach Dasein», das «furchtbare *Sehnen*», das alle Sinne «faßt und zwingt», wäre damit überwunden. Die *Quelle,* von der dieser achtgliedrige Läuterungsweg gespeist wurde, war das Wissen um Mitleid und Liebe. Dieses Wissen hat die Menschheit durch Buddha in seiner eindringlichsten Form empfangen. Wie ein Ahnen des Kommenden leuchtet uns aus altem Weisheitsgut bereits die zur Erde herabsteigende Liebeskraft auf. Das «weltweite, völkerumspannende Ereignis», von dem Rudolf Steiner spricht, «die Annahme des Liebes-Begriffes», läßt sich in seiner Tiefe nur aus dieser kosmischen Sicht verstehen.

Mit der *Lehre* von Mitleid und Liebe allein aber wäre es nie möglich gewesen, der Menschheit jenen «Verheißungsspruch», nämlich durch das Medium des Mitleids wissend zu werden, zu geben, den Amfortas empfangen hatte. Denn eine Lehre, und sei sie auch in höchster und reinster Form verkündet, kann immer nur *gedankliches Abbild* einer geistigen Realität sein. Buddhas Lehre bedeutet ein Wissen *über*, nicht *durch* Mitleid und Liebe. So stehen sich letztlich auch in ihr «Licht» und «Liebe» noch gegenüber. Und auch ihr fehlt noch die lebendige, *substantielle* Kraft, die das Einswerden dieser Polaritäten ermöglicht. Diese «Substanz» der Liebe wird erst durch den Herabstieg des «Sohnes» aus der Sphäre der welterschaffenden Trinität der Menschheit gebracht. Christus, als göttliches Wesen, *ist selbst* diese Substanz, die sich für Menschheit und Welt zum Opfer darbringt: «Das Substantielle, den lebendigen Inhalt der Liebe, nicht bloß den weisheitsvollen Inhalt der Liebe hat der Christus auf die Erde gebracht.»[13] Diese Substanz ist der noch fehlende, dem Menschen einst entzogene Paradiesesteil, der in die väterliche Schöpfung, bzw. in die Evolution dieser Schöpfung nicht einbezogen wurde. Und diese substantiellen Kräfte sind es auch, die dem Grale entströmen.

Denn der Heilige Gral ist ja das Bildsymbol, durch welches das Hereinwirken jener durch Christus herabgebrachten Lebens- und Liebeskräfte des zweiten Paradiesesbaumes zum Ausdruck kommt.

Diesen substantiellen göttlichen Liebeskräften verdankt die Menschheit die Fähigkeit, sich mitleidend in die Seele des anderen zu ergießen. Darin liegt der Unterschied zwischen der Liebesfähigkeit Siegfrieds und der mitleidvollen Liebe Parsifals. Weil dem heidnischen Helden diese Fähigkeit des «Sich-Ausgießens», des «Überfließens» in die andere Seele fehlte, deshalb steht für Wagner auch der christliche «Heilige» über dem heidnischen «Helden».

Was durch das Opfer auf Golgatha seine Keimlegung erfuhr: die Möglichkeit der Einswerdung von «Licht» und «Liebe», kann der Mensch in der freiwilligen Nachfolge dieses Opfers zum Erblühen und Reifen bringen. Das bedeutet konkret: die Erringung eines *«Herzens-Wissens»*, in dem Liebe zum Licht einer entluziferisierten Erkenntnis wurde. Dieses aus dem Herzen strömende Wissen ist es, das Parsifal die tiefsten Zusammenhänge des Menschenschicksals, den Urgrund seiner schuldlos-schuldigen Tragik zu offenbaren vermag. Wie dieser Erkenntnisprozeß als eine immer höher steigende und umfassendere Stufenfolge herausfließt aus den Liebeskräften des Herzens, hat uns der zweite Akt eindringlich aufgezeigt.

Sowohl die antiken Helden, als auch jene der heidnisch-germanischen Zeit verfielen mit unabwendbarer Notwendigkeit ihrem Geschick, *ohne* Wissen um den Urgrund ihres unausweichbaren Loses. Man erinnere sich an Brünnhildes großen Schlußgesang am Ende der «Götterdämmerung»:

> Alles! Alles!
> Alles weiß ich:
> Alles ward mir nun frei!

Ihr Wissen, das aus höchstem Leid geboren war, kann uns wie eine ersehnte Vorwegnahme einer kommenden Weltenzeit erscheinen. Doch erst in Parsifal erfährt sie ihre tatsächliche Verwirklichung. Er durchschaut den Sinneszauber der Maja in seinen letzten Gründen, erkennt Kundry als die unheilbringende Verführerin, die in ihrem Wirken jedoch notwendige Voraussetzungen für diesen Weg «durch das Erdental» geschaffen hat. Er durchschaut diese Zusammenhänge, indem er jenen neuen Keim göttlicher Liebessubstanz in sich ergreift. Der schuldbeladene Amfortas lebt in dem Augenblick, da sich in Parsifal «Licht» und «Liebe» vereinen und er durch Mitleid wissend wird, nunmehr *in ihm*. Und mit jeder bestandenen Seelenprüfung wächst die Erkenntnis, *warum* der Mensch – also Amfortas – so geworden ist, wieso es zu dieser Korrumpierung seiner Hüllennatur gekommen war.

In seinen Irrfahrten sühnt Parsifal den Sündenfall der Menschheit. An den Prüfungen, die er erleidet, erwächst ihm das Wissen um die Schuld. Insoferne ist er gleichzeitig auch Amfortas. Er hat «Wunden jeder Wehr» empfangen, obwohl er selbst nicht wehrlos war. Aber er suchte keine

Ritterkämpfe, wie der Held der mittelalterlichen Dichtung, der sich durch falschen Ehrgeiz zu dem Glauben verlocken ließ, mit diesem oder jenem Kampf der Tapferste und Auserwählteste zu werden. Der Wagnersche Held verlor sein Ziel nie aus den Augen. Nicht *er* ging «ab vom Pfade», *es* zwang ihn dazu. Und dieses «Es» mußte er als Teil einer Prüfung hinnehmen, die Sühne bedeutete für eine Schuld, die nicht er auf sich geladen hatte. Vielmehr ist die Urschuld der Menschheit zu seiner eigenen geworden, nicht als bloße Erkenntnis, sondern als ein sein ganzes Wesen ergreifendes *Mitleiden*, einer übermächtigen Liebe, die im Erfühlen ihrer Christusverbundenheit nie erlahmt, die vielmehr immer brennender und schmerzhafter, aber auch in sich selber bewußter wurde, je länger sein Irrweg währte. Die Verzweiflung, die Parsifal überfällt, ist kein Zweifel an der Macht dieser Liebe, sondern das Ohnmachtsempfinden, die Tat dieser Liebe nicht setzen zu können. Mit all dem aber hat uns das Drama selbst den vorhin dargestellten metaphysischen Sinngehalt der Einleitungsmusik geoffenbart.

Wenn Parsifal nunmehr zum zweitenmal Gurnemanz begegnet und die Gralsburg findet, hat er alle Amfortas-, d. h. Menschheitsschuld gesühnt und ist wissend geworden ihrer tiefsten Zusammenhänge. Unentweiht bringt er den «Speer» dem Gral zurück:

> Unentweiht
> Führ' ich ihn mir zur Seite,
> Den ich nun heimgeleite,
> Der dort dir schimmert heil und hehr:
> Des Grales heil'gen Speer.

In Gurnemanz' Jubel tragen Hörner und Posaunen den Liebesmahl-Spruch hinein, dessen Mittelteil nun nicht mehr den Quintensturz und das Schmerzens-Motiv aufweist, sondern über die Oktave hinausdringt und zu einem sieghaften Dominantschluß führt. Die im Vorspiel erklungene «Botschaft aus der Höhe» ist zum «Erlösungs-Wort» auf Erden geworden. Mit diesem Namen: «Erlösungs-Wort» wollen wir den *neuen* Liebesmahl-Spruch künftig bezeichnen.

> O Gnade! Höchstes Heil!
> O Wunder! Heilig hehrstes Wunder!

Den Worten Gurnemanz' folgt das Glaubens-Thema in jener «Engel-Motiv»-Variante, wie es im ersten Akt erklang, als Gurnemanz von Titurel, dem sich in «heilig ernster Nacht» die Engel neigten, erzählte. Wieder ein wichtiger musikalischer Hinweis für die kommenden Ereignisse. Denn Parsifals Gralskönigtum, das unmittelbar bevorsteht, wird dadurch in seiner inneren Geistsubstanz mit jener Titurels verbunden.

166

Doch noch einmal stellt sich die bittere Tragik seines leiderfüllten Erkenntnisweges vor Parsifals Seele. Macht- und führerlos, so muß er durch Gurnemanz erfahren, entbehrt die Ritterschaft längst der heiligen Speisung. Denn «Amfortas, gegen seine Wunde, seiner Seele Qual sich wehrend, begehrt' in wütendem Trotze nun den Tod.» Im Schrein verschlossen blieb seit langem der Gral, die heilige Speisung den Rittern dadurch versagt. Die Kraft ihrer Helden versiegte. Titurel, nicht mehr durch den Anblick des Grales gelabt, «starb, ein Mensch wie alle!»

Gleich der Trostlosigkeit ringsumher, legt sich auch über die ergreifende Erzählung des greisen Gurnemanz dort, wo sie von der Not der Ritter berichtet, das Motiv der Öde als tragende Thematik in leeren, trüben Klängen. Bei der Kunde vom Tode Titurels ertönt in zartestem Pianissimo die prachtvolle Variante des Glaubens-Themas, die einst die Worte begleitete: «Des siegreichsten Geschlechtes Herrn». Die Wegzehrung der Vaterwelt ist aufgebraucht, das «Väterliche» dem Tode überantwortet. Die leibliche Sohnschaft kennt nur mehr ihr eigenes Wohl und Wehe: durch den Tod «ihr Ende zu erzwingen und mit dem Leben seine Qual zu enden.»

In tiefster Erschütterung hat Parsifal die traurige Kunde vernommen und brennender Schmerz bäumt sich in seiner Seele auf:

> Und ich – ich bin's,
> Der all dies Elend schuf!
> Ha! Welcher Sünden,
> Welches Frevels Schuld
> Muß dieses Torenhaupt
> Seit Ewigkeit belasten . . .
> . . .Zur Rettung selbst ich auserkoren,
> In Irrnis wild verloren.
> Der Rettung letzter Pfad mir schwindet!

Die Umkehrung des Toren-Motives, in den tiefen Bässen erbebend, leitet diese Selbstanklage ein. Und wie ein lauter Klageruf durchzieht dieses Thema den ganzen Gesang. Hier wird vollends offenbar, daß sich Parsifal mit der ganzen Menschheit identifiziert, daß er von der Schuld des torhaften-törichten Menschen spricht, die seit «Ewigkeiten» auf ihm lastet. «Ich bin's, der all dies Elend schuf!» Gurnemanz hat dieses Elend eben geschildert: Titurel, die noch geistgetragene Vaterwelt, starb, Amfortas wütet gegen sich selbst und seine Brüder; er will nur den Tod, mögen die anderen dadurch auch zugrunde gehen. Auch die Christus-Kräfte, die der Mensch einst gnadenweise durch die Engelschar als Grals-Mysterium empfangen hatte, werden nicht mehr ergriffen und gepflegt. Das alles ist Menschentat, mit der sich Parsifal identifiziert, obwohl er selbst subjektiv keinen Teil daran hat. Was aus ihm spricht, ist *der Mensch,* der seine Aufgabe und Verantwortung erkannt hat: «Zur Rettung selbst ich auserkoren», und der gleichzeitig um die Schwachheit und Unreife weiß gegenüber allem, was dieser Auftrag von ihm fordert.

Nun kann man diese Worte allerdings nicht bloß auf die allgemeine Menschheitsschuld beziehen, die Parsifal durchleidet. In der zweifachen Perspektive von objektiver Menschheitsrepräsentanz und subjektivem Eigenwesen, in der jede Dramengestalt geschaut werden kann, sind seine Worte auch *individuell* auf Parsifal beziehbar. Dabei muß sich die Frage erheben, ob es denn nicht möglich gewesen wäre, daß der «reine Tor» schon bei der ersten Amfortas-Begegnung hätte vollziehen können, was erst nach langer Irrfahrt zu vollziehen möglich wurde. Parsifals eben zitierte Worte tragen diese Frage indirekt in sich, die bereits König Ludwig gestellt hat: «Warum wird unser Held erst durch Kundrys Kuß bekehrt, warum wird ihm dadurch seine göttliche Sendung klar? . . .»

Ohne Zweifel war die Liebes- und Mitleidskraft in dem «reinen Toren» bei seinem ersten Weilen in der Gralsburg von der gleichen Ausschließlichkeit und Intensität wie in dem Augenblick, da er den Kuß Kundrys empfing. Was ihm damals aber zur Gänze fehlte, war das Erkenntnislicht, d. h. der «Spiegelbelag», durch den sich dieses reine, mit-erlittene Erlebnis reflektieren und dadurch ins Bewußtsein heben konnte. Wußte er doch bisher nichts von seinem eigenen Wesen, kannte nicht einmal seinen Namen. Erst mit der Kundry-Begegnung war der status nascendi der Bewußtseinsbildung gekommen. Da blitzte das Licht der Erkenntnis auf und spiegelte sein tief mitleidendes Inneres.

Für den mittelalterlichen Helden stellte sich die Prüfung noch als reine *Mitleidsfrage:* «Oheim, was wirret dir?» Zu dieser Frage hätte Parzifal auch durch einen Akt der Intuition bewogen werden können. Die Mitleidskraft der «Gemütsseele» setzte noch kein volles Durchschauen der weltweiten Zusammenhänge voraus. Daß Parzival diese Frage nach dem siechen «Fischer-König» und der «blutenden Lanze» unterließ, brachte ihn in Schuld.

Wagner aber geht es um den *Erkenntnisprozeß.* Bei ihm stellt Gurnemanz die dezidierte Frage: *«Weißt* du, was du sahst?» Sein Parsifal ist der Held der Bewußtseinsseele und ist ausersehen, auch Kundry, d. h. dem luziferischen Erkenntnislicht und seiner Sinnesnatur, Erlösung zu bringen. Was sich für Wagner als Problem stellt, liegt in dem Wort des apokryphen Ägypter-Evangeliums: «Das Heil wird in der Welt erscheinen, wenn die Zwei Eines und das Äußere wie das Innere werden wird.»

Wagner weiß um die zwei Strömungen, die alle Menschheitsgeschichte durchziehen und sich zunächst polar gegenüberstehen: das luziferische Erkenntnislicht und die göttliche Liebe, Sinneserfahrung und Seelenreinheit. Indem ihm deren Vereinigung vorschwebt, wird sein Held Träger zukunftweisender Heilsimpulse.

Für Wagners Parsifal war die Heilstat bei der ersten Gralsbegegnung daher unmöglich zu vollziehen. Erst mußte er mit dem luziferischen Erkenntnislicht in Berührung kommen, mußte zu jenem Schicksalspunkt geführt werden, an dem Siegfried stand, als er den Trank Gutrunes genoß. Und im Begreifen der Sinneswelt war für Parsifal erst der Augenblick gekommen, das Heil der «Einswerdung» in die Welt zu tragen. Weil Wagner die Mission Luzifers, des «unheiligen Geistes», mit in sein Drama einbezieht, konnte Parsifal im ersten Akt noch nicht wissend werden. Sein Selbstvorwurf muß also auch in bezug auf die individuelle Perspektive als *rückschauende* Erkenntnis verstanden werden.

Diese volle Einsicht in seine Mission läßt Parsifal auch die Tragik seiner Ahnungslosigkeit erfahren. Im Erschauen ihrer unheilzeugenden Folgen droht Parsifal ohnmächtig niederzusinken. Kundry schöpft hilfreich Wasser aus der nahen Quelle. In zartesten Tönen künden die Holzbläser von der hingebungsvollen Demut, die ihre Seele erfüllt. Was einst in Leidenschaft verzerrt von ihren Lippen klang: «Und ob mich Gott und Welt verstößt», erformt sich jetzt zur reinen Entsühnungs-Melodie und läßt den Anklang an die Quartenmelodik der Gralsglocken deutlich erkennen.

Ihren Eifer sanft abwehrend, geleitet Gurnemanz Parsifal an den Rand des nahen Waldquells:

> Nicht so! –
> Die heil'ge Quelle selbst
> Erquicke unsres Pilgers Bad.

Ein neues Thema, eine Synthesis aus Elementen des Grals-Motives und des Liebesmahl-Motives eröffnet die Szene, die Parsifals Königtum einleitet: der *Segensspruch.*

> Mir ahnt, ein hohes Werk
> Hab' er noch heut zu wirken,
> Zu walten eines heil'gen Amtes:
> So sei er fleckenrein,
> Und langer Irrfahrt Staub
> Soll nun von ihm gewaschen sein.

Segensspruch

169

Immer wieder erblühen im Orchester neue Melismen, deren inniger und ruhiger Empfindungsgehalt vor allem durch das fallende große Sekundintervall bewirkt wird. Wir haben die *kleine* Sekund als Urmotiv des Seufzers immer wieder erlebt. Die *große* Sekund spricht viel weniger von Leid und Schmerzen; wird sie zum Ausdruck des Seufzers, dann quillt er immer aus freudiger Erregung, wie etwa zu Beginn des Aktes im Frühlingsruf Gurnemanz' bei der Erweckung Kundrys. Völlig in den Hintergrund tritt der Seufzercharakter jedoch dann, wenn der zweite Ton des Sekundschrittes gleich lang oder länger gehalten wird als der erste. «In diesem Falle überwiegt die Empfindung heller Klarheit, die der diatonische Schritt als solcher vermittelt.»[9] In allen Varianten des Entsühnungs-Melos, wie sie uns bisher begegneten, war dies der Fall. Lorenz verweist mit Nachdruck auf die Tatsache, daß dieser Tonschritt in der hier beschriebenen Form in den ersten beiden Akten «überhaupt nicht in Erscheinung tritt», mit einer einzigen Ausnahme: im ersten Akt bei Parsifals Kommen als «Schwan-Motiv».

Damit zeigt sich uns eine tiefgründige Entsprechung. Denn dieses zarte Abwärtssinken der Entsühnungs-Sekunden hebt an genau der Stelle des dritten Aufzuges an, an der im ersten Akt Parsifal den Schwan erlegte. Dazu schreibt A. Lorenz: «Das musikalische Symbol für die weiße Unschuld des Schwanes, mit dem sich die Erinnerung an Parsifals erste Freveltat verbindet, erscheint also in der musikalischen Entwicklung des III. Aufzuges genau an der Stelle wieder, wo sich der Geist des Künstlers der seelischen Befreiung des Helden von allen Freveltaten zuwendet ... Es ist kaum anzunehmen, daß Wagner in den Entsühnungsmelodien eine Angleichung an das Schwanmotiv absichtlich gewünscht hat. Aber der formale Gleichlauf mit den Geschehnissen des I. Aufzuges hat eben ein Wiederauftauchen des großen Sekundenmotives verursacht.»[9]

Wieder stehen wir staunend vor der Exaktheit der künstlerischen Phantasie, die in ihrer inspirierten Schöpferkraft die tiefsten Zusammenhänge überschaut. Denn Wagner steht mit seinem Werk nicht nur an der Stelle, wo sich der Geist des Künstlers «der seelischen Befreiung des Helden von allen Freveltaten zuwendet», er steht vielmehr mitten in einem höchsten Initiations-Erleben: Parsifal selbst ist zum «Schwan» geworden, ist zu jenem Einweihungsgrad aufgestiegen, wo die Seele befähigt wird, sich auszugießen über die Welt und überzufließen in alle Wesen: «Da sind wir nicht mehr wie mit einer Haut abgeschlossen von der Welt. Fremder Schmerz ist unser Schmerz, fremde Freude ist unsere Freude, wir leben und weben in dem Dasein. Die ganze Erde gehört zu uns. Wir fühlen uns in allem. Dann weiß man nicht mehr, daß man die Gegenstände von außen anschaut, dann ist es, als ob man in ihnen steckt, als ob man durch die Liebe in sie gedrungen wäre und sie dadurch weiß.

Durch Mitleid, durch das Sich-eins-Fühlen ist alles Wissen geworden.»[15]

Im *weißen Kleide* – im «seelischen Bild des Geistes» (R. Steiner) – steht Parsifal vor uns, seitdem er sich der schwarzen Rüstung entledigt hat. Die Seele des Menschen ist zum reinen Blütenkelch geworden, das «Unbeschreibliche wurde Ereignis». Während Kundry mit demutsvollem Eifer an Parsifal die «Fußwaschung» vollzieht, erinnert ein Klarinetten-Espressivo leise an ihre einstigen Worte: «Wähn' ich sein Auge schon nah . . .», Nun hat auch ihr Wähnen Frieden gefunden, nie mehr wird ihr das «verfluchte Lachen» wiederkehren. Parsifal blickt mit «stiller Verwunderung» auf sie; es ist der Augenblick, da er auch Kundry wiedererkennt. Wagner soll nach den Berichten Glasenapps einmal gesagt haben: «Man wird fragen, wie kommt es wohl, daß Parsifal Kundry in ihrer veränderten Gestalt erkennt – erkennt er sie überhaupt? Alles ist unausgesprochene Ekstase, wie er da heimkehrt und den Blick auf dieses arme Weib wirft.»[17] Nach Meinung von A. Lorenz wollte Wagner damit lediglich einen lästigen Frager abtun. Denn die Musik, die immer das Unausgesprochene ausspricht, sagt durch die Erinnerung an die betreffende Stelle im zweiten Akt unmißverständlich, daß Parsifal Kundry erkennt. Auch darf man dabei Parsifals Initiationsgrad nicht übersehen. Auf diese «Schwanenstufe» weist Wagner zwar nicht direkt hin, wohl aber auf einen Zustand «unausgesprochener Ekstase». In diesem «Außer-sich-Sein» schaut er das «arme Weib» nicht in seiner Leiblichkeit, sondern als die harrende, seufzende, sich Erlösung ersehnende Kreatur. Parsifal erkennt Kundry nicht nur *wieder*, er erkennt sie jetzt erst wirklich, da er die Fähigkeit errungen hat, bis in die tiefsten Gründe des kreatürlichen Daseins zu blicken.

Im Lichte dieses Erkennens ist auch die Handlung zu sehen, die Kundry an Parsifal vollzieht. Sie ist das ergreifend schlichte Bild hingebungsvoller Liebe, befreit von aller dämonischen Leidenschaft. Was in Parsifals «Schwanen-Bewußtsein» in diesem Augenblick aufleuchten mag, läßt sich vielleicht am schönsten durch die Verse Christian Morgensterns ausdrücken:

> Ich danke Euch, Stein, Kraut und Tier,
> Und beuge mich zu euch hernieder:
> Ihr halft mir alle drei zu mir.

Es ist ein Einweihungserlebnis, das uns die Erkenntnis bringt, wie wir das bewußte Ergreifen unseres höheren Seins einem niederen zu verdanken haben. In Kundrys Liebestat liegt das selbstlose Opfer des «Niederen» an das «Höhere»; und Parsifal nimmt wissend dieses Opfer auf.

> Du wuschest mir die Füße,
> Nun netze mir das Haupt der Freund.

«Gurnemanz schöpft mit der Hand aus dem Quell und besprengt Parsifals Haupt.»

> Gesegnet sei, du Reiner, durch das Reine!
> So weiche jeder Schuld
> Bekümmernis von dir!

Es sind die milden Klänge des «Segensspruches», die Entsühnungs-Melodie und die wehen Seufzer der Karfreitagsklage, die Gurnemanz' Worte begleiten. Über diesen Segensspruch schreibt Wolzogen: «In ebenso milder wie feierlicher Weise vereinigt er in sich etwas von dem heiligen Charakter des Grales und von dem zarten Wesen der holden Frühlingsnatur, welche als lebendige Symbolik der Entsühnung und Wiederkehr diese frommen Handlungen in immer sich entschleiernder Bedeutsamkeit umgibt.[28]

Hatte Kundrys demutsvolle Hingabe den Bereich der menschlichen Leiblichkeit von allem Erdenstaub gereinigt, der ausersehen ist, mit dieser Stoffeswelt in ständiger Berührung zu sein und von dem es im Evangelium heißt: «Wer gewaschen ist, der bedarf nichts denn die Füße waschen, sondern er ist ganz rein» (Joh. 13, 10), so besprengt nun Gurnemanz mit dem heiligen Naß Parsifals Haupt, die Sphäre, durch die der Mensch sich den Höhen verbindet, die über ihm walten.

Das orchestrale Nachspiel dieser kultischen Handlung läßt eine Triolenfigur aufquellen, die Wagner bereits im «Freya-Motiv» seiner Ring-Tetralogie als Motiv des Sprießens und Blühens gestaltet hat, die uns aber ebenso an die Blumenmädchen-Melodik gemahnen kann. Ja mehr noch: der Aufschwung der Figur mit seinem vorhalte-artigen Hinausspringen des letzten Anlauftones zeigt sogar Verwandtschaften mit dem Klingsor-Thema; dies um so eindringlicher, weil die Weiterführung des Satzes das nun ansteigende, also in seiner Umkehrung erscheinende Kundry-Motiv bringt und dadurch endgültig auf die Erlösung Kundrys verweist. Mit dem Vollzug der «Reinigung» verlöschen alle drei Klangsymbole der Gralsgegnerschaft: Klingsor-, Kundry- und Blumenmädchen-Thematik. Wobei dieses Erlöschen für das Kundry- und das Blumenmädchen-Melos ein endgültiges ist, während das Klingsor-Motiv beim Verzweiflungsausbruch des Amfortas noch einmal auferstehen wird.

Dieses in der Musik sich vollziehende Erlösungs-Geschehen erhält auch bildhaft-dramatischen Ausdruck. Kundry «gießt den Inhalt eines goldenen Fläschchens auf Parsifals Füße und trocknet diese mit ihren schnell aufgelösten Haaren». Wie einst zu Bethanien die «große Sünderin» dem Herrn mit kostbarem Nardenöl die Füße salbte, so sehen wir jetzt Kundry das Werk Maria Magdalenas nachvollziehen. Wie jene «Sünderin» einst den Dämon irdischer Liebeskräfte zu Demut, Andacht und

Opferkraft zu verinnerlichen wußte, so findet auch Kundry den Weg der sühnenden Maria. Die Salbung aber ist bereits eine sakramentale Handlung, ein Akt der Heiligung und Weihe. «Sacrare» heißt widmen, bestimmen, im übertragenen Sinn aber auch: unverletzlich, unsterblich machen. Der sakramentale Akt der Salbung ist das sichtbare Zeichen für den göttlichen Kraftstrom, der dem Gesalbten nunmehr zuteil wird.

> Du salbtest mir die Füße,
> Das Haupt nun salbe Titurels Genoß,
> Daß heute noch als König er mich grüße!

Das Ausgießen des kostbaren Öles über Parsifals Haupt vollendet den Akt der Salbung; Parsifal ist Gralskönig.

> So ward es uns verhießen,
> So segne ich dein Haupt,
> Als König dich zu grüßen.

Wieder ist es die Musik, die uns im strahlenden Glanz von Trompeten, Hörnern und Posaunen dieses Königtum in seinem tiefen Geistgehalt begreifen läßt. Denn das Wort «Königtum» ist der exoterischen Welt entnommen und kann daher nur gleichnishaft wiedergeben, was sich esoterisch in Wahrheit vollzieht. Handelt es sich doch nicht um einen äußeren Hierarchismus, sondern um einen inneren Wandlungsprozeß. Hinter dem Gralskönigtum steht das ätherisch-astrale Pflanzengeheimnis, und gerade davon spricht die Musik. Da ist zunächst die Tonart, in die das Parsifal-Thema bei Gurnemanz' Worten gestellt ist: *H*-Dur, jener harmonische Klangbereich, der in seiner kosmischen Wirkenskraft der Sphäre der «Jungfrau» entspricht. Das Gralsgeheimnis hat sich in Parsifal verwirklicht: «Der Blütenkelch der Pflanze ist auf höherer Stufe neuerdings erstanden»[29], indem die Astralität ihre Jungfräulichkeit wiedererhalten hat und zum reinen Blütenkelch wurde.

Die Erreichung dieses Zieles klingt aber nicht nur aus dem allgemeinen Charakter der Harmonie, sondern auch aus der besonderen Stufenfolge, die dem Parsifal-Thema jetzt zuteil wird. War sein siebenter Ton – in der melodischen Linie ist dies der erste, der nicht mehr dem Tonikadreiklang angehört – bisher meistens durch die vierte Stufe der jeweiligen Tonart harmonisiert, so ist es jetzt die sechste Stufe, die sich beim Erklingen des siebenten Tones zwischen die erste und vierte schiebt, wodurch der Tonikabereich ausgeweitet erscheint (die sechste Stufe vertritt funktionell die Tonika) und das Thema einen in sich ruhenden, beinahe thronenden Charakter erhält.

Die Salbungsworte selbst zeigen melodisch eine reiche Entfaltung des Torenspruch-Melos:

> Du – Reiner!
> Mitleidvoll Duldender,
> Heiltatvoll Wissender!

Damit hat der Torenspruch seine Erfüllung erfahren. Um die «Heiltat» begreifen und realisieren zu können, mußten Parsifal alle Zusammenhänge durchschaubar geworden sein.

> Wie des Erlösten Leiden du gelitten,
> Die letzte Last entnimm nun seinem Haupt!

Wie Parsifal das Leiden des Amfortas selbst mitdurchlitten hat und ihm dadurch Erlösung brachte, so entnimmt er ihm durch die Salbung die letzte Last von seinem Haupt: die Gralskrone, zu deren Amt sich der Sohn Titurels «verdammt» fühlte. Die Harmonie ist bei diesen letzten Worten wieder in den reinen *H*-Dur-Klang des Parsifal-Themas zurückgekehrt. Nun aber ist sein elegisch-leidender Ausklang zur Gänze geschwunden. An seine Stelle treten die Grals-Sexten und im Fortissimo des vollen Orchesters verschmilzt das Parsifal-Thema mit dem Grals-Motiv. Dieses Zusammenfließen beider Motive bringt gleichzeitig eine großartige Steigerung der Oberstimme: ein ununterbrochenes, stufenweises, den ganzen Sphärenraum von *H*-Dur ausschreitendes Emporsteigen. Es ist dieselbe diatonische Leiter, die wir als ruhig schreitende Mittelstimme innerhalb des zum «Engel-Motiv» variierten Glaubens-Themas erlebten, als sich auf dieser «Himmelsleiter» einst in «heilig ernster Nacht» Titurel die Engel neigten. Was dort noch begleitendes Nebenmelos war, tritt jetzt an die Oberfläche und läßt Titurels «Urkönigtum» in Parsifal neu erstehen. «Unbegreiflich», so schreibt Alfred Lorenz, «daß Nietzsche trotz dieser deutlichen Bejahungs- und Heldenmusik die Verwandtschaft Parsifals mit Siegfried nicht erkannt hat, sondern den Meister als einen ‹morsch gewordenen verzweifelten Décadent› schmähte, der ‹plötzlich hilflos und zerbrochen vor dem christlichen Kreuze niedersank›.»[9] Glasenapps Bericht zufolge, soll Wagner selbst einmal gesagt haben, «daß eigentlich bereits Siegfried zum Parsifal hätte werden und Wotan erlösen können, indem er auf seinen Streifzügen den leidenden Gott – für Amfortas – getroffen hätte»[17]. Wir haben bei der Besprechung der Ring-Tetralogie diese ursprünglich gedachte, der heidnischen Welt jedoch noch nicht vollziehbare Erlösungs-Mission Siegfrieds ausführlich zur Darstellung gebracht. Und auch Wagners eigenes Ringen um das wahre und tiefste Geheimnis des Christentums haben wir verfolgt. Im «Parsifal» verwirklicht sich, was Erkenntnisfrucht dieses Ringens ist und was ideell hinter

diesem neuen Heldentum steht: «Der zu bemitleidende Schwache –
unmöglich das Ziel: – dagegen der bemitleidende Starke!» Und auch die
Worte an Chamberlain sind dafür Zeugnis: «Das Mitleid treibt hin zu
Taten, und durch die Taten wird erst der Sieg errungen.»[9]. Die Tat der
mitleidvollen Liebe, durch die der «Held» zum «Heiligen» wird, hat aber
erst Christus gesetzt.

Parsifals erste Liebestat nach seiner Salbung ist die Taufe an Kundry:

> Mein erstes Amt verricht' ich so: –
> Die Taufe nimm
> Und glaub' an den Erlöser!

Wenn Parsifal Wasser aus der Quelle schöpft und der vor ihm knienden
Kundry das Haupt netzt, ertönt das Grals-Motiv als die eigentliche
«Seele» dieser Szene und führt uns hin zu dem sphärischen Schwellenbe-
reich von *Fis*-Dur. Nach seiner enharmonischen Verwandlung zu *Ges*,
was bedeutet, daß die Schwelle zur geistigen Welt hin überschritten wird –
man erinnere sich an die «Todesverkündigung» Brünnhildes an Siegmund –, fließt im zarten Schimmer der Holzbläser und gedämpften
Streicher das Glaubens-Thema herab und senkt sich gleichsam auf Kundrys Haupt nieder. Die «harrende und seufzende Kreatur» wird des
unvergänglichen Werdens, der vom Tode erlösten Lebenskräfte teilhaftig.
Kundry weint; zum erstenmal in ihrem fluchbeladenen Dasein findet sie
den «Tau der Tränen». Der verzeihende Blick des Heilands, den sie seit
Ewigkeiten gesucht hat, trifft sie mild und liebevoll aus den Augen
Parsifals. Jetzt, da – szenisch verstanden – zum siebenten Male die
«Heiland-Klage» ertönt, ist Parsifal selbst Träger und Mittler der Erlöser-
kräfte Christi geworden.

Das «Blick-Motiv» der Heiland-Klage führt uns zunächst in das Däm-
merdunkel von *Ces*-Dur. In ihm liegen die verborgensten Tiefen von
Kundrys Wandlungsgeheimnis; findet damit doch das mit Klingsor verbundene *ces*-Moll seine Durchlichtung. Im folgenden Takt aber «trans-
substantiiert» sich dieses *Ces*- nach *H*-Dur und gießt durch diese Enharmonik seinen tief verborgenen geistigen Sphärengehalt nach «außen», in
den erdnahen Kreuztonarten-Bereich hinein.

Aus seinen wiegenden Triolenrhythmen erhebt sich mit unbeschreibli-
cher Schönheit das *Blumenaue-Motiv*. Es ist in seiner Gestaltung, als
Ganzes genommen, ein einzigartiger, überirdischer Einfall und ein Mei-
sterwerk in seiner Instrumentation. Wie Farben und Leben sich allmählich steigern und sich der Erlösungshauch des Karfreitagsmorgens über
die Natur breitet, die Blumenaue zu einer «terra lucida», zu einer verklär-
ten Lichterde wandelnd, das alles in seinem Erlebensgehalt festzuhalten,

Blumenaue-Motiv

entzieht sich dem beschreibenden Wort. Parsifal blickt mit «sanfter Entzückung» auf Wiese und Wald:

Wie dünkt mich doch die Aue heut so schön!

Über das sanft dahinwogende Wehen der Triolen, das uns an das «Waldweben» im «Siegfried» erinnern kann, weben die zarten Melismen der Entsühnungs-Motivik mit ihren liebevollen Seufzern des tiefsten Mitleids, in denen für Parsifal die ganze Unterschiedlichkeit zur Blütenpracht des Klingsorgartens deutlich wird:

Wohl traf ich Wunderblumen an,
Die bis zum Haupte süchtig mich umrankten;
Doch sah ich nie so mild und zart
Die Halme, Blüten und Blumen,
Noch duftet All' so kindisch hold
Und sprach so lieblich traut zu mir.

So einzigartig und für sich bestehend das Blumenaue-Thema auch ist, so wächst es doch organisch aus der bisherigen Hauptmotivik des Werkes heraus. Oder man könnte auch umgekehrt formulieren: Die Hauptmotive scheinen alle in diesem Thema in eins zu verschmelzen. Und welche Themen sind es, die der aufmerksam Lauschende darin gewahrt? Zunächst stellt sich der Höhenzug seines Melos als der in anderer rhythmischer Gliederung aufsteigende Gang des eben bei Parsifals Salbung vernommenen «Engel-Motives» dar. Ein erster musikalischer Hinweis dafür, daß die Christus-Kraft nun auch die ganze Natur durchflutet. Auch läßt das sanft ansteigende, wieder fallende und neu sich erhebende Liniengewebe des Melos den Segensspruch Gurnemanz' ebenso heraushören, wie es Verwandtschaft mit dem Liebesmahl-Thema zeigt. In dem morgendlich milden Hauch seiner Terz-Quart-Melodik im vierten und fünften Takt lebt aber auch die heidnische Freya-Welt wieder auf, wie sie uns in der entsprechenden Motivik der Loge-Erzählung im «Rheingold» entgegentönte:

> So weit Leben und Weben,
> In Wasser, Erd' und Luft, ...

So wird das Blumenaue-Thema auch zu einem durchchristeten Freya-Motiv. Und schließlich kündet es uns von jenem, der diese Erlösertat vollzogen hat, von Parsifal, dessen Namens-Thema gerade in dieser rhythmisch-punktierten Terz-Quart-Melodik der «Blumenaue» heraustönt. Mensch und Natur sind in diesem Thema durch den Christus-Geist vereint. Die Unterweisung Gurnemanz', mit der er Parsifals Staunen belehrt, spricht in Gedanken aus, worüber das Blumenaue-Thema bereits Kunde gibt: die Entsündigung der Natur. Denn hinter all den «Wundern», die Parsifal an diesem Morgen staunend wahrnimmt, steht der Wunder höchstes: der Tod Christi am Kreuze:

> Das ist Karfreitagszauber, Herr!

Von Schmerz getroffen, vermag Parsifal den Zusammenhang von höchstem Todesleid und neu sprießender Lebenskraft noch nicht ganz zu fassen:

> O wehe, des höchsten Schmerzenstags!
> Da sollte, wähn' ich, was da blüht,
> Was atmet, lebt und wieder lebt,
> Nur trauern, ach! und weinen?

Durch Gurnemanz' Belehrung wird ihm die Erkenntnis, daß der «höchste Schmerzenstag» der höchste Glückstag sein darf für Mensch und Welt: «Insbesondere am Karfreitag wurde dieses Heraussprießen erlebt zugleich mit der Empfindung, daß durch Christi Opfertod ein Unterpfand gegeben sei, daß der Mensch sich zum Besitz des Heiligen Grales emporringen könne. Der Blutsaft Christi macht den Menschen rein, so wie die Pflanze von reinem Saft durchströmt ist. Dies erlebten die Schüler in den feierlichsten Augenblicken. Dann fühlten sie sich als Wissende. Der Erlösungsgedanke stand klar vor ihnen, indem der Zusammenhang des Opfertodes Christi mit der sprießenden Pflanze empfunden wurde.»[1]

Dieser Zusammenhang stand als makrokosmisches Christus-Erlebnis am Karfreitag 1857 vor der Seele Richard Wagners, der ihn zu seinem Bühnenweihfestspiel inspirierte.

Mit dem *Karfreitagszauber* stehen wir vor dem ältesten Entwurf der Parsifal-Musik. Er ist das ideelle Herzstück, der Inspirationskern, aus dem das ganze Werk herausgewachsen ist. Demzufolge bringt die Karfreitagsunterweisung, bei der Gurnemanz Züge des Wolframschen Trevrizent aufgeprägt bekommt, auch keine neuen Motive. Einzig eine neue Variante der Entsühnungs-Melodie tritt am Ende seiner Belehrung auf.

Formal gesehen bildet der Karfreitagszauber einen frei gebauten dreiteiligen Bogen, dessen äußere Wölbungen – motivisch wie auch vom dichterischen Inhalt her gesehen – von dem Erblühen der Aue und der Freude der Kreatur künden, wogegen das mittlere Rund auf den erlösten Menschen blickt. Die beiden Ecksätze werden motivisch durch das Blumenaue-Thema getragen, wobei die Harmonie des ersten Hauptsatzes den Hauch des anfänglichen *H*-Dur verläßt, um ihr Melos im Sonnenglanz von *D*-Dur zu festigen:

> Du siehst, das ist nicht so.
> Des Sünders Reuetränen sind es,
> > Die heut mit heil'gem Tau
> > Beträufet Flur und Au':
> > Der ließ sie so gedeihen.

Tränen, die der Mensch nicht mehr um seiner selbst willen weint, Tränen, die um der Schmerzen anderer geweint sind, können zum «heil'-gen Tau» für das Leid der Welt werden.

> Nun freut' sich alle Kreatur
> Auf des Erlösers holder Spur,
> > Will sein Gebet ihm weihen.

Immer wieder quellen die Grals-Sexten im begleitenden Orchestersatz empor, bis mit einer strahlenden Entfaltung des Blumenaue-Themas in *D*-Dur der erste Hauptsatz endet.

Der Mittelteil ist komplizierter gebaut und umfaßt einen ersten, düsteren und einen zweiten, aufgehellten Abschnitt. Das Liebesmahl-Thema mit seiner Leidensgebärde, nach dumpfen Tritonus-Schlägen der Pauke erklingend, leitet ihn ein. Eingebettet in den mystischen Akkord, läßt es in seiner Fortführung eigentlich das Karfreitags-Motiv erwarten:

> Ihn selbst am Kreuze kann sie nicht erschauen:
> Da blickt sie zum erlösten Menschen auf;
> Der fühlt sich frei von Sündenlast und Grauen,
> Durch Gottes Liebesopfer rein und heil.

Doch nicht das Karfreitags-Motiv, sondern das Speer-Motiv mit der chromatisch absinkenden «Blick-Gebärde» der Heilands-Klage erklingt. Das dritte Ertönen des Speer-Motives führt in die Entsühnungs-Melodik über und hellt die Düsternis allmählich auf.

Das merkt nun Halm und Blume auf den Auen,
Daß heut des Menschen Fuß sie nicht zertritt,
Doch wohl, wie Gott mit himmlischer Geduld
Sich sein' erbarmt und für ihn litt,
Der Mensch auch heut in frommer Huld
Sie schont mit sanftem Schritt.

Die in immer lichteren Klangfarben ertönende Entsühnungs-Melodik
der Orchesterbegleitung spricht von dem Menschen, der die Natur nicht
mehr egoistisch begehrt, der ihr stummes Sehnen, ihr «Harren» und
«Seufzen» zu erlauschen vermag und weiß, was sie durch ihn, durch seine
selbstlose Tätigkeit, werden kann.

«Schenke deine Worte den Dingen, die stumm sind, damit sie durch
dich sprechen. Denn sie sind nicht eine Aufforderung an deine Lust, diese
stummen Dinge, sondern sie sind eine Aufforderung an deine Tätigkeit.
Nicht, was sie *geworden* ohne dich, ist für dich da, sondern was sie
werden sollen, muß durch dich da sein.

Und solang du deinen Wunsch einem einzigen Dinge aufdrückst, ohne
daß dieser dein Wunsch aus dem Dinge selbst geboren ist, solange
verwundest du das Ding... Des Menschen niederes Selbst ist wie eine
spitze Nadel, die sich überall eingraben will...»[38]

Der «Karfreitagszauber» spricht aus, wie die vergängliche Welt der
Dinge voll Hoffnung auf den Menschen blickt, von dem sie sich ein
Unvergängliches erwartet. Im herrlichsten Lichtglanz erstrahlt aufs neue
das Blumenaue-Thema:

Das dankt dann alle Kreatur,
Was all' da blüht und bald erstirbt,
Da die entsündigte Natur
Heut ihren Unschuldstag erwirbt.

Zweite Entsühnungs-Melodie

Mit inniger, polyphoner Verflechtung entfaltet sich das Stimmenge-
webe der *Entsühnungs-Melodie*. Ein unbeschreibliches Leuchten liegt

über Wald und Blumen. Da setzt mit zarter Dissonanz die Coda ein, die Parsifals ergreifendes Schlußwort umfaßt: Erkenntnisfrucht aus Gurnemanz' Belehrung:

> Ich sah sie welken, die einst mir lachten:
> Ob heut sie nach Erlösung schmachten?

Kundry, die ja all diese «Welkenden» und «Schmachtenden» mit ihrem Wesen umgreift, hat langsam das Haupt zu Parsifal erhoben:

> Auch deine Träne ward zum Segenstaue:
> Du weinest – sieh! es lacht die Aue!

Er küßt sie sanft auf die Stirn. Der einstige so verführerische Kuß Kundrys hat damit seine Erlösung erfahren. Im «dolcissimo» gedämpfter Streicher und Holzbläser verklingt das Blumenaue-Motiv. Die Gralsglokken rufen zur Totenfeier Titurels.

Schwerwuchtende Bässe unterwühlen die nunmehr einsetzende Verwandlungsmusik. Die fünf Töne umfassende Motiv-Figur leitet sich vom Glaubens-Thema her, dem der erste Ton fehlt.

> Mittag: –
> Die Stund' ist da!
> Gestatte, Herr, daß dein Knecht dich geleite!

Der düstere Ernst, mit dem der Abschnitt anhebt, läßt eine breite Satzentwicklung in e-Moll erwarten, dessen Moll-Charakter durch das archaisierende Fehlen des Leittones – die Baßfigur bringt statt *dis* ein *d* – noch gesteigert erscheint. Doch schon im nächsten Takt wendet sich die Harmonie nach *E*-Dur und im machtvollen Blechbläserklang setzt das Parsifal-Thema ein, dessen erste Takte jedoch merkwürdigerweise in der Umkehrung stehen. «Parsifal ergreift feierlich den Speer und folgt mit Kundry dem langsam geleitenden Gurnemanz.»

Die erhabene Feierlichkeit des Orchestersatzes, sein breit auswuchtendes Pathos steht im Einklang mit der Größe und dem Ernst dieses Augenblickes. Warum aber stellt Wagner den uns so vertrauten Beginn des Helden-Themas plötzlich in die Umkehrung? Worauf will er damit verweisen? Nachdem es sich um sein Namens-Motiv handelt, muß sich diese Veränderung auf Parsifal selbst beziehen. Tatsächlich hat sich Wagner zu Glasenapp in diesem Sinne geäußert und ausgesprochen, daß in diesem Augenblick «eine furchtbare Veränderung in Parsifal vor sich gehe – alles sei damit abgeschlossen.» [17]

Was mag Wagner mit diesem merkwürdigen Wort: «alles sei damit abgeschlossen» wohl meinen? Und welche «furchtbare Veränderung» geht in Parsifal vor? Man könnte sich folgendes vorstellen: «abgeschlossen» ist der Weg und die Mission Parsifals, so weit sich beide auf den irdischen Plan beziehen. Was nun folgt, stellt eine ungeheure Steigerung zu der gleichen Szene des ersten Aktes dar, die einen mit irdischen Dimensionen nicht mehr zu messenden Blick in die Zukunft bedeutet. In ihrem tiefsten und eigentlichsten Wesen läßt sich die von Parsifal nunmehr zu vollziehende Gralsenthüllung im Grunde auf der Bühne gar nicht mehr darstellen. Zwar bedeutete uns auch die Gralsfeier des ersten Aktes ein Geisterlebnis jenseits der Schwelle, doch ließ sich dieses Geschehen immerhin noch ins künstlerische Bild übersetzen, da es sich innerhalb des gegenwärtigen Erdenzustandes ereignete. Mit der jetzt einsetzenden Verwandlungsmusik jedoch wird nicht nur die Schwelle zur geistigen Welt erneut überschritten, es tritt darüber hinaus – soweit Parsifal der Repräsentant ist – ein völlig neuer Seinszustand für Welt, Erde und Mensch ein. Für Amfortas und seine Ritterschaft ist diese Wandlung jedoch noch nicht bewußt ergreifbar. So daß die Geschehnisse der letzten Szene gleichzeitig auf zwei Ebenen geschaut werden müssen. Wenn Parsifal die erlöste Kundry in den Tempel führen und der entsühnte Speer Amfortas Wunde heilen wird, dann bedeutet dies die Transsubstantiation alles Stofflich-Irdischen; den Beginn einer neuen, in die Zukunft weisenden Werdensrunde. Der Trotz der Ritter dagegen, Titurels Tod, Amfortas Todesbegehren lassen uns das völlige Zu-Ende-Gehen der vergangenen Welt erschauen, die eine Beute Klingsors werden müßte, wenn das «Imponderable» der freien Liebestat Parsifals nicht eingetreten wäre. Wo dieser physische Erdenzustand selbst aber aus allem Irdisch-Stofflichen herausgehoben wird – und das hat sich durch Parsifal vollzogen –, sind auch die bisher geltenden Möglichkeiten der Kunst an ihre Grenzen gekommen. Denn die künstlerische Intention liegt ja gerade in der Zusammenführung der irdischen Stoffeswelt mit dem Geistig-Ideellen.

Damit stehen wir auch bereits vor der zweiten Frage: Parsifals «furchtbarer Veränderung». Stellt man jener Äußerung Richard Wagners noch eine andere zur Seite, die der Meister über die letzten Worte Parsifals zu Kundry getan hat: «Auch deine Träne ward zum Segenstaue», dürfte man einer Antwort näherkommen: «Hier ist Parsifal noch einmal ganz Mensch, bevor er König wird.» [17] Die «furchtbare Veränderung» bezieht sich somit auf sein Königtum, das wir ebenfalls nur dann in seinem tiefsten Wesen verstehen, wenn wir es als völlige Verwandlung seines bisherigen Menschseins erkennen. Wagner spricht es deutlich aus: Parsifal ist noch einmal ganz *Mensch*, ehe er *König* wird. Sinngemäß kann dieses Königtum nur die Erringung einer Seinsstufe bedeuten, die über jener des gegenwärtigen Menschenzustandes liegt. Wenn wir vorher von der Verwandlung des menschlichen Äther- und Astralleibes zum reinen Blütenkelch sprachen, dann heißt dies konkret, daß Parsifal seine höheren

Wesenglieder aus seiner irdischen Hüllennatur herausentwickelt hat; daß sein Astralleib zu *Manas,* sein Ätherleib zu *Buddhi* wurde. Der Mensch steht vor uns, wie er dereinst sein wird, wenn die Erde nicht mehr jene dichte mineralische Erscheinungsform aufweisen wird, die sie gegenwärtig hat.

Jetzt erst vermögen wir Fußwaschung und Salbung in ihrer letzten Tiefe zu fassen. Von der Salbung des Erlösers durch Maria von Magdala heißt es im Evangelium: «Sie hat getan, was sie konnte; sie ist zuvorgekommen, meinen Leib zu salben zu meinem Begräbnis.» (Mark. 14, 8). Die Salbung des Herrn ist eine Bereitung zum Tode. Von dieser Sicht aus gesehen, bedeutet die «furchtbare Veränderung», die sich in Parsifal vollzieht, ein Sterben seines bisherigen, an den irdischen Leib gebundenen Menschseins. In dem gegenwärtigen Augenblick tritt Parsifal wirklich in das *Mysterium* ein, in die unsichtbare Gralsburg, die jedoch eine geistige, *urbildliche* Realität ist. Sein jetziges Menschsein, das Wagner als sein «Königtum» bezeichnet, hat sich aus dem Bereich erhoben, wo jene Geist-Realität noch zusätzlich als irdisches *Abbild* verstanden werden kann. Künstlerisch läßt sich dasjenige, was bereits zur Gänze der überirdischen Seinssphäre angehört, nur im *Bild* darstellen: die Heilung des Amfortas, die Entsühnung der Kundry-Welt und damit die Wiedergewinnung eines verlorenen Paradieses. Dieses Sich-Überschneiden zweier Seins-Ebenen und den Heilungsprozeß ihrer Einswerdung muß man gleich einem Meditationsvorgang beim Erleben des letzten Bildes im Bewußtsein tragen. Und auch hier wird in der Musik der entscheidende Schwerpunkt liegen. In diesem Zusammenhang sei auf ein Wort Rudolf Steiners verwiesen, das uns mit aller Deutlichkeit die meditative Kraft der Parsifal-Musik aufzeigt: «Die Wagnersche Musik enthält alles das, was an Wahrheiten in dem ‹Parsifal› liegt. Die Zuhörer empfangen durch die eigentümliche Wagnersche Musik in ihrem Ätherleib ganz besondere Schwingungen. Darin liegt das Geheimnis der Wagnerschen Musik. Man braucht die Dinge gar nicht wirklich zu verstehen, aber man bekommt ihre wohltätigen Wirkungen durch den Ätherleib. Der Ätherleib hängt mit allen Wallungen des Blutes zusammen. Richard Wagner hat das Geheimnis des gereinigten Blutes verstanden. In seinen Melodien liegen die Schwingungen, die im Ätherleibe des Menschen sein müssen, wenn er sich so läutert, wie es nötig ist, um das Geheimnis des Heiligen Grales zu empfangen. Es handelt sich bei Richard Wagners Schaffen um eine religiöse Vertiefung der Kunst, zuletzt aber um ein tiefes Verständnis des Christentums. Er wußte, daß in der musikalischen Gestalt das Christentum am besten zum Vorschein kommen kann.»[21]

Daß Wagners Motiven oft *mantrische* Wirkungen anhaften, konnten wir bereits bei manchem Thema der Ring-Tetralogie erleben. Die Parsifal-

Musik, von dem eben zitierten spirituellen Hintergrund her erkannt, macht diese okkulte Wirkung vollends offenbar und bestätigt, was wir im Eingangskapitel über das Bühnenfestspiel ausführten: daß es sich bei Wagners Werken um Mysteriendramen aus dem Geistgehalt der Musik handelt.

Wenn Parsifal nunmehr zum zweiten Male der Gralsburg zuschreitet, wird uns durch die Wandeldekoration erneut bildhaft bewußt gemacht, daß «die Zeit zum Raum wird». Die schweren Baßfiguren, auf denen der Ernst des Todes liegt, schreiten ihren unaufhaltsamen Gang. Sie tragen Schmerz und Leid. Voll Drangsal stöhnt das Öde-Thema, wenn sich die Felsenwände öffnen und das Innere des Tempels wieder sichtbar wird. Ein Zug von Rittern bringt den heiligen Schrein und Amfortas, ein anderer den Sarg Titurels getragen. Ihr Gesang läßt das Grals-Motiv erkennen:

> Geleiten wir im bergenden Schrein
> Den Gral zum heiligen Amte,
> Wen berget ihr im düstren Schrein
> Und führt ihn trauernd daher?

Der Chor steht in *b*-Moll und stellt sich dadurch zu dem *e*-Moll der ausklingenden Verwandlungsmusik in ein Tritonus-Verhältnis, das uns ein sprechender Hinweis sein kann, wie unharmonisch zu den ebenfalls in *e*-Moll erklingenden Gralsglocken die jetzt führerlose, fast aufrührerische Ritterschaft steht.

Trauerchor

Der Gang des zweiten Kondukts zeigt uns das Grals-Motiv in seiner Umkehrung. Düster steigt sein Sexten-Gang nach abwärts:

> Es birgt den Helden der Trauerschrein,
> Er birgt die heilige Kraft,
> Der Gott einst selbst zur Pflege sich gab:
> Titurel führen wir her.

Ein Chorsatz von betäubender Gewalt und monumentaler Wucht der Bewegung. Das Pathos und auch das Chorprinzip der antiken Tragödie leben in ihm wieder auf; seine Deklamation, wie aus Erz gehauen, offenbart die ganze Tragik der Schicksalssituation.

> Ihn fällte des Alters siegende Last,
> Da den Gral er nicht mehr erschaute.

Mit furchtbarer Strenge treffen die Klagen der Ritter Amfortas, der alles Elend verschuldet hatte:

> Wehe! Wehe! Du Hüter des Grals!
> Zum letzten Male
> Sei deines Amtes gemahnt!

In schneidend-schmerzlichen Sekund-Vorhalten vereinigen sich die beiden Chöre: «Wehe! Ach, zum letzten Mal!»
Aber selbst dieses «letzte Mal» will Amfortas noch wehren.

> Ja, Wehe! Wehe! Weh' über mich!
> So ruf ich willig mit euch.
> Williger nähm' ich von euch den Tod,
> Der Sünde mildeste Sühne!

Amfortas' Wehe-Rufe greifen den Tritonus-Schritt des Öde-Motives auf. In einem harten «ziemlich problematischen harmonischen Übergang» wird dieses in *b*-Moll stehende Öde-Thema im weiteren Verlauf nach *h*-Moll umgebogen und in dessen Akkorde «dissonierend eingezwängt»[9], worin das von den Zerstörungskräften Klingsors erfaßte Amfortas-Leben Ausdruck gewinnt.

Bei einem neuerlichen gewaltsamen Ruck des Öde-Themas nach *d*-Moll wird der Sarg geöffnet. «Beim Anblick der Leiche Titurels bricht alles in jähen Wehruf aus.» Doch auch der Anblick des toten Vaters läßt Amfortas den eigenen Schmerz nicht vergessen; trägt er doch diese dem Tode überantwortete Vaterwelt als leibliches Erbe in sich.

> Mein Vater!
> Hochgesegneter der Helden!
> Du Reinster, dem einst die Engel sich neigten:
> Der einzig ich sterben wollt',
> Dir – gab ich den Tod!

Der *Weihegruß* an Titurel, mit dem der Amfortas-Monolog beginnt, scheint eine neues Thema zu formen, doch stellt er sich motivisch nur als eine neue Variante jener Umformung des Glaubens-Motives dar, die bei Titurels Berufung durch die Engel bereits erklang. Die thematische Ver-

Weihegruß-(Wunder-)Motiv

wandtschaft wird deutlich erkennbar, wenn das Orchester diese einstige «Titurel-Variante» unmittelbar darauf intoniert:

> Oh! der du jetzt in göttlichem Glanz
> Den Erlöser selbst erschaust,
> Erflehe von ihm, daß sein heiliges Blut . . .
> . . . Mir endlich spende den Tod!

Im Aussprechen dieses Wortes wird sich Amfortas der ganzen Tragweite der Handlung bewußt, die zu vollziehen er sich noch einmal sühnend verpflichtet hatte. Aber Amfortas ist am Ende seiner Kraft und Standhaftigkeit. Einzig den Tod erflehend, wird er sich durch den Anblick des Grals erneut ins Leben zurückgestoßen und damit der einzigen Gnade beraubt sehen, die ihm verblieb.

Voll Ungeduld drängen die Ritter:

> Enthüllet den Gral!
> Walte des Amtes!
> Dich mahnet dein Vater:
> Du mußt! Du mußt!

Dieses furchtbare «Du mußt!» weckt in ihm verzweifelten Trotz, der nur noch sein eigenes Schicksalsleid sieht.

> Nein – nicht mehr! Ha!
> Schon fühl' ich den Tod mich umnachten, –
> Und noch einmal soll ich ins Leben zurück?
> Wahnsinnige!
> Wer will mich zwingen zu leben?
> Könnt ihr doch Tod mir nur geben!

Weiß Amfortas, dieser «Tristan des dritten Aktes mit einer undenklichen Steigerung», nicht, daß auch der Tod ihm keine Erlösung dieser Ich-Schuld bringen kann? Sein tiefes Wissen um die Geheimnisse des Heiligen Grales müßte es ihm sagen. Doch in diesem Augenblick spricht der bloße Erdenmensch aus ihm, der im Tode die Auslöschung jeglicher Qual ersehnt.

In wütenden Triolengängen stürzt das Amfortas-Thema zur Tiefe. Im Wahn, den «Allbefreier»Tod schon nahe zu fühlen, «reißt er sich das Gewand auf», und mit entblößter Brust stellt er sich den Brüdern entgegen:

> Hier bin ich – die offne Wunde hier!
> Das mich vergiftet, hier fließt mein Blut.

Mit geballter Akkordik wütet das Amfortas-Motiv.

> Heraus die Waffe! Taucht eure Schwerte
> Tief – tief hinein, bis ans Heft!
> Auf! Ihr Helden!
> Tötet den Sünder mit seiner Qual,
> Von selbst dann leuchtet euch wohl der Gral!

In unheimlichen Sechzehntel-Rhythmen scheucht das Klingsor-Thema aus der Tiefe, jagt dem heiligen Gral entgegen; grauenhafter Einlaß, den der Mensch hier gewährt. «Alles weicht scheu vor Amfortas zurück, der in furchtbarer Ekstase einsam steht.» Der Griff nach dem Gral scheint Klingsor zu gelingen. Die wild dahinfegenden Sechzehntel-Gänge seines Motives umklammern in höhnisch lachenden Triller-Figuren die ersten Konturen des Grals-Themas.

In diesem Augenblick höchster Entscheidung tritt Parsifal aus dem Gewirr der Ritter hervor mit hocherhobenem Speer. Das Grals-Motiv erstrahlt im reinsten Lichtglanz von *A*-Dur:

> Nur eine Waffe taugt:
> Die Wunde schließt
> Der Speer nur, der sie schlug.

«Amfortas' Miene leuchtet in heiliger Entzückung auf.» Parsifal berührt mit der Spitze des Speeres die Wunde:

> Sei heil, entsündigt und entsühnt!
> Denn ich verwalte nun dein Amt.

Das Amfortas-Motiv durchzieht in engster Verschlingung mit dem Prophezeiungsspruch den Orchestersatz, wenn Parsifal Sturz und Leiden des Amfortas aus letzter und tiefster Sicht als «Opfer» segnet:

> Gesegnet sei dein Leiden,
> Das Mitleids höchste Kraft
> Und reinsten Wissens Macht
> Dem zagen Toren gab!

Was wir im zweiten Akt bereits mehrfach erwähnten, erfährt durch

Parsifal selbst nunmehr seine Bestätigung: Im Augenblick seines Stehens am «Kreuzweg» der Verführung, stand der leidende Amfortas, die blutende Wunde vor seiner Seele. Ohne dieses Erleben hätte Parsifal das Wesen Kundrys nicht durchschauen können. Ohne den Sturz dieses «Bruders» wäre er vor diesem Sturz nicht bewahrt geblieben. So aber durfte sein an mitleidvoller Liebe so übervolles Herz *die* Weisheit aus dem Sturz des anderen gewinnen, die ihn zur «Rückgewinnung des Speeres», zur Tat der *Liebe* befähigte. Eine erschütternde Wahrheit, die uns sagt, daß wir allein auf uns gestellt, ohne den «Bruder», unser Ziel nie zu erreichen vermögen.

Das Parsifal-Thema hat die elegische Schlußwendung seines fünften Taktes verloren. Im Glanz von *D*-Dur steigt es strahlend fast eine Oktave aufwärts und bereitet damit den Aufstieg des Liebesmahl-Themas zum «Erlösungswort» vor, wie es zum erstenmal leise auftönte, als Parsifal vor dem heiligen Speer sein Gebet verrichtete:

> Den heil'gen Speer –
> Ich bring' ihn euch zurück. –
> Oh! Welchen Wunders höchstes Glück! –

Noch einmal verdunkelt sich die Harmonie nach Moll. Die Tonartvorzeichnung ist *d*-Moll, das, von starker Chromatik durchsetzt, sich jedoch allein auf die «Heilands-Klage» beziehen kann, die das Erglühen der Speer-Spitze durch das heilige Blut begleitet:

> Der deine Wunde durfte schließen,
> Ihm seh' ich heil'ges Blut entfließen
> In Sehnsucht nach dem verwandten Quelle,
> Der dort fließt in des Grales Welle!

Wieder ist es der Blick des Christus, der auf Parsifal ruht. Es ist die achte Wiederkehr des Themas; ein tönender, achtgliedriger Stufenpfad ist durchschritten. Die blutende Lanze steht als «Oktave» dem blutenden Schwan gegenüber, bei dessen Anblick das Thema zum erstenmal aufklang.

Parsifals Worte unterstreichen nicht nur den innigen Bezug zwischen Gral und Lanze, wie er seit dem vierten Jahrhundert in der religiösen Phantasie aller christlichen Völker lebendig war; indem sie den Blick auf die blutende Lanze wenden – Wagner gibt darüber keine gesonderte Szenenanweisung –, sprechen sie auch davon, daß der Opfer-Impuls von Golgatha nun seine Erfüllung in der Zeit gefunden hat in der Hinopferung alles überschüssigen Egoismus in der Menschennatur: «Durch das überschüssige Blut der Menschheit hätten die Menschen in Egoismus verkommen müssen, wenn nicht die unendliche Liebe gekommen wäre und dieses

Blut hätte fließen können. Die unendliche Liebe ist beigemischt dem Blute, das auf Golgatha geflossen ist . . .»[13]

Die Aufnahme dieser «unendlichen Liebe» in seine mitleidfähige Seele ließ Parsifal den «Speer» zurückgewinnen. Im Bilde der Handlung gesprochen: Das in der Nachfolge Christi blutende Ich – der Speer – sehnt sich «nach dem verwandten Quelle» – dem heiligen Gral –, in dem es seinen wahren «Lebensgeist» findet.

> Nicht soll der mehr verschlossen sein:
> Enthüllet den Gral! Öffnet den Schrein!

Mit einem Male wendet sich das d-Moll in die Grals-Tonart As-Dur. Angesichts des tiefen metaphysischen Hintergrundes der Szene, in der die Ereignisse so organisch und folgerichtig ihrem Ziel zuschreiten, muß uns die relativ doch stark zu spürende Beziehungslosigkeit der beiden Harmonien d-Moll und As-Dur verwundern. Haben wir bisher doch immer wieder erfahren, wie gerade aus der Musik die geistigen Zusammenhänge herauszuhören waren. Alfred Lorenz hat darauf aufmerksam gemacht, daß Anfang und Ende dieses Abschnittes, bei Parsifals Worten: «Den heil'gen Speer – ich bring' ihn euch zurück», und beim Ausklang des Torenspruches: «Der dort fließt in des Grales Welle», ein deutliches Des-Dur steht und daß es dieses Des-Dur ist, das die Szene harmonisch beherrscht. Das würde bedeuten, daß bei Parsifals Gebot: «Nicht soll der mehr verschlossen sein . . .» in Wahrheit gar kein D-Dur, wie es das Notenbild anweist, sondern die neapolitanische Tonart von Des, nämlich Eses-Dur, erklingt. So gesehen wäre das Hinüberführen der Harmonie nach As-Dur völlig nahtlos und folgerichtig.

Wenn Parsifal zum erstenmal seines Amtes waltet, dann ist dies nicht bloß ein Zeichen für die Erneuerung der alten, von Amfortas getragenen Königswürde. Parsifals Gralsfeier bedeutet den Markstein einer *neuen,* durch die Auferstehungskraft des Christus transsubstantiierten Menschheit. Richard Wagner schreibt in der Schrift «Was nützt diese Erkenntnis»: «Wir erkennen den Grund des Verfalles der historischen Menschheit, sowie die Notwendigkeit einer Regeneration derselben; wir glauben an die Möglichkeit dieser Regeneration und widmen uns ihrer Durchführung in jedem Sinne.»[12] Die Kraft zu dieser Regeneration erkannte Wagner aber im Blute, das von Golgatha floß: «Das Blut in den Adern des Erlösers dürfte so der äußersten Anstrengung des Erlösung wollenden Willens zur Rettung des in seinen edelsten Rassen erliegenden menschlichen Geschlechtes als göttliches Sublimat der Gattung selbst entflossen sein.»[24]

Aus dieser durch die Christuskräfte bewirkten «Regeneration» erklärt sich auch die Unterschiedlichkeit der Gralsenthüllung durch Parsifal gegenüber jener des Amfortas im ersten Akt. Das Gralsopfer des Amfortas vollzog sich noch ganz in den traditionellen, von Titurel geprägten Formen. Wenn Parsifal den Gral enthüllt, waltet nicht mehr die väterliche Nachfolge, sondern eine *geistige* Sohnschaft. Parsifals Gestalt hebt sich durch ihre weiße Gewandung leuchtend von der Ritterschaft ab. Er ist nicht mehr «Sachwalter» einer auserwählten Menschengruppe, einer Ritterschaft, sondern einer *Menschenbruderschaft*. In freier Gruppierung scharen sich um den neuen «König» die Ritter, Knappen, Kinder und auch die Frau: *Kundry*.

Bei dieser Weihehandlung schließen sich die Themen des Liebesmahles und des Glaubens – das «Göttliche» in seiner musikalischen Offenbarungsform – mit dem Grals-Motiv in einem einzigen symphonisch-symbolischen Tonbild zusammen. Denn mit dieser Gralsenthüllung hat das menschliche Sein eine göttliche Vollendung erfahren. Das Leidenswort des Heilandes, das einst schmerzlich in Parsifals Seele aufklang: «Erlöse, rette mich aus schuldbefleckten Händen», ist erfüllt. Das Ziel der Menschheitsevolution ist das bewußte Einssein mit Gott. Darin liegt die von Wagner als «Glaubens-Thema» dargestellte «Wieder-Erringung des verlorenen Paradieses». Der *Sohn Gottes* will durch sein Opfer auch der *Menschensohn* sein. Mit ihm reift die Frucht des Samens, der auf Golgatha gesät wurde. Doch liegt es im freien Willen des Menschen, das Göttliche als seine Sohnschaft anzunehmen. Die Annahme ist notwendig, soll sich der Mensch in seiner göttlichen Ebenbildlichkeit vollenden. Verweigert er die Annahme, würde dieser Same nicht aufgehen, die «Regeneration des Menschengeschlechtes» sich nicht vollziehen können. Denn der Mensch ist der Mittler für die Vollendung dieser Erdenevolution in eine wahre Christusschaft.

Auf diese Vollendung weisen die Schlußworte des Dramas, die von dem neuen Geschlecht hinaufgetragen werden in die höchsten Höhen der Kuppel:

> Höchsten Heiles Wunder:
> Erlösung dem Erlöser!

In wundervollen Farben leuchtet der Orchesterklang, Lichtfluten strömen aus der Höhe nieder, wenn Parsifal den Gral im hellsten Erglühen segnend über die anbetende Bruderschaft schwingt und die Taube über seinem Haupte die Flügel breitet. Die feierlichen, weitgespannten Harmonien der Bläser rücken die breitgeschwungenen Themen in überirdische Erhabenheit. Wie konkret diese überirdische Sphäre von Wagner gedacht war, in die wir eingetreten sind, und wie ganz entrückt aller verweslichen Stofflichkeit er sich mit dieser Schlußszene fühlte, das macht die ursprüngliche Regieanweisung am deutlichsten, die dann allerdings – gewiß im Hinblick auf das Unverständnis seiner Mitwelt – fallengelassen wurde. Ihr zufolge sollte Titurel «für diesen Augenblick wieder belebt, sich segnend im Sarge erheben». Eine Sphäre wird hier beschworen, in der das Wort gilt: «Der Tod ist verschlungen in den Sieg. Tod, wo ist dein Stachel?» (I. Kor. 15,55). Es ist die Sphäre des Lebensäthers, die Kraft des zweiten Paradiesesbaumes.

In immer neuen Wellenschlägen steigt das «Erlösungswort» mit breit geschwungenen Harmonien zur Höhe. Überschaut man diese Harmoniefolgen, so scheint beim ersten Blick auch hier die Kontinuität zu fehlen und das «Aufsteigen» des «Erlösungswortes» harmonisch nicht nachvollziehbar. Denn sein erstes Erklingen steht in *D*-Dur, somit ohne direkte Beziehung zur Tonika *As*-Dur. Von *D* setzt sich dann allerdings der Aufstieg in Quintschritten fort über *A*- nach *E*-Dur, das erwartete *H*-Dur aber wird abrupt in *Ces*-Dur verwandelt, um über *Ges*- und *Des*- schließlich nach *As*-Dur zurückzukehren. So handelt es sich also um keinen kontinuierlichen Aufstieg, man erhält vielmehr den Eindruck, als würde das «Erlösungswort» zwischen der Unter- und Oberdominantsphäre hinüber- und herübergeworfen und die Rückkehr nach *As*-Dur schließlich durch die Enharmonik erzwungen werden. Würde das Notenbild den tatsächlichen harmonischen Gegebenheiten entsprechen, müßten wir besser von einem «Kreisen» als von einem «Emporsteigen» sprechen. Gerade dies aber würde dem melodischen Höhenzug des «Erlösungswortes» widersprechen. Hinter dem äußeren Klangbild scheinen sich daher ganz andere *tönende* Geschehnisse zu verbergen. Für das Erkennen dieser wahren harmonischen Zusammenhänge ist nun jene geniale Vorbereitung zum Schlußbild von Bedeutung, die Wagner im vorangegangenen Abschnitt der Szene gegeben hat, bei der sich das ausklingende *D*-Dur als neapolitanische Tonart von *Des* erwies. Denn auch jetzt darf man das plötzlich hereinbrechende *D*-Dur als ein *Eses*-Dur verstehen. Die ersten Aufstiegswellen des «Erlösungswortes» sind wohl aus praktischen Gründen als Kreuztonarten notiert, ihrer tönenden Qualität nach verbergen sich dahinter jedoch Harmoniefolgen der Subdominantsphäre, die uns einen folgerichtigen Quintenaufstieg erkennen lassen. Ausgehend von *Eses*-Dur (notiert als *D*) über Heses (notiert als *A*) und *Fes* (notiert als *E*) schließt sich ganz von selbst das *Ces*-Dur an, das in der Notation nur durch Enharmonik erzielt werden konnte. In Übereinstimmung mit der tatsächlichen Harmoniequalität steht dann auch die notierte Quint-Reihung: *Ges*-, *Des*- und schließlich *As*-Dur.

Will man die Enharmonik der Notation jedoch nicht nur aus praktischen Erwägungen verstehen und auch ihr spirituelle Bedeutung beimessen, dann sei auf die im Eingang zu dieser Schlußszene dargestellte Überschneidung zweier Seinsebenen verwiesen: die Verwandlung Parsifals und das – abbildhaft – in der irdischen Welt sich vollziehende Geschehen. Das Hinüber- und Herüberwechseln zwischen Kreuz- und Be-Tonartenbereich wäre dafür ein gemäßer Ausdruck. In dem letztlich eintretenden *As*-Dur hätte sich die Einswerdung vollzogen.

In dieser Kontinuität der Richtung von unten nach oben spiegelt sich musikalisch der Kernpunkt von Parsifals Weihehandlung. Während Parsifal den Gral segnend über die Häupter hält und das Erlösungswort von der Erde zum Himmel steigt, öffnet sich dieser Himmel und sendet sein Licht hernieder und die Taube breitet ihre Schwingen über Parsifals Haupt.

Man versenke sich imaginativ in diesen zweifachen Richtungszug von unten und oben. Eine Wesensumkehrung gegenüber Titurels Walterschaft hat sich mit Parsifal vollzogen. Die Läuterung und Wandlung der menschlichen Hüllennatur zu «Manas» und «Buddhi» hat ihr Ätherisch-Astrales zum reinen Blütenkelch werden lassen, der das Christus-Ich – den «Menschensohn» – in sich aufgenommen hat. Damit kehrt sich das Bild in seinem ganzen kosmischen Gefüge um. Das Ich, als göttliche «Liebeslanze», leuchtet nun nicht mehr wie der Sonnenstrahl von den Höhen zur Erde, sondern von der Erde steigt nunmehr der «Menschensohn» zum Himmel empor, und der Kosmos wird zum «Blütenkelch», der ihn empfängt.

«Es wird dann von oben herunter der Kelch sich öffnen, so wie der Kelch der Blume sich öffnet, und herab zum Menschen schauen. Wie der Sonnenstrahl sich in die Pflanze senkt, so wird des Menschen eigene geläuterte Kraft sich mit diesem göttlichen Kelch vereinigen. – Man kann den Blütenkelch der Blume geistig umkehren, so daß er von oben, vom Himmel, sich nach unten neigt, und man kann den Sonnenstrahl umkehren, so daß er vom Menschen sich zum Himmel erhebt. Diesen umgekehrten Blütenkelch, wie es als Tatsache in den Mysterien dargestellt wurde, nannte man den Heiligen Gral.» [21]

Der empfangende Kosmos als «umgekehrter Blütenkelch» – er findet in den Lichtwirkungen des Bühnenbildes seinen Ausdruck. Der «umgekehrte Sonnenstrahl», der nunmehr von der Erde hinaus in den Kosmos leuchtet, er tönt als «Erlösungswort» des Menschen dem Himmel entgegen.

Dieser Aufstieg des «Erlösungswortes» und sein harmonisches Schreiten durch den Quintenraum bedeutet auch für Wagner eine «neue Realität». Es ist seine als künstlerische Wirklichkeit gegebene Manifestation, daß wir nun «ein mit tiefem religiösem Bewußtsein von dem Grunde seines Verfalls aus diesem sich aufrichtendes und *neu sich artendes Geschlecht*» vor uns haben. [26]

In diesem neu-gearteten Geschlecht ist die der Sinneswelt verhaftete

Geschöpf-Natur überwunden: Kundry sinkt entseelt vor Parsifal zu Boden. Amfortas und Gurnemanz huldigen kniend dem König, welcher den Gral segnend über die anbetende Menge hält: ein *Weltenpfingsten* einer fernen Menschheitszukunft. Denn aus Liebe und Mitleid *wissend* werden heißt in seiner letzten Tiefe: Anbruch eines Zeitalters des «Heiligen Geistes».

Von seraphischem Harfenklang umglitzert, entschwebt der letzte *As-Dur-Akkord*.

ANMERKUNGEN

Die in diesem Buch zitierten dichterischen und theoretischen Texte Richard Wagners sind der folgenden Ausgabe entnommen: Gesammelte Schriften und Dichtungen. Hrsg. von Julius Kapp, Leipzig 1871–1883. Sie sind in geringem Umfang auf die heute übliche Schreibweise gebracht.

Einleitung

1 Rudolf Steiner: Okkulte Geschichte, Dornach 1975.
2 F. W. J. Schelling: Philosophie der Mythologie, Darmstadt 1966.
3 J. J. Bachofen: Das Mutterrecht, Frankfurt am Main 1980.
4 Richard Wagner: Eine Mitteilung an meine Freunde, Ges. Schriften, IV.
5 Richard Wagner: Zukunftsmusik, Ges. Schriften, VII.
6 Richard Wagner: Die Kunst und die Revolution, Ges. Schriften, III.
7 Richard Wagner: Über die Benennung Musikdrama, Ges. Schriften, IX.
8 Richard Wagner: Das Kunstwerk der Zukunft, Ges. Schriften, III.
9 Alfred Lorenz: Der musikalische Aufbau von Richard Wagners ‹Tristan und Isolde›, Berlin 1926.
10 Leopold Reichwein: Bayreuth, Leipzig 1934.
11 Thr. Georgiades: Musik und Rhythmus der Griechen, Hamburg 1958.
12 Ernst Kurth: Musikpsychologie, Bern 1947.
13 Alfred Lorenz: Der musikalische Aufbau des Bühnenfestspieles ‹Der Ring des Nibelungen›, Berlin 1924.
14 Richard Wagner: Über das Opern-Dichten und Komponieren im besonderen, Ges. Schriften, X.
15 Richard Wagner: Beethoven, Ges. Schriften, IX.
16 Richard Wagner: Religion und Kunst, Ges. Schriften, X.

Parsifal

1 Rudolf Steiner: Das christliche Mysterium, Vortrag v. 16. I. 1907. Dornach 1968.
2 Richard Wagner: Mein Leben. Leipzig 1914.
3 Richard Wagner: Bayreuther Blätter. Ges. Schriften, X.
4 Rudolf Steiner: Die Erkenntnis des Übersinnlichen in unserer Zeit, Vortrag v. 28. III. 1907. Dornach 1959.
5 Wolfgang Golther: Richard Wagner an Mathilde Wesendonk. Leipzig 1922.
6 Cosima Wagner: Die Tagebücher I. München/Zürich 1976.
7 Sebastian Röckl: Ludwig II. und Richard Wagner. München 1913.

8 Zdenko v. Kraft: Richard Wagner. München/Wien 1953.
9 Alfred Lorenz: Der musikalische Aufbau von Richard Wagners «Parsifal». Berlin 1933.
10 Rudolf Steiner: Die Mysterien des Morgenlandes und des Christentums. Dornach 1960.
11 Richard Wagner: Die Wibelungen, Ges. Schriften, II.
12 Richard Wagner: Was nützt diese Erkenntnis. Ges. Schriften, X.
13 Rudolf Steiner: Das Lukas-Evangelium. Dornach 1968
14 Konrad Burdach: Der Gral. Darmstadt 1974.
15 Rudolf Steiner: Die Welträtsel und die Anthroposophie, Vortrag v. 29. III. 1906. Dornach 1966.
16 Robert de Boron: Die Geschichte des hl. Gral. Stuttgart 1958.
17 C. F. Glasenapp: Das Leben Richard Wagners. Leipzig 1911.
18 Konrad Sandkühler: Perceval (Chrestien de Troyes). Stuttgart 1957.
19 K. Grusky: Frankensteins Wagner-Jahrbuch. Berlin 1908.
20 H. Weinel: Richard Wagner und das Christentum. Xenien I.
21 R. Steiner: Das christliche Mysterium, Vortrag v. 29. VII. 1906. Dornach 1968.
22 Rudolf Steiner: Wie erlangt man Erkenntnisse der höheren Welten. Stuttgart 1972.
23 Richard Wagner: Das Bühnenweihfestspiel in Bayreuth 1882. Ges. Schriften, X.
24 Richard Wagner: Heldentum und Christentum. Ges. Schriften, X.
25 Rudolf Steiner: Welche Bedeutung hat die okkulte Entwicklung des Menschen für seine Hüllen und sein Selbst? Dornach 1975.
26 Richard Wagner: Religion und Kunst. Ges. Schriften, X.
27 Wolfram v. Eschenbach: Parzival (Übertragung v. Wilhelm Stapel). Wien 1950.
28 Hans v. Wolzogen: Thematischer Leitfaden durch die Musik des «Parsifal». Leipzig.
29 Rudolf Steiner: Die Erkenntnis des Übersinnlichen in unserer Zeit. Vortrag vom 14. III. 1907. Dornach 1959.
30 Julius Kapp: Wagner. Berlin 1921.
31 Guy de Pourtales: Richard Wagner. Berlin 1933.
32 Rudolf Steiner: Die Evolution vom Gesichtspunkt des Wahrhaftigen. Dornach 1969.
33 Rudolf Steiner: Die Welträtsel und die Anthroposophie. Vortrag v. 22. II. 1906. Dornach 1966.
34 Rudolf Steiner: Pfade der Seelenerlebnisse. Vortrag v. 3. II. 1910. Dornach 1957.
35 Rudolf Steiner: Die Apokalypse des Johannes. Dornach 1962.
36 Fred Poeppig: Wege zum hl. Gral. Ahrweiler 1959.
37 Rudolf Steiner: Der irdische und der kosmische Mensch. 6. Vortrag. Dornach 1964.
38 Rudolf Steiner: Anweisungen für eine esoterische Schulung, Exegese zu «Licht auf dem Weg», Dornach 1973.

MOTIV-VERZEICHNIS

Die musikalischen Motive sind in der Reihenfolge ihrer Besprechung in diesem Buch bzw. ihres Auftretens im Werk R. Wagners aufgeführt. Sie sind der Publikation entnommen: Das Buch der Motive aus Opern und Musikdramen Richard Wagners, Band 1 und 2 (Edition Schott).

CHRISTOPH PETER

Die Sprache der Musik in Mozarts Zauberflöte

Ca. 350 Seiten mit ca. 700 Notenbeispielen, Ln.

Die grundlegende Arbeit versucht das musikgeschichtlich herausragende
Werk der ‹Zauberflöte› in einer musik-immanenten Weise zu erschließen. Im
ersten Teil wird eine sorgfältige Darstellung der musikalischen Elemente
gegeben, die anhand von zahlreichen Beispielen aus der ‹Zauberflöte› die
Grundzüge des ‹musikalischen Hörens› entwickelt. Mit diesem bewußt
gemachten Organon wird im zweiten Teil in einem sukzessiven Durchgang
durch das ganze Werk die musikalische Entwicklung und der kompositorische
Aufbau der ‹Zauberflöte› Element für Element analysiert. Die beigefügten
Notenbeispiele orientieren den Leser im Gesamtwerk und bieten die Gelegenheit, diese Analyse musik-immanent, das ist hörend zu verstehen. Ein weitge-
hend unbekannter, die musikalischen Motive und Elemente außerordentlich
präzise und bewußt einsetzender Mozart wird sichtbar.

Aufgrund seiner phänomenologischen Nähe zum Werk eignet sich dieser
Kommentar insbesondere als Opernführer für jeden Musikfreund. Er führt
nicht nur in die ‹Zauberflöte› ein, sondern in einer umfassenden, musiktheore-
tisch begründeten und detailreich ausgearbeiteten Weise auf das wirklich
gehörte Werk hin.

ARMIN J. HUSEMANN

Der musikalische Bau des Menschen

Entwurf einer plastisch-musikalischen Menschenkunde.

121 Seiten mit zahlreichen Abbildungen, kart.
Menschenwesen und Heilkunst 17

Mit der vorliegenden Arbeit gibt der Arzt Dr. A. J. Husemann eine erste
Darstellung einer von Rudolf Steiner angeregten erweiterten Menschenkunde.
Das anthroposophische Menschenbild läßt sich nur mit Hilfe von wissen-
schaftlichen Methoden begreifen, die um die strengen und genauen Wege der
künstlerischen Prozesse erweitert werden. Es zeigt sich, daß die künstlerischen
Erfahrungen der Plastik, der Musik und der Sprache – über die gängige
Anatomie und Physiologie hinaus – Erkenntnisorgane für eine vertiefte,
sachgemäße Erfassung des Menschenwesens abgeben. Anhand instruktiver
Beispiele, insbesondere aus dem Bereich der Musik, wird diese Vereinigung
von Wissenschaft und Kunst eindringlich dargestellt.

Der ‹musikalische Bau›, das ‹Klanggefüge› der menschlichen Gestalt und ihrer
Funktionen offenbart eine tieferliegende, die sichtbare Erscheinung begrün-
dende Wesensschicht des Menschen.

VERLAG FREIES GEISTESLEBEN